老科学家学术成长资料采集工程

中国工程院院士传记丛书

核以卫国

胡思得传

吴明静　沈晏平　王　燕

李合香　郑悦萍◎著

湖南科学技术出版社

中国科学技术出版社

图书在版编目（CIP）数据

核以卫国：胡思得传 / 吴明静等著. —长沙：湖南科学技术出版社；北京：中国科学技术出版社，2024.3

（老科学家学术成长资料采集工程丛书. 中国工程院院士传记丛书）

ISBN 978-7-5710-2354-6

I.①核… II.①吴… III.①胡思得—传记 IV.① K826.16

中国国家版本馆 CIP 数据核字（2023）第 139890 号

HEYI WEIGUO HU SIDE ZHUAN

核以卫国　胡思得传

著　　者：吴明静　沈晏平　王　燕　李合香　郑悦萍

责任编辑：邹　莉

责任美编：殷　健

出　　版：湖南科学技术出版社　中国科学技术出版社

发　　行：湖南科学技术出版社

社　　址：长沙市芙蓉中路一段 416 号泊富国际金融中心

网　　址：http://www.hnstp.com

湖南科学技术出版社天猫旗舰店网址：

　　　　　http://hnkjcbs.tmall.com

邮购联系：0731-84375808

印　　刷：长沙市雅高彩印有限公司

　　　　　（印装质量问题请直接与本厂联系）

厂　　址：长沙市开福区中青路1255号

邮　　编：410153

版　　次：2024 年 3 月第 1 版

印　　次：2024 年 3 月第 1 次印刷

开　　本：710mm × 1000mm　1/16

印　　张：19.25

字　　数：282 千字

插　　页：3 页

书　　号：ISBN 978-7-5710-2354-6

定　　价：88.00 元

老科学家学术成长资料采集工程
中国工程院院士传记丛书

核以卫国

胡思得传

吴明静　李合香　沈晏平　王燕　郑悦萍 ◎著

1936 年
出生于浙江宁波

1954 年
考入上海复旦大学

1958 年
加入第二机械
工业部第九研究所

1994 年
任中国工程
物理研究院院长

1995 年
当选为中国工程院
能源与矿业工程学部院士

2021 年
获"何梁何利基金科学与技术成就奖"

老科学家学术成长资料采集工程
专家委员会

主 任：韩启德
委 员：（以姓氏拼音为序）

陈佳洱　方 新　傅志寰　李静海　刘 旭
齐 让　王礼恒　王进展　赵沁平

老科学家学术成长资料采集工程
丛书组织机构

特邀顾问（以姓氏拼音为序）

樊洪业　方 新　谢克昌

编 委 会

主 编：老科学家学术成长资料采集工程领导小组办公室
编 委：（以姓氏拼音为序）

艾素珍　定宜庄　董庆九　胡化凯　胡宗刚
刘晓堪　吕瑞花　孟令耘　潘晓山　秦德继
阮 草　谭华霖　王扬宗　熊卫民　姚 力
张大庆　张 剑　张 藜　周德进

编委会办公室

主 任：董 阳　董亚峥
副主任：张敬一　胡艳红
成 员：（以姓氏拼音为序）

高文静　韩 颖　李 梅　林澧波　刘 婷
刘如溪　罗兴波　王传超　余 君　张佳静

老科学家学术成长资料采集工程简介

  老科学家学术成长资料采集工程（以下简称"采集工程"）是根据国务院领导同志的指示精神，由国家科教领导小组于 2010 年正式启动，中国科协牵头，联合中组部、教育部、科技部、工信部、财政部、文化部、国资委、解放军总政治部、中国科学院、中国工程院、国家自然科学基金委员会等 11 部委共同实施的一项抢救性工程，旨在通过实物采集、口述访谈、录音录像等方法，把反映老科学家学术成长历程的关键事件、重要节点、师承关系等各方面的资料保存下来，为深入研究科技人才成长规律，宣传优秀科技人物提供第一手资料和原始素材。

  采集工程是一项开创性工作。为确保采集工作规范科学，启动之初即成立了由中国科协主要领导任组长、12 个部委分管领导任成员的领导小组，负责采集工程的宏观指导和重要政策措施制定，同时成立领导小组专家委员会负责采集原则确定、采集名单审定和学术咨询，委托科学史学者承担学术指导与组织工作，建立专门的馆藏基地确保采集资料的永久性收藏和提供使用，并研究制定了《采集工作流程》《采集工作规范》等一系列基础文件，作为采集人员的工作指南。截至 2021 年 8 月，采集工程已启动 592 位科学家的学术成长资料采集项目，获得实物原件资料 132922 件、数字化资料 318092 件、视频资料 443783 分钟、音频资料 527093 分钟，具有重要的史料价值。

采集工程的成果目前主要有三种体现形式，一是建设"中国科学家博物馆网络版"，提供学术研究和弘扬科学精神、宣传科学家之用；二是编辑制作科学家专题资料片系列，以视频形式播出；三是研究撰写客观反映老科学家学术成长经历的研究报告，以学术传记的形式，与中国科学院、中国工程院联合出版。随着采集工程的不断拓展和深入，将有更多形式的采集成果问世，为社会公众了解老科学家的感人事迹，探索科技人才成长规律，研究中国科技事业的发展历程提供客观翔实的史料支撑。

总序一

中国科学技术协会主席　韩启德

　　老科学家是共和国建设的重要参与者，也是新中国科技发展历史的亲历者和见证者，他们的学术成长历程生动反映了近现代中国科技事业与科技教育的进展，本身就是新中国科技发展历史的重要组成部分。针对近年来老科学家相继辞世、学术成长资料大量散失的突出问题，中国科协于2009年向国务院提出抢救老科学家学术成长资料的建议，受到国务院领导同志的高度重视和充分肯定，并明确责成中国科协牵头，联合相关部门共同组织实施。根据国务院批复的《老科学家学术成长资料采集工程实施方案》，中国科协联合中组部、教育部、科技部、工业和信息化部、财政部、文化部、国资委、解放军总政治部、中国科学院、中国工程院、国家自然科学基金委员会等11部委共同组成领导小组，从2010年开始组织实施老科学家学术成长资料采集工程。

　　老科学家学术成长资料采集是一项系统工程，通过文献与口述资料的搜集和整理、录音录像、实物采集等形式，把反映老科学家求学历程、师承关系、科研活动、学术成就等学术成长中关键节点和重要事件的口述资料、实物资料和音像资料完整系统地保存下来，对于充实新中国科技发展的历史文献，理清我国科技界学术传承脉络，探索我国科技发展规律和科技人才成长规律，弘扬我国科技工作者求真务实、无私奉献的精神，在全社会营造爱科学、学科学、用科学的良好氛围，是一件很有意义的事情。采集工程把重点放在年龄在 80 岁以上、学术成长经历丰富的两院院士，以及虽然不是两院院士、但在我国科技事业发展中作出突出贡献的老科技工作者，充分体现了党和国家对老科学家的关心和爱护。

自 2010 年启动实施以来，采集工程以对历史负责、对国家负责、对科技事业负责的精神，开展了一系列工作，获得大量反映老科学家学术成长历程的文字资料、实物资料和音视频资料，其中有一些资料具有很高的史料价值和学术价值，弥足珍贵。

以传记丛书的形式把采集工程的成果展现给社会公众，是采集工程的目标之一，也是社会各界的共同期待。在我看来，这些传记丛书大都是在充分挖掘档案和书信等各种文献资料、与口述访谈相互印证校核、严密考证的基础之上形成的，内中还有许多很有价值的照片、手稿影印件等珍贵图片，基本做到了图文并茂，语言生动，既体现了历史的鲜活，又立体化地刻画了人物，较好地实现了真实性、专业性、可读性的有机统一。通过这套传记丛书，学者能够获得更加丰富扎实的文献依据，公众能够更加系统深入地了解老一辈科学家的成就、贡献、经历和品格，青少年可以更真实地了解科学家、了解科技活动，进而充分激发对科学家职业的浓厚兴趣。

借此机会，向所有接受采集的老科学家及其亲属朋友，向参与采集工程的工作人员和单位，表示衷心感谢。真诚希望这套丛书能够得到学术界的认可和读者的喜爱，希望采集工程能够得到更广泛的关注和支持。我期待并相信，随着时间的流逝，采集工程的成果将以更加丰富多样的形式呈现给社会公众，采集工程的意义也将越来越彰显于天下。

是为序。

总序二

中国科学院院长　白春礼

　　由国家科教领导小组直接启动，中国科学技术协会和中国科学院等 12 个部门和单位共同组织实施的老科学家学术成长资料采集工程，是国务院交办的一项重要任务，也是中国科技界的一件大事。值此采集工程传记丛书出版之际，我向采集工程的顺利实施表示热烈祝贺，向参与采集工程的老科学家和工作人员表示衷心感谢！

　　按照国务院批准实施的《老科学家学术成长资料采集工程实施方案》，开展这一工作的主要目的就是要通过录音录像、实物采集等多种方式，把反映老科学家学术成长历史的重要资料保存下来，丰富新中国科技发展的历史资料，推动形成新中国的学术传统，激发科技工作者的创新热情和创造活力，在全社会营造爱科学、学科学、用科学的良好氛围。通过实施采集工程，系统搜集、整理反映这些老科学家学术成长历程的关键事件、重要节点、学术传承关系等的各类文献、实物和音视频资料，并结合不同时期的社会发展和国际相关学科领域的发展背景加以梳理和研究，不仅有利于深入了解新中国科学发展的进程特别是老科学家所在学科的发展脉络，而且有利于发现老科学家成长成才中的关键人物、关键事件、关键因素，探索和把握高层次人才培养规律和创新人才成长规律，更有利于理清我国科技界学术传承脉络，深入了解我国科学传统的形成过程，在全社会范围内宣传弘扬老科学家的科学思想、卓越贡献和高尚品质，推动社会主义科学文化和创新文化建设。从这个意义上说，采集工程不仅是一项文化工程，更是一项严肃认真的学术建设工作。

中国科学院是科技事业的国家队，也是凝聚和团结广大院士的大家庭。早在 1955 年，中国科学院选举产生了第一批学部委员，1993 年国务院决定中国科学院学部委员改称中国科学院院士。半个多世纪以来，从学部委员到院士，经历了一个艰难的制度化进程，在我国科学事业发展史上书写了浓墨重彩的一笔。在目前已接受采集的老科学家中，有很大一部分即是上个世纪 80、90 年代当选的中国科学院学部委员、院士，其中既有学科领域的奠基人和开拓者，也有作出过重大科学成就的著名科学家，更有毕生在专门学科领域默默耕耘的一流学者。作为声誉卓著的学术带头人，他们以发展科技、服务国家、造福人民为己任，求真务实、开拓创新，为我国经济建设、社会发展、科技进步和国家安全作出了重要贡献；作为杰出的科学教育家，他们着力培养、大力提携青年人才，在弘扬科学精神、倡树科学理念方面书写了可歌可泣的光辉篇章。他们的学术成就和成长经历既是新中国科技发展的一个缩影，也是国家和社会的宝贵财富。通过采集工程为老科学家树碑立传，不仅对老科学家们的成就和贡献是一份肯定和安慰，也使我们多年的夙愿得偿！

鲁迅说过，"跨过那站着的前人"。过去的辉煌历史是老一辈科学家铸就的，新的历史篇章需要我们来谱写。衷心希望广大科技工作者能够通过"采集工程"的这套老科学家传记丛书和院士丛书等类似著作，深入具体地了解和学习老一辈科学家学术成长历程中的感人事迹和优秀品质；继承和弘扬老一辈科学家求真务实、勇于创新的科学精神，不畏艰险、勇攀高峰的探索精神，团结协作、淡泊名利的团队精神，报效祖国、服务社会的奉献精神，在推动科技发展和创新型国家建设的广阔道路上取得更辉煌的成绩。

总序三

中国工程院院长　周　济

由中国科协联合相关部门共同组织实施的老科学家学术成长资料采集工程，是一项经国务院批准开展的弘扬老一辈科技专家崇高精神、加强科学道德建设的重要工作，也是我国科技界的共同责任。中国工程院作为采集工程领导小组的成员单位，能够直接参与此项工作，深感责任重大、意义非凡。

在新的历史时期，科学技术作为第一生产力，已经日益成为经济社会发展的主要驱动力。科技工作者作为先进生产力的开拓者和先进文化的传播者，在推动科学技术进步和科技事业发展方面发挥着关键的决定的作用。

新中国成立以来，特别是改革开放30多年来，我们国家的工程科技取得了伟大的历史性成就，为祖国的现代化事业作出了巨大的历史性贡献。两弹一星、三峡工程、高速铁路、载人航天、杂交水稻、载人深潜、超级计算机……一项项重大工程为社会主义事业的蓬勃发展和祖国富强书写了浓墨重彩的篇章。

这些伟大的重大工程成就，凝聚和倾注了以钱学森、朱光亚、周光召、侯祥麟、袁隆平等为代表的一代又一代科技专家们的心血和智慧。他们克服重重困难，攻克无数技术难关，潜心开展科技研究，致力推动创新发展，为实现我国工程科技水平大幅提升和国家综合实力显著增强作出了杰出贡献。他们热爱祖国，忠于人民，自觉把个人事业融入到国家建设大局之中，为实现国家富强而不断奋斗；他们求真务实，勇于创新，用科技为中华民族的伟大复兴铸就了辉煌；他们治学严谨，鞠躬尽瘁，具有崇高的科学精神和科学道德，是我们后代学习的楷模。科学家们的一生是一本珍贵的教科书，他们坚定的理想信念和淡泊名利的崇高品格是中华民族自强不息精神的宝贵财富，永远值得后人铭记和敬仰。

通过实施采集工程，把反映老科学家学术成长经历的重要文字资料、实物资料和音像资料保存下来，把他们卓越的技术成就和可贵的精神品质记录下来，并编辑出版他们的学术传记，对于进一步宣传他们为我国科技发展和民族进步作出的不朽功勋，引导青年科技工作者学习继承他们的可贵精神和优秀品质，不断攀登世界科技高峰，推动在全社会弘扬科学精神，营造爱科学、讲科学、学科学、用科学的良好氛围，无疑有着十分重要的意义。

中国工程院是我国工程科技界的最高荣誉性、咨询性学术机构，集中了一大批成就卓著、德高望重的老科技专家。以各种形式把他们的学术成长经历留存下来，为后人提供启迪，为社会提供借鉴，为共和国的科技发展留下一份珍贵资料。这是我们的愿望和责任，也是科技界和全社会的共同期待。

周济

序

我和胡思得初识于 1959 年，到如今已经六十余年了，可能是特别的缘分，我们都姓"胡"，在工作和生活中又有亲密的合作和深厚的交情，院里的晚辈习惯称我为"大胡"，他为"小胡"。

如今，要给胡思得的传记写序，我感到非常荣幸，就此结合我们二人的交往，对胡思得的人生略作一二注脚。

胡思得是我国著名的核武器和核军控专家、理论物理学家，为"两弹"突破和核武器发展作出了重要贡献。他 1958 年就来到二机部九所，是我国核武器事业从无到有、从小到大、从弱到强发展历程的见证者、亲历者和缔造者之一。

他长期从事核武器的理论研究和设计，历任研究室科研组长、副主任、副所长、副院长、院长。第一颗原子弹理论突破时期，他创造性地建立了铀的状态方程，为原子弹设计提供了必需参数。1963 年率理论部小组深入实验、生产基地，为我国第一颗原子弹的产品质量保证和试验成功提供了技术咨询。他先后参加了多个核武器型号的理论设计。

1965 年，他担任九院实验部 24 室副主任，我是实验部的副主任，我们有了更多的接触。1986 年，我任九院院长，他是九所副所长，负责核试验理论设计工作，从此，我们的工作合作十分密切。他主持制定了新一代核武器理论设计方案，参与了国家大型试验的设计、论证、分析，参与解决了一系列关键技术问题；他还领导了多种近区物理测试项目的理论设计，并成功地用于地下核试验，为深化武器物理规律的认识、开拓近区物理测试作出了重要贡献。

1990年，胡思得调任九院副院长，分管核试验计划的制定和执行，我们成为工作中的亲密搭档。1994年，全面禁止核试验前，胡思得成了九院的当家人，他充分认识到禁核试将给我国核武器事业发展带来严峻挑战，我们会面临与美俄在更高层次、更深程度上的竞争，此时，做好核武器事业后续发展的谋划尤为重要。在关键时刻，胡思得在院党委领导下直面困难、勇于担当，一方面狠抓核试验，加快工作，发动全院职工，确保利用有限窗口拿到宝贵试验数据，为重大战略转移打好基础；一方面组织全院专家认真总结、深入分析、充分论证，谋划在没有核试验条件下推动核武器及其科学技术的持续发展，并提出了具体工程项目的建议，获得上级领导批准立项并促成其在国家立项，迈出了有效应对禁核试的关键一步。

胡思得卸任九院院长之后，主要从事国际社会高度关注的核军备控制研究，领导了我国的核军控和核查技术学科，至今仍为我国核军控和核武器事业发展提供战略层次的咨询。

胡思得在工作中表现出来的实事求是的科学精神、严谨细致的工作态度以及忘我奉献的爱国情怀，给我留下深刻的印象。

胡思得是与实验密切结合而成长起来的理论科学家。他坚持理论与实验、物理科学与工程技术紧密结合的原则，经常深入实验和生产现场，了解第一手资料。他善于抓住理论预测与实验结果不一致的地方，发现理论或实验的不足，从中寻求突破。

胡思得严谨治学，爱惜人才。他对自己和学生都要求非常严格，他经常说，我们的工作关系重大，牵动千军万马，要对党中央和全国人民负责。他对于物理设计方案，总是逐字逐句推敲，对数据反复比对，绝不放过一个疑点。指导学生的论文，他也是一个字、一个标点符号地修改，耐心指出学生文章的错误、不足之处。对于后辈来说，胡思得既是学问之师，也是品行之师。

科学生涯与核武器科技事业同龄的胡思得，一生为国铸核盾，无悔奋斗。在《八十感怀》中回顾过往时，胡思得写道："感恩祖国，任我重岗。无怨无悔，直前勇往。责无旁贷，卫我国防。勇于登攀，为国争光。"他一生坚守为国奉献的初心，长期奔波在戈壁荒漠与深山老林，始终舍小家、顾大家，他是科学家精神的杰出代表。

如今，虽已进入耄耋之年，胡思得仍活跃在军控研究领域，仍热情关注青年人成长，仍注重"两弹精神"的代际传承。作为曾经共同为国奋斗的亲密战友，我衷心祝愿他健康、长寿，科学之树长青！

古月仁宇

2021 年 6 月

胡思得

采集小组与胡思得院士合影

左起：袁恩轮、郑悦萍、王燕、吴明静、胡思得、应阳君（课题负责人）、沈晏平、李合香、余新川

执笔人合照

左起：沈晏平、吴明静、李合香、王燕、郑悦萍

目　录

图片目录

导 语

科学家简介

胡思得（1936—　），核物理学家，浙江省宁波市人。1958 年毕业于上海复旦大学物理系理论物理专业。毕业后在二机部九院（即今中国工程物理研究院）工作，从事核武器的理论研究、设计和试验。历任研究室副主任、副所长、副院长、院长。1999 年至今任中国工程物理研究院高级科学顾问。1987 年任研究员，1995 年当选中国工程院院士。

图－导语－1　胡思得标准照

　　胡思得参与了我国第一颗原子弹理论研究与装置设计；担任武器装置小型化设计的主要负责人，为我国首型海基战略武器研制做出重大贡献；作为我国先进战略武器研制的主要领导人之一，抢在暂停核试验前，组织实现了我国战略武器设计水平的跨越式提升；参与主持策划了核禁试后相关科技发展规划，促进了核科学技术的可持续发展；组建了国内首支核军控技术研究队伍，推动了我国核军备控制学科的建立与发展。他为我国核威慑能力建设、维护国家安全做出了突出贡献。

胡思得曾获国家级科技进步奖特等奖一项、一等奖三项、二等奖一项；获"全国先进工作者"、全国"五一"劳动奖章；1992年获光华科技基金一等奖；2021年获何梁何利基金"科学与技术成就奖"。

胡思得兼任国防科工委专家咨询委员会委员，总装备部科技委兼职委员、兼职副主任，中国核学会副理事长。

采集过程和采集思路

胡思得采集课题于2018年4月立项，前期已经开展预先研究工作。2016年，胡思得院士八十华诞之际，采集小组部分核心成员已经着手搜集资料，对胡思得院士及其知情人开展了几次预采访，了解和掌握了胡思得院士的生平和学术史，并着重关注其关键学术成长点，在此基础上为胡思得院士撰写了小传《君子九思，故成其大》（作者：吴明静），发表在2016年9月的《物理》杂志上。

课题正式立项后，首先组建了一支有经验又有热情的采集队伍。这支队伍中，负责人应阳君是胡思得院士的第一位研究生，且长期从事核武器理论研究，核心人员吴明静、沈晏平、王燕、余新川、郑悦萍、李合香等均参与过一到多项采集任务，熟悉采集流程，富有工作经验，并不断有采集成果产出。小组还配备了三名技术顾问，对应胡思得院士各阶段的主要工作，一位是长期从事核武器理论研究的资深专家刘建军研究员，一位是国内军控研究领域的资深专家田东风研究员，一位是胡思得院士的院长秘书兼中物院信息中心负责人赵武文研究员，这三名专家均对课题组的工作做了非常重要的指导。

针对采集对象胡思得院士长期从事涉密程度很高的工作的具体情况，课题组在开始工作之前，就制定了严密的保密工作方案，从资料的采集、获得、研究与保管，采集工具的管理、采集成果的发表等各个方面做出严格规定，织好保密防护网，确保工作的有序进行。

回顾整个采集过程，因为目标清晰、分工明确、配合默契、合作顺畅，课题启动顺利、推动有力、挖掘深入、产出丰硕，两年的辛勤工作也获得了胡思得院士及技术专家的认可。

本课题能圆满结题，首先归功于胡思得院士的悉心指导以及中国工程物理研究院各相关单位的大力配合。胡思得院士提供了9次口述访谈，全面回顾了他的科技人生，回顾了中国核武器科技发展史；中物院信息中心和九所档案室，为课题组提供了档案查询，使我们得以知晓中华人民共和国成立以来最神秘、最精彩的科研工作。

所有的采集工作紧密围绕胡思得院士个人成长与学术成长的主线展开，并着力绘制核武器科学家群像。课题组首先掌握和了解了中国核武器事业的全貌，对中国核武器每个里程碑重大成果的攻关始末，对科研队伍的代际传承都能做到明晰清楚、心中有数。在拥有丰富的历史档案和细致的专业指导后，再深入探讨一位年轻大学生是如何履行时代责任，如何接受和领悟前辈师长的指导，如何在完成一系列国家安全的重大课题中成长为一名优秀的科学家和优秀的科研工作组织者的。

按照这样的采集思路，我们厘清和呈现了胡思得院士八十多岁的人生道路、六十多年的科研生涯，勾勒出其同期科学家的群像，深入挖掘丰富的历史细节，还原真实的历史情境，展示出一幅波澜壮阔的历史长卷（详见"研究报告写作思路"）。

另外，我们对获得的采集成果，做好考证查证工作，与《为国家安全而奋斗——胡思得院士文集》《风雨同舟——胡思得院士回忆录》的相关内容互见，厘清和纠谬了媒体宣传的若干不实。我们借用采集工程的宣传平台，及时推出凝练的采集成果，

图-导语-2　2018年胡思得接受采集工程采集小组采访照片

获得较好的社会反响。

在完成采集任务的同时，我们还额外承担了一些撰写总结和宣传材料的工作，我们抓住每一次能与胡思得院士和其他资深专家讨论的机会，不断深化研究力度，继续获得大量未曾披露的第一手资料，丰富了课题研究成果，课题组视之为对自己辛勤工作的奖励。

采集难度与成果概述

本课题的难度在于，采集对象长期从事涉密程度很高的工作，这对资料的公开造成了较大影响。尽管如此，经过课题组精心策划，访谈工作和实物资料的搜集工作还是获得了丰硕的成果。

本课题组访谈 40 人次，获得大量珍贵的音视频资料。访谈对象除了胡思得本人，也有与胡思得同时进入核武器事业、共同奋战的亲密战友，还有散居在北京、绵阳、成都等地的长期合作者，以及胡思得的弟子。

如果将彭桓武、邓稼先、于敏、周光召、王淦昌、陈能宽和郭永怀等人划分为中国核武器事业第一代，胡思得及其同龄的同事恰为第二代，他的学生弟子、接任者则构成第三代。通过一批批有代表性的亲历者口述，课题组获得了中国核武器事业从草创、发展到壮大全过程的珍贵资料，获得了大量生动而丰富的细节。

我们坚持以广阔的视角来考察中国核武器科技发展史，同时整理了中国工程物理研究院军控研究发展史。中国工程物理研究院有国内一流的军控研究队伍，把他们的创立始末梳理出来，把国内军控学科萌生和发展的历程整理出来，把中物院特色鲜明的军控研究工作展示出来，在国内这是第一次。

我们还惊喜地发现，我们整理出了一个中国科学家双管齐下的精彩故事——以往，对禁核试前后的工作，多从外交角度予以展现，但这只是局部。我们在技术顾问田东风研究员的指导下，既领略到了前方谈判的针锋相对，也体会到了后方千军万马加快核试验、争分夺秒拿到该拿的数据的千难万苦。两相比照，激烈精彩。

在资料方面，课题组获得了胡思得院士捐赠的珍贵的实物资料。由于胡思得院士长期从事涉密工作，能够公开展示的手稿、笔记、图纸较少，且因单位的保密规定，历史留存的音视频资料也极少。为了生动反映胡思得院士各工作阶段的情况，我们想方设法挖掘出一些有纪念价值的、有故事的手稿和老物件。比如保密包（建所初期，中国的科研工作者机智地应付苏联专家、努力开展科研工作）、参与"九次计算"人员的名单（第一颗原子弹理论研究时期）、20 世纪 70 年代业务学习笔记本 5 本（反映胡思得在做型号工作时的学习调研情况）等。

课题组一边采集，一边挖掘凝练，在《科技日报》《中国科学报》相继发表科学家故事、历史事件追溯、采集心得 7 篇。其中，有关邓稼先在光弹落地后的抢险经历、第一届计算物理国际会议召开始末、纠谬"九次计算"中的一些不实说法等文章，得到社会公众的极大关注，也锻炼和提升了小组撰稿队伍的写作能力。

另外，课题组获得的采集成果，尤其是对多项科研工作的凝练、表述与评价，被 2021 年建成的北京第九研究所所史馆直接采纳和应用。

研究报告写作思路

课题组认为：采集工程的研究报告要坚守应有的学术属性，不能等同于一般文学性质的科学家传记。

采集工程研究报告的学术属性，体现在抓取、研究、凝练采集对象学术思想和领导大科学工程的管理思想，这是采集工程的职责所在。现在国家要创建全球科技创新中心，科技史研究和口述史研究的位置和任务何在？本课题组认为，挖掘和凝练出"两弹一星"科研团体爱国奉献、艰苦奋斗、大力协同、民主求实和勇攀科技高峰的故事，挖掘和凝练功勋科学家们培养和扶植优秀科技人才队伍的故事，讲述好科学家精神，讲述好中国故事，是我们的责任。

胡思得采集工程在这方面深入挖掘并努力呈现。

胡思得的成长与中国核武器事业同步，从 1958 年大学毕业参加工作至今，他从未离开过核武器事业。胡思得亲历了从第一颗原子弹理论设计到最后一次核试验的全程，领导了核武器科研集体在禁核试后的转型，他也是国内核军备控制科学技术领域的开拓者之一。纵观他最优秀、最有意义的研究成果，无不紧密围绕国家安全和科技发展。

他是"两弹精神"——"爱国奉献、艰苦奋斗、协同攻关、求实创新、永攀高峰"的亲历者、践行者和传承者，是中国特色核武器科技事业的优秀代表之一。他在事业发展中逐渐形成了自己的科学思维方法和管理思想。核武器事业磨砺和培养了他，他又以自己的青春与智慧为事业做出了贡献，丰富了"两弹精神"的意象。

明确了胡思得院士在科技史中的定位，我们坚持写科学家群像。

两弹事业是新中国最激动人心的历史事件之一，在历史长卷中呈现一位在事业发展中成长起来的核武器科技专家的形象，这符合胡思得的学术经历和成长经历，也符合"集体集体集集体、日新日新日日新"的中国核武器发展历程，符合他亲历"两弹精神"的诞生和深化的时代背景。

研究报告结构

研究报告结构，参照中国核武器发展的几个重要节点，将胡思得的经历划分如下：

第一章"懵懂的孩童、'逆袭'的学子"，讲述胡思得的童年和学习生活，介绍他在宁波上小学、中学直到上海复旦大学的生活，描述他如何从一个成绩落后的学生，在老师的鼓励下发奋读书，成绩和能力都得到提升的经历。

第二章"白手起家"，讲述他大学毕业后参加核武器理论研究早期工作经历。他在邓稼先带领下，白手起家、披荆斩棘，为第一颗原子弹理论研究提供铀的状态方程。他亲历"九次计算"，并在邓稼先、周光召、黄祖洽等前辈科学家指导下逐渐形成自己的学术思维方式。

第三章"青海长云"，讲述胡思得被单位派遣去青海核武器研制基地"理论联系实际"，"决战596"的工作情况，以及他在政治运动间隙亲历的氢弹突破工作。

第四章"春雷声声"，讲述他在型号工作（尤其是武器化）方面的贡献，以及于敏先生对他的指导和帮助。这一章还按照历史真实进程，实事求是讲述科研工作受到的政治运动困扰，叙述核武器事业沉重的损失——邓稼先的病逝。

第五章"十年加快"，讲述胡思得带领核武器科技队伍，完成我国最后几次核试验，完成新型核武器研制，使我国核武器研制水平获得关键性进步的重大贡献。

第六章"禁试转型"，讲述他带领科技队伍在禁核试前后实现顺利转型的相关情况。

第七章"军控研究"，讲述胡思得开创军控核查科学研究、积极推动中美、中俄学术交流及创建中物院战略研究中心的始末，这是第一次全面详细地梳理中物院军控核查研究史。

第八章"君子之风"，概述胡思得的个人性格和学术风范，呈现一位"两弹精神"传递者的鲜明形象。

本着锻炼新人的目的，课题组建了一个多达五人的撰稿队伍，这是一支年轻的、有朝气的队伍。王燕负责撰写第一章草稿；吴明静负责第二章到第六章；沈晏平负责第七章；李合香负责第八章草稿；郑悦萍起草了年表；导语、结语的撰写和最后统稿的工作由吴明静完成。

君子九思有所得，竦长剑以卫国。我们竭尽所能绘制一幅立体生动、波澜壮阔的科技长卷，凝练一位独特的爱国科学家的形象。感谢胡思得院士和诸位专家提供了这么一个机会，课题组和他们一起回顾和总结过去，分析和评判当下，展望和思考未来。所有的文字，无不发自内心，无不是在回答现实关切的问题，无不为了坚定当代人的理想信念。

今天我们用心写下文字，投射对明天郑重的期许。

第一章
懵懂的孩童、"逆袭"的学子

多病多难的童年

2016 年的一天，在北京市某重点中学的礼堂里，一位老科学家正在给济济一堂的初中生做科普讲座。

这位老院士，年届八旬，个头不高，手扶拐杖，面目慈和，笑意盈盈，很符合孩子们心目中科学家爷爷的形象。他向同学们讲述了自己的学习经历，说自己小时候的成绩并不好，还考过不及格，但只要肯努力，能树立远大目标，不断磨砺自己的意志，执着坚持，还是可以做出一番大事的。

讲座在热烈的掌声中结束，活泼又兴奋的同学们不肯离开，围着科学家爷爷叽叽喳喳，有一个小朋友笑嘻嘻地说："胡爷爷，我的数学也不好！"另一个嚷嚷道："我的物理也不及格！"

老院士抚摸着这帮调皮孩子的头，呵呵笑了，连声鼓励："现在用功还来得及！现在用功还来得及！我看你们都挺聪明的，聪明劲儿要用在学习上！"

孩子们赶紧七嘴八舌地说："对啊对啊！现在往科学家方向努力还来得及！"

陪同在侧的老师忍俊不禁。

这位老院士，就是核物理学家、中国工程院院士胡思得。

时光倒回八十年前。

1936年3月31日，浙江省宁波市西门外，河汊密布的江南水乡，一条叫胡家弄的弄堂里，一户普通人家中诞生了一个小婴儿。

这个小婴儿是家中的老来子，取名思得。他前面已经有两个哥哥和一个姐姐，哥哥姐姐的岁数比他大很多，大哥就比这个小弟弟大了16岁。

胡家弄因住了三家同族的胡姓人家而得名。胡思得的祖父是老大，他家被称为胡福房。但遗憾的是，福气很吝啬，并不太光临这一脉，胡思得的祖父结婚不久就去世了，留下守寡的妻子和未出生的孩子，祖母靠当佣工糊口抚养儿子。自此，祖母自认命苦，一直信佛吃斋。

胡思得的父亲胡圣宝，成年之后在当地的烟草公司找了一份工作，任务是往乡下推销香烟。有一次出行时，脚面不慎被烟箱的铁皮划破，由于医治不及时，最后发展成一个很大的肿瘤，此后行动不便，只能在家中开一个很小的店铺，销售香烟、肥皂和蜡烛等勉强度日。

胡思得的母亲金阿大，是位地道的家庭妇女，不识字，眼睛高度近视。她是家中老大，胡思得的外祖父中年就得了中风，家境不佳，所以外祖父多由胡思得母亲照顾。在外祖父中风、父亲受伤的情况下，胡思得母亲扛起了生活的重担，总是忙忙碌碌的。

胡思得的大哥名叫思明，二哥叫思聪。胡家男孩的名字是父亲专门请一位老先生起的。老先生翻开《论语》，指了《季氏第十六》的文字给父亲看："君子有九思：视思明，听思聪，色思温……见得思义。"大哥、二哥的

图1-1　胡思得母亲金阿大（图片由胡思得提供）

名字就这么来的。等再添了小儿子，就用了最后一句，叫思得。姐姐的名字是她自己起的，叫剑云。

大哥是 1920 年生人，姐姐 1923 年生，二哥 1930 年生。当胡思得还是懵懂孩童时，大哥和姐姐已经成人了。受家庭经济条件所限，胡思得的哥哥姐姐都未能读太多书，大哥和二哥只念到小学毕业，姐姐初中毕业，但哥哥姐姐都很懂事能干。

大哥先当了几年学徒，后升为职员。他一边帮家中的小店扩大业务，一边与人合伙创建一家烟厂。后来，姐姐和二哥也来帮助经营香烟店，由于小店位置靠近航船埠头，所以生意日益兴隆，家境逐渐改善。在胡思得印象中，二哥结婚时，场面相当豪华，不仅来了好多客人，还请了戏团来搭台唱戏。

到胡思得 10 岁时，父亲去世，姐姐出嫁去了上海，小店就交给二哥经营，母亲和嫂嫂们协助帮忙。

大哥胡思明是民主建国会成员，1949 年后曾担任宁波工商联秘书长。

图 1-2　1996 年胡思得与哥姐在宁波合影（左起：大姐胡剑云、大哥胡思明、胡思得、二哥胡思聪，图片由胡思得提供）

姐姐胡剑云是中共党员，1949年后曾任上海市针棉织品总站工会女工部长。

小时候的胡思得，还看不出长大后能否像哥哥姐姐那样伶俐能干。他的身体很弱，童年是在一场又一场大大小小的病痛中度过的。最让家人揪心的是，他一紧张就会晕厥。那时候，日本侵华战争的战火烧到浙江，日本飞机频繁轰炸宁波，防空警报一响，大人们忙着打烊，扶老携幼出门避险，胡思得这时不但帮不上忙，往往还会晕过去，让家人越发手忙脚乱，以至于家人无奈地开玩笑说："不如搞一个箱子把你放进去算了。"

他幼时还得过淋巴结核，那时这种病算是疑难杂症，死亡率很高。家里人带他投医无数，但无论西医、中医，都没有有效的法子，无奈之下，求助于偏方土法。胡思得记得，有一次家里请来姐姐的许多同学，他跨坐在一个门槛上，这些姐姐们每人手里拿着一支点燃的小香棒，轮流走过他面前，用香棒在他头顶上转几圈。就这样，中、西医和土法"相结合"，轮流施展，慢慢拖到六岁，结核肿块终于破皮而出，这就算是逃出了"鬼门关"。自此后，胡思得不再受疾病困扰，只在脖子上留下一道疮疤。

1940年10月，胡思得4岁多时，沦陷之前的宁波遭到日本侵略者的细菌战袭击。这是宁波市民心中的惨痛回忆。

1938年冬，我国沿海主要港口大多沦陷，离宁波不远的镇海港成为对外联络的主要港口，为了切断这段运输命脉，进而占领宁波，日军于1939—1941年多次对宁波进行疯狂轰炸。尤其是1940年10月底，日本飞机在市区最繁华的开明街一带投下夹杂鼠疫病菌的棉絮、麦粒等杂物，致使开明街和东后街一带，众多居民先后发病，相继死去，甚至有许多人家全家罹难。这一时期无辜受难、惊慌终日、国仇家恨是宁波人的共同记忆，胡思得虽年幼无知，但也依稀记得家人及乡亲邻居担惊受怕的样子。

鼠疫无情收割人命的同时，日本飞机的轰炸也愈来愈频繁，轰炸的范围也愈来愈广，宁波老百姓在市区待不住，纷纷到乡下逃难。胡家也协同亲戚一起逃到乡下一个叫"河尽埠头"的村子，住在一幢破旧的房子里，大约待了半年之久。

等再回到胡家弄，宁波已经沦陷了，到处都可见到暴虐横行的日本兵挨家挨户地搜查。全家人成天提心吊胆地生活。胡思得记得大嫂经常用草灰把脸涂黑，故意显得又脏又乱的样子。

那年秋天，胡思得已经上小学了。他就读的小学离家不远，叫鄮西小学。学校紧贴在护城河边上，上学路上要途经一座桥的桥头，桥头有日本兵站岗，但凡中国人过桥都必须脱帽鞠躬。胡思得上学不必过桥，也不必去鞠一个屈辱的躬，但是每次见到耀武扬威的日本兵，幼小的心灵总也浮上许多难过与悲愤。

1945年抗战胜利，中国军队收复宁波，老百姓兴高采烈地去欢迎慰问。胡思得也去凑热闹，他看见站岗的军人个个脸色黝黑，身上背着斗笠，说是刚从南方调防过来的。

由于国难当头，疲于奔命，家人无暇给予年幼的胡思得更多关注，再加上他从小身体不好，在学业上对他的要求比较宽松，很长时间是任其"自由生长"。整个童年，胡思得的生活是自由自在的。

胡家临水，几个玩伴约起来，一起去钓小鱼小虾、翻开石头找螃蟹，还抓蛐蛐。家长怕孩子出事，不许孩子私自下河，孩子们就偷偷地去游泳。有一次，胡思得游泳时不小心碰上一块尖尖的石头，膝盖划开了一个口子，流了不少血，他不敢告诉家里人，悄悄回家自己躺着，不料这异乎寻常的"文静"到底还是被祖母发现了，被狠狠地教训了一顿。

他爱玩、调皮，但不惹事。有时，他会跑到河对岸的操场，躺在草地上欣赏天空的云彩。云朵在蓝色天幕上变幻莫测，激发出他的无穷幻想，有时把自己想象成孙悟空，站在云端之上遨游天下，有时想象自己骑在骏马背上，奔驰在一望无际的天边。[①]

总的来说，小学时期的胡思得，表现并不突出。他上课时很少认真听讲，放学了也只惦记着玩，正如后来他自己所承认的那样，成绩不太理想，就是个普通的孩子。

---

① 胡思得访谈，2018年7月10日，北京。资料存于采集工程数据库。

效 实 树 人

1948 年夏天，胡思得小学毕业。以他的成绩，想要进入浙江省杭州高级中学这样的名校比较困难，最后，大哥为胡思得找到一个机会，他进入效实中学初中部就读。

效实中学是一所私立学校，也是当地较为有名的学校。效实中学于 1912 年（辛亥革命第二年）创立，创办人陈训正、陈谦夫等爱国知识分子秉承着"以私立之经营，实施用之教育，为民治导先路"的宗旨，取严复《天演论》中"物竞天择，效实储能"的名句，寓"责效于实，期在可行"之意，将这所传播新文化运动的学校命名为"效实"。[①]

效实中学采取宽进严出的方针，注重对学生进行人格教育。学校里有许多教育经验丰富的老师，对学生的要求非常严格，进去容易，但要取得毕业文凭就很难。

效实中学的启发性教育做得很有特色。曾与胡思得一起就读效实中学（高中部）的同学竺家亨[②]回忆：

> 效实中学的教学理念，是通过老师的高水平教育，启发同学们的学习自觉性。老师希望能够在课堂里把所有知识都教授给学生，使学生很好地接受，而不是通过课外布置很多作业。[③]

小学成绩落后的胡思得，刚进入中学时还有点吃力，他带着半年来毫无长进的成绩步入了 1949 年。年后，初中一年级第一学期期末考试，他

---

① 根据 1926 年《宁波效实中学校十五周纪念刊》摘录整理。见：《百年效实》，效实中学百年校庆纪念专刊。

② 竺家亨，北京应用物理与计算数学研究所研究员。

③ 竺家亨访谈，2018 年 6 月 28 日，北京。资料存于采集工程数据库。

的英语和数学都只考了四十几分，总平均成绩也很低，终因不及格从秋季班留级到了春季班。

1949 年风云变幻，国民党政府节节败退。蒋介石预感到大陆已无立足之地，开始把眼光投向舟山，并利用定海机场起降飞机，负隅顽抗。9 月下旬，国民党飞机多次对宁波进行毁灭性轰炸。

> 当时，从舟山定海机场起飞的美制蒋机，几乎天天肆虐华东沿海，破坏交通运输线，以至狂轰滥炸闹市区，成为老百姓的最大祸害。光是 9 月下旬几天之内，宁波就连遭五次大轰炸，死伤 400 余人；毁屋 5000 余间，全城一片火海，商业精华悉付一炬。①

国民党的轰炸严重破坏了宁波市区的社会秩序，无辜的居民再次弃家而出、四散逃避。学校的正常教学也无法进行了，效实中学也疏散到远郊，找了一个小学校舍勉强组织上课。为了避开轰炸，有时只能在晚上上课，但因为电厂被炸毁造成大面积停电，教室里只好用煤气灯照明。②

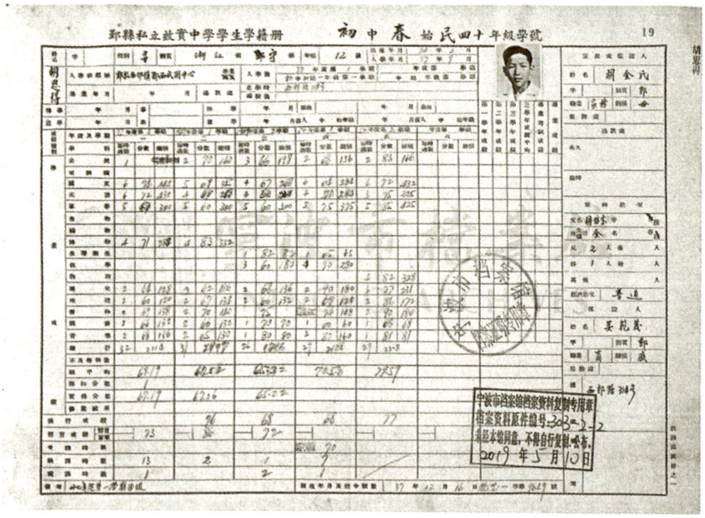
鄞縣私立效實中學學生學籍册

图 1-3　胡思得初中学籍卡（图片由效实中学提供）

① 全一毛:《乘风破浪登舟山——解放舟山群岛战役采访杂忆》,《文汇报》1997 年第 9 期。

② 《百年效实》，效实中学百年校庆纪念专刊。

直到 1950 年 5 月，定海解放，他们才回到市区。

1950 年的抗美援朝运动在年轻人中掀起了报考军事干校的热潮，大批知识青年积极参军，效实中学也有很多同学响应国家号召前去报名，胡思得羡慕学长们能投笔从戎，于是他也报名。但体检时，查出他患有慢性鼻窦炎，体检的老师告诉他，后面的检查不要参加了，肯定通不过的，到此为止吧。这时胡思得正在读初中二年级，最终落选一事让他十分失望，也使他的思想产生了变化：

> 别人都参军，响应国家号召，服务国家去了，我参军没有指望了，日后想为国家效劳，首先要把成绩搞上去，好好读书，不能再这样贪玩下去了，否则成绩这么差，怎么向国家交代？[1]

从此以后，胡思得就开始自觉努力学习，考试成绩和在学校的各项表现都慢慢地稳定提升起来。

他积极参加学校组织的社会活动，加入了时事简报组，任务就是将报纸上关于时事政治的重要新闻剪下来，编排后贴到大白纸上，最后再贴到墙上，做成墙报。

最开始是别人挑出新闻，胡思得剪下来粘贴。做了一段时间后，他也知道该挑哪些内容。当指导他的高三学姐要全力以赴准备高考了，剪报的工作就由他独立负责，这对提高他的政治觉悟产生了重要影响。

后来，学校成立了中苏友好协会。因为是群众性组织，不用申请和审查，大家自愿参加，胡思得和班上的同学纷纷报名。1952 年，17 岁的胡思得被选为中苏友好协会副会长，负责组织开展具体活动，其中的重要任务就是宣传苏联社会主义建设成就。

竺家亨认为，加入中苏友好协会是件好事，锻炼了胡思得的组织能力。他还记得这期间胡思得曾组织举办了一个苏联音乐会的交流活动，请了一位会弹钢琴的家长、几位老师和歌唱得好的同学来讨论苏联音乐，教唱苏联歌曲。

---

[1] 胡思得访谈，2018 年 7 月 9 日，北京。资料存于采集工程数据库。

竺家亨回忆道：

> 我是1951年进学校，1954年毕业，那正是中苏友好时期，那时流行学马列主义、学苏联。中苏友好协会是全国性的组织。我们学校中苏友好协会的会长是校长，副会长由学生推选，胡思得就当上了副会长，有时候学校开大会了，校长要讲几句话，胡思得就主持会议。这个协会主要做群众性的工作，学习苏联老大哥建设经验，学习马列主义，介绍苏联文化，学唱苏联歌曲，阅读苏联小说如《钢铁是怎样炼成的》，等等，每星期还要出一次黑板报。[①]

自初中三年级开始，胡思得就住校，学校的住宿环境非常普通，八个人一间宿舍，上下铺。虽然家离学校不远，学校住宿远不如家里舒适，但这时候的胡思得已经开始主动学习，住校可以参加早自习、晚自习，有比较好的学习环境，而且有更多机会和同学在一起，他还是愿意在学校住宿。

初三那一年，国家实行教学改革，学校取消春季班，春季班的学生特地在暑假进行补习，补习过后直接上高中，胡思得就又和原来秋季班的同学汇合了。

高中一年级时，胡思得的成绩勉强算是中等，后来一个很小的契机，让他的作文成绩有所提升。

当时有个学习时事的读报活动，在吃完午饭休息到上课之间的半小时，全班同学都围坐一起读《宁波日报》。起初同学们轮流念，后来大家公推胡思得，说他口齿最清楚，念得最入耳。一开始，胡思得觉得每天中午念报纸实在是个负担，但过了一两个月后，他的词汇量大了，作文也写得通顺流畅了，语文老师在他的作文本上画的红圈也越来越多，这对他来说是意想不到的收获。

---

① 竺家亨访谈，2018年6月28日，北京。资料存于采集工程数据库。

幸 遇 良 师

在所有科目中，最让胡思得头疼的是数学，他的数学成绩一直不佳。幸运的是，一个偶然的事件彻底改变了胡思得，使他的数学成绩乃至整个人生都发生了重要的转折。

效实中学有一位名师叫蔡曾祜，人称"蔡代数"，他是胡思得所在班级的数学课老师。蔡老师功底深厚、教学严谨，且擅长因材施教，针对学生基础的差异，他把一个班的学生分成三个组，第一组成绩最好，第二组成绩中等，第三组成绩落后。教学时他根据学生水平区别难易，使优者"吃得饱"，差者"跟得上"。

高二上半学期，胡思得被分在第三组。蔡老师在平时测验时给第三组同学出的题都比较简单，偏重于考察基础，但期中、期末考试的试卷就不能分组了。有一次期中考试，题目比较难，出乎老师同学的预料，第三组的胡思得以 75 分的成绩拿到了全班第一名，而另外两位平时成绩很好的同学只考了六十几分，其余的同学全都不及格。

胡思得也不知道自己为什么考得这么好，但蔡老师抓住这次机会，当着全班同学的面表扬了胡思得。这对胡思得产生很大鼓舞，也增强了他的自信心。胡思得清楚地记得当时的心情：

> 因为他几乎是从来不表扬人的，我更没有得到过表扬，这次当着全班这么多人表扬我，我真是热血沸腾，觉得以后应该好好把代数学好。①

从此，胡思得的学习自觉性大大提高，他认真听讲，积极做题，成绩

---

① 胡思得访谈，2018 年 7 月 9 日，北京。资料存于采集工程数据库。

飞速提升，每次测验都名列前茅。蔡老师把他从第三组调到第一组，胡思得的学习劲头更足了，做作业时不仅做第一组的，还把第二、第三组的题也全做了。而且，胡思得还发现，自己对代数产生了近乎发狂般的喜欢。

效实教师
Teacher Representatives

（1892—1967），字箴五，鄞县（今宁波）人。1913年毕业于浙江高等学堂。1919年就效实教席，1932年起主持教务前后共16年。1962年退休。他是效实中学教风、学风的继承、发展的集大成者。从事中学教学近五十年，对学生行动上循循善诱，诲人不倦、言传身教；教学上高标准、严要求、一丝不苟。精通业务，尤精代数，甬上教坛誉为"蔡代数"。

蔡箴五（曾祜）

图 1-4 《百年效实》刊载的蔡曾祜资料

当时学校阅览室订有《数学通报》杂志，每期杂志上会刊登一些偏题、怪题，他甚至对这些怪题也产生了强烈的兴趣，把能做的都做了一遍。

到了高三，胡思得被选为数学课代表，负责跟蔡老师联系，安排作业分量等，胡思得对蔡老师的了解就更多了：

蔡老师当时年纪很大，快70岁了，还坚持上课。有一次他胳膊坏了，用另外一只手托着胳膊在黑板上写字，坚持把课讲完，而且他的字写得相当工整。他教育严格，平时大家都比较害怕他。我做课代表，有时要协调大家做作业的时间，就去跟蔡老师商量，蔡老师很好商量的，他以大局为重，根据班主任的意见减少自己负责科目的作业量。另外，他对每个同学都很了解，他经常和我谈，某某同学可能有些什么问题，你去怎么帮助他一下。凡是受过他教育的同学对他都有非常好的印象，大家觉得经历过"蔡代数"这样的老师的指导，整个生命都很有意义。①

蔡老师的鼓励和培养，不仅使胡思得的数学成绩突飞猛进，而且带动了其他科目成绩的提高。到高三的时候，胡思得的所有成绩都取得

① 胡思得访谈，2018 年 7 月 9 日，北京。资料存于采集工程数据库。

了优秀。

胡思得对数学着迷，蔡老师也鼓励他往数学方面发展，高中毕业时，蔡老师送给他一套微积分课本，要他在上大学前抽空预习一下。

高考报志愿，胡思得毫不犹豫把数学专业填报为第一志愿，孰料几何题没做好，导致数学成绩不如物理成绩出色，最终被录取到物理系。胡思得在大学还一直与蔡老师通信，每次回宁波也都去看望蔡老师，他不断从蔡老师那里得到指点。起初，胡思得对大学的教学方法不太适应，加上数学老师有浓重的地方口音，讲话节奏特别快，他自觉课上的学习效率很低。入学不久，他就给蔡老师写了一封长信，语气间充满对数学老师的抱怨和失望。蔡老师接到信后，心里很为其担心，托邻居给他带话鼓励。过了一段时间，胡思得对老师的讲课风格逐渐适应，情绪也好转，又给蔡老师写了一封长信，让蔡老师放心。第一个寒假回家后，胡思得拿着期终考试的 5 分（满分）成绩向蔡老师汇报，蔡老师笑了，并且告诉他，自己刚接到信时是很担心忐忑的，但转念一想，他相信胡思得的学习能力，坚信胡思得一定会适应过来的。

除了蔡老师，胡思得还有关于其他老师的深刻回忆。他一直为自己能在效实中学遇到一批名师而感到幸运。的确，效实中学有"名师治校"的传统，名师荟萃，自由包容，给学生们的启发并不限于书本。

胡思得一直记得李庆坤校长亲授的历史课，在学习近代史时自己情感

图 1-5　2017 年效实中学百年校庆，
胡思得（左 2）和初中同学在校园里
蔡曾祜老师塑像前留影

叶树宣（建之）

（1911—2008），字贞旋，宁波人，民盟盟员，中共党员，省市民盟顾问。1928/1930年效实中学初、高中毕业。1934年毕业于南京中央大学历史系。1934-1950年任效实等校史地教员。1950-1966年任效实校务委员会主任、校长，1978.4-1984.4再度出任校长、1984.4起任名誉校长。一生从教，长期任效实和担任校长，为学校发展作出了重要贡献。

李庆坤（贞旋）

图 1-6　《百年效实》刊载的
李庆坤校长资料

图 1-7　1999 年 9 月 16 日，毕业于效实中学的五位院士回访母校，看望患病住院的名誉校长李庆坤老师（左起：毛用泽、胡思得、李庆坤、徐祖耀、陈中伟、周光耀）

上受到强烈冲击。清政府连续割地赔款，中国逐渐沦为半殖民地半封建社会，使他深深地感受到屈辱，加之童年时期懵懂间对日本侵略者的记忆，他对国家富强、民族振兴有了单纯而质朴的渴望。

他的高中化学学得也很不错。化学老师是一位女老师——孙佩兰，教学水平非常高，深入浅出，明白晓畅。后来上大学时，胡思得发现很多知识点在高中时孙老师都教过了，他甚至觉得孙老师当年讲得更为深透。

效实中学六年，还有许多老师给胡思得留下了深刻的印象：竹之筠老师是班主任，总是嘱咐同学们要有全局观，要注意平衡发展。教英语的纪挺芳、教语文的杨仲未等老师，讲课引人入胜，激发学生们的学习兴趣。胡思得感谢他们的教诲和培育，使自己从一个不懂事、顽皮的孩子成长为爱学习、求上进的青年。①

竺家亨也认为，效实中学的教学和优良学风对同学们大学阶段的学习产生了积极影响：

在效实中学，我们基础打得比较扎实。因为数理化基础都很好，我们进大学以后就不觉得怎么吃力，很快就适应大学学习了。另外，效实的学习风气好，我们在中学里已经养成了比较自觉的学习习惯，这个也很重要，中学老师要求我们有上进心，要自己给自己提要求，这样一来，我们的大学生活就很顺利，能够很好地完成学业。②

① 胡思得访谈，2018 年 7 月 10 日，北京。资料存于采集工程数据库。
② 竺家亨访谈，2018 年 6 月 28 日，北京。资料存于采集工程数据库。

中学时期可以说是胡思得人生的重要转折时期，不仅学习成绩大幅提升，社会工作积极努力，而且培养了多种爱好。京剧、二胡和体育运动，都是他在中学时期接触并喜爱上的。

宁波本是越剧盛行的地区，但当时老师和同学中有很多京剧爱好

图 1-8　1999 年 9 月 16 日，胡思得回访母校效实中学，胡思得、周光耀二院士与他们的老师孙佩兰、竹之筠及朱敦礼校长在新校舍教学楼前合影（左起：朱敦礼、孙佩兰、胡思得、竹之筠、周光耀）

者，于是成立了京剧兴趣小组，胡思得也参加了，虽然多数时间是跑龙套，却也培养了他的京剧特长。

中学的时候，我们学校里面好多老师同学京剧唱得都非常好。也有唱越剧的。特别是我们班，有两位男同学，一个唱花脸的，一个唱

图 1-9　胡思得高中学籍卡（图片由效实中学提供）

老生的，唱得好极了。我们这几个（学生）体育运动比较好，所以让我们当跑龙套的。这种情况下，我们慢慢就听会了，也喜欢了。①

胡思得还自学了二胡，虽然没有受过正规训练，但也可以参加合奏，后来大学时他还去上海广播电台演出过。

高中时，胡思得的体育也很好，短跑、跳高、跳远的成绩都很不错，还入选学校短跑队去参加市中学生运动会。他再也不是小时候让家长操心的体弱多病的孩童了，体格越来越壮实。

1952年3月，胡思得光荣入团。1953年，毛主席号召青年学生要做到"工作好、学习好、身体好"，学校里掀起争当"三好"的热潮。他当选为校三好学生。

高三时，因为品学兼优，工作能力强，胡思得还被选为校学生会副主席。

图1-10　1952年胡思得（后排左3）入团纪念照（图片由胡思得提供）

---

① 胡思得访谈，2018年7月9日，北京。资料存于采集工程数据库。

在复旦大学

因为对数学相当着迷，高考前，胡思得填报志愿首选理科，而且打定主意要学数学。志愿学校排序为北京大学、复旦大学和南京大学，专业选择的先后是数学、物理和化学。

没想到，高考时，偏偏立体几何题没做好。但是他的物理考得不错，有一道很难的物理题，胡思得做出来了，而好多物理成绩平时比较好的同学反而没做出来，胡思得为此很自豪，一直都还记得这道题。可能因为物理考得比较好，最终把他录取到物理系去了。

接到录取通知书是 1954 年 8 月的一个傍晚，胡思得和家人吃完晚饭，正在门口乘凉。只见一名邮递员远远地骑着自行车过来，在他家门口刹住，一手扶着车把，一手高高举起一封信，冲他们喊道："录取啦！"原来是送高考录取通知书的！

家人大喜，急忙打开信件一看，胡思得被上海复旦大学物理系录取了！这可把全家高兴坏了，这是家中的第一位大学生，又是要去上海读书，家里赶紧忙碌起来，为他准备行李。

十几天后，胡思得乘火车离开宁波到上海求学。

到了上海北站，系里的高年级学长正在站台外迎接新生，胡思得高高兴兴地跟着学长们来到邯郸路复旦大学校本部，从此开始了四年的大学生涯。

物理系的男同学都住在德庄，这里的房间都是日系风格，稍作改造，放进去两张有上下铺的木床，可住 4 个人。胡思得和同班的杨礼和、田昌年、周择言住在一起。在大学四年，宿舍换了三次。最后一年住进了新建好的宿舍楼。

进大学后，他很快就为能在物理系学习而庆幸。物理课生动形象而直观，使他产生了浓厚兴趣。他暗自想：学物理还是挺幸运的，数学可能太抽象了。

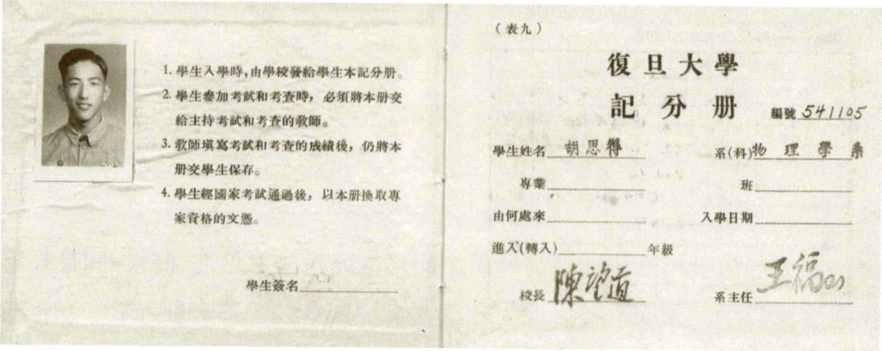

1. 學生入學時，由學校發給學生本記分册。
2. 學生參加考試和考查時，必須將本册交給主持考試和考查的教師。
3. 教師填寫考試和考查的成績後，仍將本册交學生保存。
4. 學生經國家考試通過後，以本册換取專家資格的文憑。

學生签名

（表九）

復旦大學

記分册　編號 541105

學生姓名 胡思得　系(科) 物理學系

專業　班

由何處來　入學日期

進入(轉入)　年級

校長 陳望道　系主任 王福山

图 1-11　胡思得在复旦大学的记分册（图片由复旦大学提供）

复旦的物理系教学有两个特点，一是非常重视基础课。一年级的普通物理课由系主任王福山先生亲自讲授，他讲得很生动，有一次讲解转动惯量时，他用芭蕾舞的旋转动作来示范说明，老先生甚至自己伸直胳膊旋转示例。二是非常重视实验。他们从一年级起每两周就有半天的物理实验，带实验的唐璞山等老师对学生要求很严。进实验室之前，每个同学必须做好充分的预习，准备好实验提纲，老师们会突击提问，以检查大家的准备情况。

这两个教学特点，对胡思得产生了非常重要且深远的影响，对他后来参加科研工作有很大的帮助。他坦承，在大学学的专业课，除原子核物理外，其他的在工作中基本用不上，但是基础课确实帮了大忙，使他能比较快地理解全新的专业。他从事的专业工作是核武器的理论设计和研究，因为在大学时就重视实验，他对实验工作也很有兴趣，工作中他从不把理论研究与实验工作机械割裂，积极促成理论与实验的结合，并参与实验的设计和结果的分析。而理论与工程设计实验紧密结合，也的确是中国核武器事业发展的根本要求。

刚上大学时，因为老师的讲课方式与中学有较大的差别，他曾有一段时间不适应，但很快扭转过来了，期末考试时都拿到了 5 分。他记得大二期末考统计物理，考试地点设在登辉堂楼上的大礼堂，120 个人在一起考试，胡思得胸有成竹，笔下行云流水，第一个交卷。走出考场，他离开学校去姐姐家，适逢下大雪，他迎着飘舞的雪花，阔步向前，满怀少年意气，信心高昂。这是他大学生活中难忘的片段。

大学里胡思得也有失手的时候，还是他最得心应手的课程——化学。受益于高中时化学老师的指导，大学开设的化学课程，他绝大部分已经学过，所以胡思得上课时基本不听，而去做其他科目的习题，由于他平时的化学成绩不错，老师对他的印象很好，也不管他。期末考试前他把老师发的讲义仔细地复习了，满怀信心地在口试考场抽了一份试卷，顺利地做完了其他四道题，但剩下一道题一点印象都没有，想了好久也没有头绪，只好交卷。老师感到很奇怪，问怎么回事，他回答说记不得讲义里这方面的内容。老师说这是她在课堂上补充的材料，讲义里是没有的。这时胡思得只好向老师坦白：上课时没有听讲。最后，老师只给了他 4 分。

在同年级的同学中，有两位特别优秀，一位是杨福家，一位是陈式刚。杨福家成绩优异。第一学期期末的物理考试是口试，这种考试形式在中学里从没有碰到过，大家感到非常紧张，老师让杨福家先上场为大家树立榜样。

图 1-12 胡思得（左 1）与杨福家（左 2）在复旦大学的草坪上（图片由胡思得提供）

陈式刚是另一位公认的优秀学子。胡思得最钦佩的是陈式刚在上大学之前，已经自学过许多大学课程。1955 年校庆，系里举办了一次学术报告会，陈式刚在会上做了一个量子力学相

图 1-13 曾为大学同班同学的三院士 2004 年在邓稼先坐像前留影（左起：胡思得、杨福家、陈式刚）

关问题的报告，报告内容超前于同年级课程进度，所以胡思得等人根本听不懂。还有一次，是在大三时一个炎炎夏日，年级举办活动，请陈式刚介绍学习经验。陈式刚不善言辞，说话声音特别轻，又带着浓厚的温州口音，同学们都嚷嚷"听不清楚"。幸好班上有一位陈式刚的高中同学，自告奋勇当"翻译"，他把陈式刚的发言用普通话响亮地转述，才完成了这一次经验分享。

后来，胡思得和陈式刚、杨福家这两位同学一直保持交往。兜兜转转，陈式刚、胡思得成了一个单位的同事。陈式刚印象中，大学时期的胡思得性格沉稳，话不多，很热心公共事务，处理事情很受同学老师的信任。

1956年3月，胡思得被批准入党，他自称这是"大学里对他一生最重要的事"。介绍人是系党总支书记金兆良和年级支部书记黄祥豫。入党之后，负担的社会工作更多了，他被选为系团总支委员。

胡思得在文娱体育方面也比较活跃。他是系里短跑选手之一，在上海市大学生运动会上，他作为预备队员参加了复旦大学400米接力赛的代表队。学校里有许多文艺社团，不同学期他参加过不同的社团，分别有舞蹈、京剧、民乐、音乐欣赏，每周四下午都有活动。在民乐队里，胡思得演奏二胡，还曾应邀去上海市广播电台演奏《彩云追月》《春江花月夜》等乐曲。

入大学后的头两年，教学秩序很正常，在"向科学进军"口号的鼓舞下，学生们扎扎实实地学习了两年多的课程。1956年下半年，物理系开始分专业，有的选电子专业，有的选光学专业，有一些同学被抽调到北京大学去学习半导体专业，胡思得和杨福家、陈式刚等被指定进理论物理专业。

1957年的"大鸣大放"和随后的"反右斗争"，把正常的教学活动打乱了，学生们上课无法专心听讲，下课忙着写大字报、参加"大辩论"。到后来按百分之几的比例，硬要在同学之中找出几个"右派分子"，几位思想比较活跃的同学就这样被戴上了"右派分子"的帽子，之后受到了极不公正的待遇。胡思得因为一向积极追求进步，入党也早，自然受到"关注"，险些受到冲击，但他毕竟是个淳朴的学生，也找不出有什么问题，只有党支部书记提了一条意见：平时只注意业务、对形势估计不足，算是有点右倾。

1958年，又迎来了"大跃进"，许多同学到郊区去参加"大炼钢铁"，毕业论文改为提交读文献的笔记。临近毕业分配时，还搞了个"体育大跃进"，人人都要争当"三级运动员"。有同学琢磨出通过乒乓球比赛的途径最容易，只要打败一个三级运动员，自己就可成为三级运动员。于是，在一位真材实料的三级运动员的"谦让"之下，一下子就"培养"出了一大批"三级运动员"。

胡思得通过了劳卫制三级体操运动员的考核。他这个三级运动员倒是货真价实，半个世纪后，他还可以给年轻人示范双杠动作。

复旦大学的四年岁月，给胡思得留下了深刻印记，他在回忆中说：

> 复旦大学对我的成长有着非常重大的影响，为我毕业后在工作岗位上创造成绩提供了重要的基础。①

大学期间，对他最有影响的事情是临毕业前在实验室工作的那一段经历。那时许多同学都去大炼钢铁了，校领导和系领导考虑到学校要筹建核物理系（后称物理二系），在运动间隙把毕业班理论物理专业的同学留在学校，筹建一个核物理实验室，主要任务是设计实验。

同学们被分成几个小组，设计不同的实验。胡思得和小组同学一起去拜访了系里的专家卢鹤绂先生，请他指点设计实验主题。卢先生略

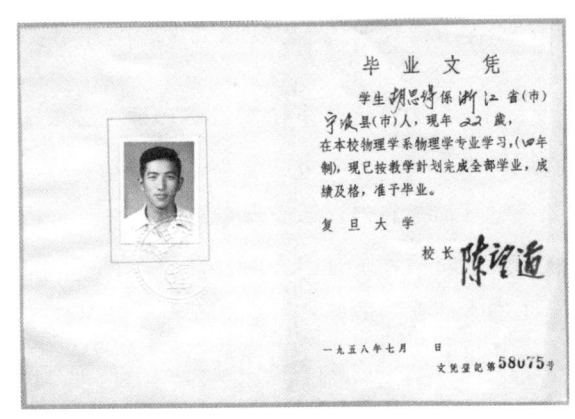

图 1-14　胡思得复旦大学毕业证书

---

① 胡思得访谈，2018年7月9日，北京。资料存于采集工程数据库。

加思索后，推荐他们做记录宇宙射线粒子用的小气泡室实验。

气泡室里放置酒精或乙醚等液体，在高压下加热至沸点，又立即降压，使它成为一种过饱和的液体，暂时还不会汽化。如果此时有宇宙射线粒子打进来，粒子所过之处，过饱和的液体受到扰动而汽化，就会形成一条轨迹，再根据轨迹的长短、浓淡等数据去分辨出粒子的种类、属性。

卢先生说他也只知道这些，其余的要同学们自己去调研、去摸索、去创造条件。

经过短暂的调研，他们制定出了实验方案。在蔡祖泉[①] 老师的安排下，请一位年轻的工人师傅吹制了许多玻璃的气泡室，因为气泡室要承受高压，所以室壁厚度要比较均匀，吹制的难度就很高，需要一定的技术。

做实验时需要有降压、照相等相关环节，本来这些环节的配合要求是非常精细的，但当时没有机械统一控制的条件，只能靠手动。几个同学在统一号令下，操纵开关。在这样简陋的条件下，一共照了几百张的照片，基本上都是空白，但有一次照到一张有很漂亮的直线的照片，还有一张画面比较模糊、似有似无，被大家称作成功拍到"一张半"。这两张照片给大家带来不少快乐和鼓舞。

这件事给他们最大的教育意义不是气泡室实验本身，而是敢于去闯的精神。胡思得回忆说：

> 我觉得这件事情对自己独立自主、创造性能力的锻炼很有好处。因为是从一穷二白、啥都没有干起来的，自己去调研、联系一切，氢气罐都是我们自己去扛回来的，全都自己干。卢先生鼓励大家独立思考，鼓励大家自己去闯，自己去调研，自己去摸索，自己去设计，自己去动手创造条件，这与在大学里习惯了的一套很不一样，过去都是老师怎么说，学生就怎么做，先把条件都给安排好了，依样画葫芦。所以，我觉得一张半的照片还算不上太重要，关键就是整个过程的经

---

① 蔡祖泉，复旦大学原副校长，浙江省杭州市余杭区人，"中国照明之父"。

历。后来我们自己白手起家搞原子弹，我觉得没什么，因为我的胆子比较大。[1]

卢鹤绂先生的教导与鼓励、自己动手开创实验的经历，对胡思得在大学毕业以后参加国防科研工作有很重要的指导意义。他参加工作之初，工作和生活条件都很艰苦，没有参考资料，设备非常简陋，但他没在困难面前畏手畏脚、瞻前顾后，年轻胆大的他，挽起袖子就开始干，总是踌躇满志地想着可以去"闯一闯"。

---

[1] 胡思得访谈，2018年7月9日，北京。资料存于采集工程数据库。

第二章
白手起家

九所是干什么的？

大学的最后一年，"大跃进"是一项不能缺席、必须参加的重要工作，学生们天天去大炼钢铁，艰苦的劳动让年轻小伙子也疲惫不堪。

在一个平淡如常的劳动日结束后，老师并没有让学生们回宿舍休息，而是把他们带进一间教室，系党总支书记走上讲台，开始宣读毕业分配的名单。一整天的劳动让胡思得又累又乏，只想倒头就睡。昏昏沉沉间，他突然听到自己的名字，他和其他几位同学都被分配去了二机部。二机部是什么单位？胡思得一点也不了解，只知道自己要去北京工作了。

他们班同学基本上都留在上海。而有一位女同学因为被独自分配至南京，觉得孤苦伶仃就难过得哭了。对这位女同学的脆弱，胡思得不太理解，毕业了就能够投身社会主义建设，即便离家远了些，他也十分高兴。

他很关心二机部要他去做什么工作，跑去问老师，老师三缄其口。

全系分配到北京的有十几位同学，有去二机部的，有去七机部的。系党总支让胡思得等几位学生党员自己开个会，学校交给他们一项重要任务，所有分配到北京的同学的档案由他们负责护送和交接，让他们保管好档案。

他办理完了毕业离校手续，再回家看看家人、做些准备，9 月下旬，与同赴北京的同学一起坐火车北上。胡思得和几位党员负责全程看护档案，轮流吃饭和休息，晚上也是轮流抱着档案不能睡。

9 月 29 日，他们抵达北京。十几名同学依旧一起行动，他们雇了一辆车，一家单位一家单位地跑，把同学一个个送走。

最后，他和光学班的女同学蔡蔚到三里河的二机部大楼报到。

胡思得和蔡蔚的报到单位是二机部的九局九所①。这个九局是个新成立的单位，接待胡思得的二机部领导并没有交代九局的工作性质。

走在二机部走廊里，突然，胡思得听到身后有人在叫他的名字。转过身来一看，居然是高中同学竺家亨。胡思得惊喜地喊出声来："哎呀，你怎么也在这儿！"

竺家亨高中毕业考上南京大学物理系，毕业后也被分配到九局。在一番喜悦问候之后，他们俩小声嘀咕："让咱们来是干嘛的？"

竺家亨比胡思得早报到几天，他很兴奋地告诉胡思得："听说钱三强是二机部副部长！"两个人开始猜测自己的工作可能和核有关。而且，南京大学的老师对学生多说了一两句。竺家亨告诉胡思得："以后我们是要去大西北的，会过很艰苦的生活，在北京只是暂时待着。"

胡思得大吃一惊，若有所思后不免心潮澎湃起来。

他报到的前前后后，九局陆续来了二十多位新大学生，有北京大学数学力学系的朱建士、清华大学的乔怡等。所有的男生都被暂时安排在二机部大楼六楼的一间大会议室，这里就如同男生集体宿舍，大家都住在这个大会议室里。

他到北京报到的时间是 9 月 29 日，两天后就是国庆。最让胡思得高兴的是，他赶上了参加国庆大游行。二机部的队伍在游行方阵中靠近广场，离天安门城楼比较远，但不妨碍胡思得和同伴们在仰头望见城楼上国家领导人的身影时激动欢呼。这次游行让他兴奋了很长时间。

---

① 1958 年，核武器研究单位草创之初，在二机部设立九局九所，局所合一。

这批年轻人精神振奋，恨不得马上就开展工作。可是二机部领导并不急于安排，只是让他们开展政治学习，而且是连天累日地学习，但也就是读读报。胡思得回忆说：

> 我们没有工作，就一直待在房间里，学习和住宿都在这个大房间，没有地方可以去。报纸翻来覆去地念，连报纸中缝刊登的哪家电影院放什么电影都知道了……报到的大学生都来齐以后，也组织我们去动物园、故宫参观。①

这样的情形持续到10月下旬，部里通知大学生们开会。会议地点就在六楼的大阳台上，新人们都被召集在一起，讲话的是二机部部长宋任穷。胡思得还记得宋部长的话：

> 宋任穷部长说，以前打仗靠我们穿黄裤子的（军人），现在搞建设要靠你们这些穿白衬衫的（知识分子）。虽然也还没交代要干什么，但听了后很振奋。②

这次会议后，很快就分配了工作，胡思得、朱建士、蔡蔚三人得到通知，到一室③向邓稼先主任报到。

这时的胡思得还不知道邓稼先是谁。有人领着他们去邓稼先的办公室，办公室里已经有三个人了：邓稼先，原子能所调来的王贻仁，从苏联回国的陈小达。他见到的，就是九所一室的全体科研人员，三位年轻大学生进门后，一室就扩容到六个人了。

邓稼先和颜悦色地说："好吧，现在的任务是学习，你们自己找张桌子坐好，赶紧看书吧。"他拿出一本俄文书，告诉年轻人："这是钱三强先生

---

① 胡思得访谈，2018年7月10日，北京。资料存于采集工程数据库。
② 同①。
③ 一室，就是后来的九院理论部。邓稼先任主任，何桂莲任书记。1964年二机部九局九所机构撤销，总院名称定为二机部九院，一室改称理论部，后理论部继承了九所名号，改称九院九所。九所一直承担核武器和国防高新技术的理论研究工作。

从苏联带回来的，现在的主要任务就是读懂它。"

这本书叫《超声速流与冲击波》，但手头只此一本，那怎么学啊？邓稼先让胡思得、朱建士想办法先去借，到各大学和科学院的图书馆去找。有一段时间，几位年轻人拿着二机部的介绍信跑了好多图书馆。他们大大方方地跑到北京大学、北京钢铁学院等院校，二机部的介绍信很管用，没有一家单位有所阻拦，都很热情地接待他们。但是，他们跑遍了能跑的图书馆，无论是英文书库，还是俄文书库，都没有找到这本书。

找不到，怎么办？那就打印吧，好在那个时代的人们习惯了自己动手解决一切难题。他们请俄文打字员敲打字机。书里的符号、公式和图，打字机打不出来，年轻人就轮流手工填充，打好后再油印。

油印出来的资料一人一册，大家边学习边讨论。逐渐，又有新人补充进来——邓稼先把竺家亨要过来做学术秘书，毕业于北京航空学院的傅樱等人也都被正式分配进一室，这些人中有学物理的，有学数学力学的，来了后也一起念书。这十几个人构成了核武器研究所理论研究室的雏形。

安定下来后，胡思得就大胆地向邓稼先提要求，让他给大家说清楚九所是干什么的，一室是干什么的。

有一天我跟邓稼先说，我们来了这么多天，也不知道到底是干什么的，你能不能跟我们说说？邓稼先说行，但必须先请示领导。请示了以后，有一天晚上就召集我们开了个党小组会，当时朱建士、蔡蔚等人还不是党员，他就跟我和王贻仁开会，王贻仁其实早就知道了，这个党小组会也就是给我先说清楚了。党小组会后，又开了比较大的会，当时搞数学工作的同志们安排在外面实习，一室留下的就六个人，六个人开会。邓稼先在会上说，九所是搞原子弹的，我们一室负责理论研究，二室、三室各有各自的任务，我们目前的迫切任务是学习。然后他又强调一定要保密，绝对不能跟任何人透露，跟老师、同学都不能说，跟家里人也不能说。这样，我们心里就有数了。[1]

---

[1] 胡思得访谈，2018年7月10日，北京。资料存于采集工程数据库。

实际上，胡思得和竺家亨早就有所猜测，尤其是有一次他们发现王贻仁的桌子里有本讲核辐射的书，但他们开始也不敢想太多，只以为今后的工作和原子弹爆炸的核辐射有关，可能会从事与辐射相关的研究，没想到居然是研制原子弹！参与这样神圣而重大的任务，使他们感到光荣、自豪又兴奋，各种惊喜的情绪冲击着他们，胡思得很自然地联想起高中学习近代史时心头不断涌动的不甘与愤慨，也格外激动。

邓稼先给大家交了底后，再三强调保密纪律。大家也深知其中利害，因此，在很长一段时间，他们尽量减少和家里的通信联系。每个月工资发下来后，胡思得总要给家里寄钱，但家人问他在北京做什么工作，他就简单说是搞科研。

他们几个人在办公室里总是安安静静地看书，平常关着门，听到敲门声，正在看书的人会把书谨慎地收起放进抽屉里。

三本书起家

九所在三里河二机部大楼办公的时间并不长。1958 年 11 月下旬，邓稼先带着大家来到单位新址——当时的北京北郊，北太平庄北边的花园路三号院（20 世纪 60 年代中后期改为花园路六号院）。

1958 年底的花园路三号院，还是一片农田，连花园路也还不过是个地名而已。半个世纪后，这里成为寸土寸金的科教文化中心，但当时，呈现在第一批九所人眼前的，不过是一片收割后的高粱地[①]。

花园路三号院暂不具备办公和住宿条件，二机部就向冶金部求援，冶金部联系位于北太平庄的有色金属研究所，拨给九所一栋刚完工的家属楼，暂且解决九所的办公和住宿问题。

邓稼先带着大家继续开展学习。分配来的大学生陆续报到，人越来越

---

① 1986 年，新华社记者顾迈男在《"两弹"元勋邓稼先》一文中写道："中国的曼哈顿工程，从高粱地里起步。"

多，就分成了四个组：数学组、中子组、力学组和状态方程组，各组任命一位副组长当负责人。数学组的副组长是从复旦大学调来的龚静芳，中子组的副组长是王贻仁。力学组和状态方程组因为人比较少，就合为一个组，组员有朱建士、胡思得、傅樱、赵明治等人，1959年初，胡思得被任命为这个组的副组长。

其他副组长都是有一定工作资历的"老"同志，而他是刚出校门的大学生。胡思得有点"受宠若惊"，邓稼先却开起了玩笑，说："胡思得你这个名字起得好！搞理论的就要胡思乱想，四面八方、各种各样的方案，大大小小的情况都要去猜想一下，然后就得到（成果）了，你特别适合搞科研！"①

虽然是玩笑，但胡思得也感受到组织对他的器重与信任，这对他是不小的鼓励。

当时他们主要学习三本书，柯朗和弗里德里克斯著的《超声速流与冲击波》（俄文）、泽尔道维奇著的《爆震原理》、戴维逊著的《中子迁移理论》——这就是后来九所人常说的"三本书起家"。

图 2-1　三本书（原件存于北京九所史馆，《超声速流与冲击波》俄文版原著已散佚，图中左二书籍为所内收藏的英文版）

---

① 竺家亨访谈，2018 年 6 月 28 日，北京。资料存于采集工程数据库。

他们的学习方式主要是自学和讨论。邓稼先会先给大家讲课，他着重讲《中子迁移理论》（"中子迁移"即"中子输运"）一书。《爆震原理》主要是力学组和状态方程组的同学学习。胡思得这个副组长的职责就是配合邓稼先安排好学习计划，那时一个星期要工作六天，他们的工作和学习则排满七天，这七天，要从第几页看到第几页、要安排哪几次讨论、要讲几次课等，都要副组长提前策划好。

研究原子弹是谁也没有干过的事情，谁也不敢说自己就是行内专家，连邓稼先也不过是先学一步。他们的学习是真正的教学相长，邓稼先讲着讲着，会突然说："胡思得，这一段状态方程你来讲讲！朱建士，你是学力学的，稀疏波这一段你来讲讲！"这些初生牛犊不怕虎的年轻人也当仁不让，爽快地走上讲台讲上一段。这样的学习方式使得他们对这三本书吃得特别透。后来，胡思得多次回忆说：

图 2-2　1959 年春一室的年轻人参观 17 号工地后回城途经香山樱桃沟留影（左起：赵明治、胡思得、竺家亨、周泽良、王贻仁、陈德林、蔡蔚、孙清和）

摄影者：杨修元

我们真是一句话一句话地抠啊，算是把这三本书给读通透了、理解了。基础是打牢固了的。①

除了业务学习，他们还要安排政治学习、保密教育。大家一天到晚忙忙碌碌的，很充实。

北太平庄的这栋楼是新修的住宅楼，可是条件并不好，连暖气和下水管道都没有安装完毕。胡思得在北京度过的第一个冬

① 胡思得访谈，2018 年 7 月 10 日，北京。资料存于采集工程数据库。同可见胡思得接受央视记者专访，2019 年 4 月 23 日，北京。存地同上。

天十分艰苦。

他们办公在二楼，住宿在四楼。白天，大家都在办公室里看书，晚上就受罪了，虽然单位给大家配发了在宿舍里取暖用的炉子，可是胡思得、朱建士等都是南方人，都不会生炉子，房间里总是冷冰冰的。而且，这栋楼连厕所的马桶都没安好，上厕所得跑到马路边的一个公用厕所。于是，大家宁可待在办公室看书，实在疲倦得受不了了才回宿舍，而且回去倒头就睡。

天气一天比一天冷，屋里寒气凝结如冰，可比宁波和上海冷多了。胡思得和竺家亨悄悄地互相问："怎么样？扛得住吗？"胡思得还介绍自己的经验：把家里带来的厚衣服当被子，统统盖上！

那时，所里分来了几位俄语翻译。年轻的俄语翻译任传勤、李尚信等支持科研工作，主动担负起为几间宿舍生炉子的职责。但是胡思得他们总是学习到很晚，往往回来后发现生好的炉子又熄了，他们还是经常抗着严寒入睡。

就这样胡乱熬过了一冬。朱建士曾回忆说，有一天，他走到外边感觉比屋里还要暖和些，这才惊觉春天不动声色地到来了。

有一件事情比寒冷、比没有厕所更让大家感到不方便，那就是经常停电，一旦停电，他们只能点起蜡烛看书。邓稼先是结婚成了家的人，但他很少到点就下班回家，经常在晚上和大家一起用功，有时还会安排上课，而要是遇上停电，他也只好和大家聊聊天。

借来的房子不方便，而且也不够用，九所总归还是要建设自己的办公楼。从1959年初，邓稼先带着年轻人参加了强度很大的建所劳动。有一阵子，他们白天到花园路三号院工地当小工，晚上回到办公室读书。

花园路三号院的地块原来属于塔院生产大队。这块地不知从哪朝哪代起一直是平民的坟茔地，九所盖房子和修路时，从地下挖出过不少无主尸骨。塔院也真的有塔，有十几座矮矮的元代风格的大肚白塔，还有一座高高的明代式样的密檐塔（后来这些塔在20世纪70年代因城市建设被全部推倒），据塔院大队的农民兄弟说塔里面存放了高僧的舍利子，好奇的胡思得和年轻伙伴们跑进塔里"探险"，还真的看到了骨灰样的东西。

图 2-3 年轻人在塔院的白塔前合影
（左起：胡思得，任传勤、竺家亨）

图 2-4 北红楼，九所第一幢办公楼

北红楼是九所最早建设的办公楼，于 1959 年初建好并立即投入使用，这栋楼坐落于办公区院子的北边故得名（后来又对称建了幢南红楼）。北红楼是栋四层的办公楼，一层是行政办公区，有医务室、行政办公室、保密室和图书室；二层是局、所领导和专家办公室，专门为苏联专家留有房间；三层是科研办公室；四层被用作宿舍。

北红楼建好后，胡思得他们就从北太平庄搬过来，算是有了稳定的工作环境。但宿舍暂时还在北太平庄。直到 1959 年夏天，九所才把集体宿舍搬回单位，胡思得和同事们住进北红楼四楼。

三号院搞基础建设时，苏联的保密工作专家经常从三里河的二机部过来视察，提出很多具体意见。

按照中苏国防新技术协定，苏联将为新中国的原子弹研究提供一个一比一的实物教学模型。这是国家绝密。为了迎接和安放这个模型，基础设施建设加班加点地进行。首先要盖模型厅，模型厅盖好了，前来视察的苏联专家却说不合格，窗户太矮，不利于保密，于是赶紧整改，在窗户上焊接了栏杆。栏杆装好了，请苏联专家过来检查，又发现北红楼的办公室也不合格，说墙壁不应该是白的，苏联的习惯是要涂半截黄色。胡思得他们这些大学生根本想不通墙壁颜色和保密有什么关系，但是苏联专家说了算，于是大家只得拎起油漆桶做小工。墙壁涂刷完了，不料还是不合格，说是黄色油漆与白墙之间还应该描一道细的红线条！

好不容易按照苏联专家的意见反复修整完工了，九所人就期盼着那个教学模型赶紧启运过来。苏联专家在大门口转了一圈后又说："大门口到模型厅的路不够平整，模型没法运输！"于是，九所人连夜拉碾子修路，先把马路一块块地翻起来，然后一遍一遍地轧，俄语翻译任传勤做指挥，大家一起喊着号子使劲，总算是把路给轧平整了。

那一阵子，不断有传闻，一会儿说模型已经装上火车了，一会儿说火车已经开到哪里了。所里也派人到满洲里市的中苏边境去接火车，又安排保卫科的马瑜等人去西直门火车站联系工作。保卫科的同志们从火车站货场到花园路沿线实地踏勘，不动声色地进行多次演习，制定了详细的预案，做好了运输和接收准备。

万事俱备，但模型却迟迟不来。九所人并不知道，这时在苏联国内，关于是否帮助中国制造原子弹也产生了激烈的争执[1]，这个模型，其实是不可能送来的。而那个从没容纳过任何

图 2-5　1980 年时的模型厅

① 从 1953 年 1 月到 1956 年 8 月，中苏两国政府在核领域共签订了 4 个协定，苏联在中国的铀矿勘探、核科学技术研究和核工业建设方面提供援助。1957 年 10 月 15 日，中苏签订《关于生产新式武器和军事技术装备以及在中国建立综合性原子能工业的协定》（简称《国防新技术协定》）。协定规定，为援助中国研制原子弹，苏联将向中国提供原子弹教学模型和图纸资料。20 世纪 90 年代解密的俄罗斯档案表明赫鲁晓夫下令向中国提供核技术时，曾力排军方的强烈反对。实际上在协定签署之前，中苏两党在意识形态方面的分歧已经造成日益激化的矛盾和冲突，1959 年，因中方拒绝建立联合舰队和长波电台，两国关系更趋恶化。同年 6 月 20 日，苏共中央致信中共中央，暂缓按协定向中国提供技术援助。见：吴明静《采数学之美为吾美——周毓麟传》，第九章"难忘'九次计算'"第 138 页脚注 3。北京：中国科学技术出版社，2019 年 1 月出版，中国科协老科学家学术成长资料采集工程丛书。

一个核弹模型的大厂房，默默地为九所服务了三十多年，它的名字倒一直叫"模型厅"。

亦师亦友的邓稼先

九所毕竟是新单位，后勤保障还不是很完善。1959 年初刚刚搬进北红楼工作时，星期天楼里不供暖气。那时的学习任务安排得很紧，也不能因为没有暖气就放假休息。

在胡思得印象中，这个冬天特别冷也特别漫长。年轻人坐在办公室里，捧着书专心研读，读着读着，寒气从脚底升起，不动声色地裹住整个身体。他们冻得受不了，就跑到外边去，街边有一家副食品商店，大家跑进商店里围着别人的大火炉子烘烘手、驱驱寒。有好几次，胡思得看到邓稼先也在炉子边拿着书烘手，他的办公室也没有暖气。邓稼先没什么领导派头，他和大家开玩笑，鼓励大家克服困难。年轻人看到邓稼先和他们一样克服困难学习，也都没有什么怨言。

在九所人印象里，邓稼先是一位极其平易近人的专家。

他从美国留学回来，却没有大知识分子的架子。曾经有人毕恭毕敬地称呼他一声"邓先生"，他赶紧说"别！别！"，他让大家喊他老邓，而且带头以"老""小"相称。后来，不称呼官职成为九所的传统，邓稼先是老邓，于敏是老于，周光召是老周，胡思得等人当然是小字辈。

邓稼先的夫人许鹿希是北京医学院（今北京大学医学部）的专家，他们的家在北医宿舍，离单位不太远，邓稼先日常骑自行车上下班。有一天晚上，加完班后，邓稼先向大家道晚安回家，不一会儿又回来了，大家问他怎么了，他说刚出门没多远就被人撞跌在地上，差点摔倒在路边的沟里，那个人也不道歉，径自骑自行车扬长而去，邓稼先却给吓着了，不敢再往前骑，就推着车子回来。邓稼先平素和气坦诚，但却胆小，这一点倒不令人反感，反而更生亲近，此后几个年轻人就轮流陪他回家，路上说说笑笑，倒也很愉快。

他们习惯于很晚才放下书本结束一天的工作，等回到北医宿舍，大门早已经关了。邓稼先也不好意思总去喊看门大爷开门，就从门上翻过去。那个大门口放着铁丝网做的拒马，年轻人把铁丝网给拉开个稍大的口子便于他翻过去。邓稼先个子高，身材稍胖，爬和翻还有点费劲，得年轻人帮忙推一把。邓稼先翻过去后，年轻人再把他的自行车举起来递过去。

这样的独特经历，把邓稼先和小伙子们格外亲密地联系在一起。

邓稼先还带领他们参加义务劳动。胡思得等年轻人当小工，邓稼先也一样当小工。

在艰苦的环境中，邓稼先以一种特别的乐观精神鼓舞大家。他以身作则，年轻人和水泥，邓稼先就推独轮车运砖头。独轮车不好推，很难掌握平衡，但是工地上需要将砖头沿着一个斜板往上运，两个轮子的车反倒不方便，所以只能用独轮车。邓稼先一开始推不好独轮车，推着推着就歪了，还要两个人从旁边扶着，他就琢磨推独轮车的技术，到后来一个人可以推得非常稳当。

有一阵子大家用扁担挑土，邓稼先个头虽然大，但挑不好扁担，走起来总是摇摇晃晃的，又累又热，他就把外衣一脱，露出又白又壮的胳臂，年轻的俄语翻译就给他起了个外号叫"大白熊"。

年轻人给邓稼先起外号，他也喜欢给年轻人起外号，和人家嘻嘻哈哈地打成一片。九所几乎人人有一个外号。胡思得的外号到"文化大革命"时才最终定型，那时样板戏《沙家浜》里有一位胡司令，胡思得因为会唱京剧，文艺汇演时还能票上一段，于是也就被称为"胡司令"，从此以后，一说"胡司令"或者"司令"，九所人都知道是指胡思得。

建所初期，食堂也非常简陋，没有桌椅板凳，大家打了饭只能蹲在空地上吃。人们习惯于一边吃饭一边聊天，有年轻同志借机向邓稼先请教学术问题，邓稼先往往把饭盒随手一放，就拿根树枝什么的在地上比比画画。竺家亨对边吃饭边讨论问题的这一幕始终记忆犹新：

邓稼先常常吃着吃着，就把饭盒放在地上，跟别人聊起工作来，有好几次，他的饭菜被工地上放养的鸡钻了空子。我们看到他的饭又被鸡啄了，又好笑，又不好意思，都纷纷把自己的饭菜拨给他。①

年轻的胡思得则佩服邓稼先有一桩很厉害的本事：

> 他很会推导公式。我们这些大学生在这方面不太行，所以有时候碰到问题了就挠头，这个公式怎么推出来的？（邓稼先）他说我来推，白天时间不够用，他晚上回家后接着推，第二天就拿来厚厚一叠纸，纸面上全是密密麻麻的公式。②

邓稼先也喜欢京戏，是个戏迷。学习是辛苦的，一星期七天，星期天也不休息，白天晚上都安排有学习任务，但有时周六的晚上，邓稼先会给大家放假，他带着年轻人去剧院听戏。这种临时兴起的活动，只能等退票。胡思得就经常被邓稼先带去等退票，他回忆说：

> 我们一般去工人俱乐部。邓稼先是挺有意思的，他这么一个大专家，等退票却是老手，我们都不好意思去和陌生人搭讪。老邓说："你们等着！"他就跑去迎着别人问："同志有富余的票吗？"拿到一张退票，先给我们，让我们一个个先进去，他最后一个进。③

邓稼先在保密方面也以身作则，他在北京长大、求学、工作、成家，熟人很多。但自从参加核武器研制工作后，邓稼先就有意识地远离原来的朋友们，他不但对自己的父母、妻儿保密，对旧时的同学、同事也保密。

有一次，邓稼先带着胡思得逛王府井书店，碰巧遇到他在原子能所的老同事，邓稼先表现得特别紧张。同事问他现在什么单位，邓稼先含糊其

---

① 李晨阳、吴明静：《邓稼先逝世30周年：还原真实，才是最深的怀念》，《中国科学报》2016年8月30日第1版。

② 胡思得访谈，2018年7月10日，北京。资料存于采集工程数据库。

③ 同②。

辞地回答:"在城里。"然后赶紧付款快速离开,他怕同事继续深问。

在胡思得的印象中,邓稼先始终像兄长似的,手把手地、事无巨细地帮助他、指导他。他和他们一起到图书馆借书、调研资料、一起逛书店、一起等退票看京剧。高兴起来他还会带着胡思得等年轻人下馆子,下馆子总是邓稼先请客。胡思得曾在亲笔撰写的《邓稼先》小传中回忆道:

> 邓稼先为人随和,很容易和群众打成一片,与人相处从来没有身份上的等级感。他和同志们相处非常大方。别人到他那儿去开会,就要翻他的衣袋找好烟抽,拉他的抽屉找糖和点心吃。他以同志们跟他不见外为极大的精神安慰。①

正因为邓稼先是如此的平易近人、关爱后辈,所以九所人对他充满尊敬与热爱。长期在邓稼先的指导下工作,包括胡思得在内的大学生们,始终将邓稼先视作老师、兄长和朋友。

下定决心　自力更生

时间进入 1960 年,学习和研究任务格外紧张。

1960 年元旦前后,在京各部委都可以组织职工去落成不久的人民大会堂参观一天。轮到二机部的活动日,九所在花园路三号院的同志都有幸去参加。恢弘庄严的人民大会堂,以庞大的体量昭示中华人民共和国的壮阔与稳健,在建成之初,更是新中国建设的代表性工程。这次参观,给胡思得留下深刻印象。

二机部部长宋任穷在大会堂给大家做报告。宋任穷部长的发言很有意思,他说:"现在帝国主义有原子弹,修正主义也有原子弹,就我们马列

---

① 胡思得:《邓稼先》,见:钱伟长、陈佳洱主编《20 世纪中国知名科学家学术成就概览·物理学卷·第二分册》,科学出版社,2010 年,第 521 页。

主义没有，我们一定要把它搞出来；别人看不起我们，说我们穷，说没有他们帮助，我们将处于技术真空状态。我们一定要争口气，一定要发愤图强、自力更生把原子弹搞出来。"

台下掌声雷动。宋任穷部长的报告让大家明确了一件事——中央下定决心自己搞原子弹了。

也就在这一年的春寒料峭时节，所领导召开了一个技术骨干动员会。会上九所副所长朱光亚给大家做宣讲，宣讲材料来自于一份十分重要的资料。这份资料得来于两年前中苏关系"蜜月期"苏联专家在二机部的一次讲座，在那次讲座中，以涅金为首的三位苏联专家把苏联早期的一个原子弹教学模型做了介绍。当时听报告的人中有五六位部、局领导，大多是军人出身，只有钱三强是核物理专家，但也听不懂"爆轰""冲击波"之类的名词，再加上俄语翻译不懂专业术语，所以宣讲效果大打折扣。虽然听不太懂，但参会人员还是分头记录了原子弹的结构和一些物理量。①

这份资料对九所初始工作有很大帮助。朱光亚副所长的宣讲，胡思得他们都听得非常认真，做了详细的笔记。

不久，二机部部长宋任穷到九所视察。

他走进了力学组与状态方程组的大办公室，亲切看望科研人员。年轻的胡思得和同事们怀着兴奋又紧张的心情，迎接宋任穷部长的到来。宋部长一间间办公室地走访，见到朝气蓬勃的大学生，自然也很高兴。他在状态方程组办公室问："你们是学什么的？"年轻人答："空气动力学。"宋任穷部长连声说："好！好！"他还借用"空气动力学"这个名词，做了一次著名的动员。宋任穷站在办公室中间，向大家说："别人看不起我们，但我们就是要把这股子'气'化作'动力'，一定要把中国的原子弹造出来！"

胡思得等听了宋任穷部长的话，振奋不已。又过了几个月，情况越来越明确了。6月份，二机部召开了一次动员交底会议，会后九所领导在所里传达会议精神：1959年6月，苏共中央致信中共中央，单方面中止了援助中国研制原子弹的计划，中国人必须在没有外援的情况下攻克和掌握原

---

① 各人的笔记收集起来交给邓稼先整理。邓稼先后来有一次悄悄对胡思得说："这些记录像'天书'一样难懂"。见：胡思得访谈，2018年7月10日，北京。资料存于采集工程数据库。

子弹设计和研制技术了。

动员交底会后，全所各部门立刻紧锣密鼓地展开工作。有一句口号是"有条件要上，没有条件创造条件也要上！"

当时，中国最高领导做出决策，要动员全国力量自力更生，二机部领导把我国第一颗原子弹的代号起名为"596"，即为牢记1959年6月苏共中央失信一事。

作为这段历史的亲历者，胡思得曾多次意味深长地说："现实使中国人明白，想依靠外援来铸造强大核盾牌的可能不复存在。"

所有的苏联援华专家在1960年7月前全部撤出。有的专家在临走时宣称："这是对你们的毁灭性打击""再过两年你们只好卖废铜烂铁了""估计20年后你们也搞不出来原子弹"。

九所人都还记得最后一位担任九局顾问的专家——列杰涅夫。这位专家只偶尔来九所，到了办公室之后，就把门一关，坐在桌前看自己的书，不与任何人接触。有一次一室的同志们准备了一大堆问题，交给邓稼先去找他讨论，结果他三言两语敷衍了事，再问就不吭声了。气恼的九所人也给他起了个外号，叫"哑巴和尚"。

列杰涅夫回国后曾担任苏联核武器研究院的院长。改革开放后，朱建士曾与列杰涅夫的一些同事有过交流，他们对列杰涅夫都很尊敬，说列杰涅夫其实对华印象很好，说过很多中国人的好话。看来，这位专家之所以在中国当小半年的"哑巴和尚"，也是迫不得已，他不好违背本国上层的命令，又不能乱说，没办法只好关起门来自己打发时间。

中苏两党的严重撕裂与相互警惕，也体现在九所人对苏联专家的隐形对抗上。胡思得、朱建士和竺家亨曾多次回忆说："我们也不愿意苏方了解我方的研究动向，九所人日常准备两个保密包，一个里面空空如也，是对付苏联保密专家来检查时用的，另一个则记录真实工作内容，是不能让苏联专家知道的。"

那时，九所的保密制度十分严格，所有与工作有关的文稿纸张，包括计算用的草稿纸都有编号。领用一批登记一批，用完后，还必须一张一张清点，清点无误后，由保密室验收并统一销毁。

图 2-6　九所人早期使用的保密包（胡思得捐赠）

九所人通过两个保密包，严格执行保密纪律，机智地把心不在焉的苏联专家给应付过去了。

回忆这段历史，胡思得说：

凡事总有两面性，苏联不给我们援助，在当时看起来是"坏事"，但却激发我们自力更生，而且这样一来，不仅知道了原子弹的"然"，还更知道了其"所以然"，为我国以后发展更高级的核武器奠定了更扎实的基础。所以，毛主席说："要下决心搞尖端技术，赫鲁晓夫不给我们尖端技术，极好；如果给了，这个账是很难还的。"[1]

铀的状态方程

九所成立，一室的任务是从事原子弹的理论设计。受限于当时能获得的核材料，所领导判定中国的核弹设计不能照搬苏联专家介绍的教学模型。苏联人用的材料是钚，那时我国还没有钚，只能用高浓铀，钚与高浓铀的临界质量不一样，所以必须自己重新设计。

原子弹里有复杂的炸药爆轰、流体动力学和核物理等过程，材料的状态方程参数和计算方法等都是问题。苏联的教学模型只给出了结构和相应的物理量，并没有告知计算的运动方程、物质参数和计算方法，这些都得靠中国科技工作者自己去寻找、去建立。于是，刚毕业的大学生

---

[1]　胡思得访谈，2018 年 7 月 10 日，北京。资料存于采集工程数据库。

们在邓稼先的领导下，立即分头调研，开始崭新的战斗。但如何能保证我们的设计是正确和可信的？领导们商议后决定：应先把苏联的教学模型计算一下，如果对得上模型给的物理量，那自己的原子弹设计就有较高可信度了。

胡思得等年轻人很兴奋，初生牛犊不怕虎，我国第一颗原子弹的设计工作就从此时开始了。

原子弹的起爆原理是：原子弹中的高级炸药在起爆后成为爆轰产物，爆轰产物压缩并推动结构材料和核材料向中心运动，随着核材料的密度愈来愈升高，系统从次临界演变到高超临界状态；此时，由中子源往核材料内注入中子，就会在核材料内引发链式裂变反应，瞬时释放大量能量，最后形成核爆炸。

他们的首要任务是把核反应之前的复杂力学过程计算出来。

要满足计算的需要，就必须掌握材料的状态方程。拿出核材料的状态方程，这就是胡思得所在的状态方程组的重要任务。

所谓状态方程就是描述物质的密度、温度、压力和能量之间的关系。有了这个关系，就知道材料受压时，它的密度、温度等物理量是如何变化的。

状态方程组里大都是 1958—1959 年毕业的大学生，有李茂生、李智伟、倪馨福和张培望等。1960 年之后，中央从全国各高校、研究院所调集了一大批优秀科研人员，状态方程组又增加了陈辅之、张信威、宋燠、林爱民和吴中祥等人。但是，尽管大家在大学里学过热力学，知道理想气体和非理想气体状态方程，可现在要研究的是炸药、爆轰产物和金属高压、高温的状态方程，相关的理论储备还相差甚远。

邓稼先很清楚状态方程组的情况，他介绍年轻组员们学习一篇刊登在 1958 年《固体物理》第 6 卷上的英文文献。这篇文献讲的是 27 种金属的冲击动力压缩数据，以及如何从这些数据求解几十万大气压力范围内状态方程的理论。

这样，刚一起步，一个新困难摆在年轻人面前：他们在大学里学的是俄语，对英文比较陌生。邓稼先是留美的专家，本来可以请邓稼先给大家上课，但是作为一室主任，邓稼先实在太忙，抽不出时间，还得他们自己去克服困难。

怎么办？还是像之前啃"三本书"那样来掌握新知识。

胡思得把这篇文献分成若干段，每一段中间的生词，各安排一位同志负责查英文字典翻译出来，然后大家围坐在一起，共同来学习。

组员陈辅之回忆说：

> 组长胡思得给每个人分配了读书任务，一个人一个章节，读后向全组报告内容、体会、认识，尤其要重点说明书中哪些公式、实验数据可用在我们的工作中。然后举行学术讨论会，讨论会一周可以举行好几次，学术气氛很浓，大家各抒己见，有时观点是针锋相对，辩论激烈。通过这一系列的读书活动和学术讨论会，大家逐渐对状态方程有了认识。[1]

有一段时间，所里调来三位材料专家：陈宏毅、宋家树、杨庸，他们临时安置在状态方程组。这三位专家的英语水平很高，胡思得就赶紧去请他们帮忙。可惜没几天，他们就离开一室去筹建材料科研室了。没办法，还得他们自己一句一句、一段一段地啃。遇到自己实在解决不了的问题，他们再去请教邓稼先或其他英文好的专家。

功夫不负有心人，用这种比较"笨拙"的方式，他们硬是把这篇文献一段段地给弄清楚了。

大家还一鼓作气，用这样的学习方法，研读了十来篇英、俄文的文献。

在苏联的教学模型中，有一层铀材料。要复算这个模型，就必须得有铀的状态方程。但可惜的是文献中列举的27种金属并不包括金属铀，再找其他文献也找不到铀的报道。因为当时铀的数据在国际上是保密的。而1960年时的九所，根本不具备对铀材料进行冲击波动力压缩实验的条件，那时，放眼全国，也找不出一个能够做铀材料冲击波动力压缩实验

---

① 陈辅之访谈，2018年6月28日，北京。现存于北京应用物理与计算数学研究所档案室。

的地方。

他们终于碰到了最大的、最核心的难题。怎么办？

一次，在讨论中，李茂生提出，既然文献中已经有 27 种金属的冲击压缩数据（也称雨贡纽曲线），能否研究一下这些曲线的排列次序与材料的物性参数的关系。这个主意获得大家的一致赞同。于是胡思得带领组员们把已知的 27 条雨贡纽曲线按不同金属的密度、弹性模量、体压缩系数等进行排列比较。功夫不负有心人，最终他们发现排列次序与体压缩系数有较明显的关系。因为铀的体压缩系数可从公开资料查到，他们就可把铀的雨贡纽曲线给内插出来。

就这样，年轻的状态方程组"制造"出我国第一条铀的雨贡纽曲线。

后来，等他们对冲击波理论有了更深入的了解后，特别是国内外铀的数据陆续公开发表后，胡思得欣喜地发现这条雨贡纽曲线有一定的理论依据，而且与实验的符合程度也很不错。

但是前进道路上的重重困难并未就此消失。

原子弹里铀经受的压力范围远大于几十万标准大气压。如何把更大范围的状态方程"制造"出来呢？苏联专家曾断言，描写极端高压（例如几亿标准大气压）下状态方程的托马斯－费米（TF）理论包括它的修正在内，只能用于研究像中子星一类极高密度的天体物理，核武器物理用不着。

胡思得对此却有不同认识。他把整个范围的状态方程分成三段，对于低于一百万标准大气压，用自己推出的雨贡纽曲线，几亿标准大气压用托马斯－费米理论，中间一段过渡区则根据高低两端曲线的走向，外推连接而成，然后凑成函数，这样就可以提供使用了。

一批刚刚毕业的大学生，在半年时间内，把状态方程工作做到这样的程度，应该说是很不容易。他们以创新精神在状态方程方面开辟出了一条路子，满足了原子弹早期工作的需要，保证了第一颗原子弹理论设计的精度和进度。

不过，尽管他们算出了状态方程，在理论上还是缺乏自信。他们虽然没有完全放弃对托马斯－费米理论的利用，但胡思得不免忐忑不安，因为它毕竟是"土法炮制"的啊！

　　就在这个艰难时刻，著名固体物理学家程开甲先生调到九所担任副所长，指导状态方程小组的工作。邓稼先主任请程先生对状态方程组多加关照，也和胡思得打招呼，要他多向程先生汇报和请教。胡思得就非常详细地向程先生汇报了已经做过的所有工作，特别提到在利用托马斯－费米理论时的担心。

　　程先生很专心地听取年轻人的汇报，之后他向大家坦言：有些概念，例如冲击波，他也是第一次遇到，但是关于托马斯－费米理论，他倒是有过研究，1958 年他在《物理学报》上发表过一篇用托马斯－费米理论计算金属结合能的文章。为了帮助状态方程小组的同志们深入掌握托马斯－费米理论及相关的修正，他愿意专门做几次报告，把这部分内容系统地讲一下。

　　状态方程小组的同事，大部分没有学过固体物理，更没有学过类似托马斯－费米理论的统计理论。有程先生给大家系统地上课，个个都喜出望外。

　　令胡思得和同事们特别感动的是，此时程先生刚从南京来到北京，水土不服，身体状况不佳，但他坚持认真备课，不仅把这一系列课讲完，还追加讲授了固体物理的一些基本概念以及他自己在学习冲击波物理时的心得。另外，程先生还结合冲击波物理，帮助大家复习了热力学、统计物理学的主要内容。[1]

　　对这一阶段的学习，胡思得回忆说：

　　　　程先生的讲课，不仅提升了大家的业务基础，而且帮助我们在更高的理论平台，去审视我们自己已经做过的工作，提高了对成果的信心。[2]

　　在他们漂亮地完成工作后，大概在 1962 年，他们发现一篇苏联学者新发表的论文，苏联学者对大范围状态方程的处理与自己大同小异，高明之处是先设定一个函数形式，内中有几个待定参数，然后用雨贡纽曲线和托马斯－费米理论等已知量把这些参数确定下来。

---

　　[1]　参见《创新、拼搏、奉献——程开甲口述自传》，第 82 页，湖南教育出版社，2016 年 10 月。

　　[2]　胡思得访谈，2018 年 7 月 10 日，北京。资料存于采集工程数据库。

邓稼先领着胡思得向朱光亚副所长报告了这一消息，并把苏联论文交给朱光亚，朱光亚非常高兴，大大褒奖了胡思得小组一番。

钱三强先生也很关心状态方程的工作进展。一次，邓稼先去原子能所向钱三强先生汇报，还把胡思得给带上了。

那时，原子能所还有一些同志也承担九所的部分工作，胡思得见到了许多后来调入九所的同事。其中有一位熟人——郑绍唐。郑绍唐是宁波效实中学和复旦大学物理系的校友，比胡思得高两届，胡思得很高兴能够与学长一起汇聚在国家任务的研究工作中。

后来，状态方程组的队伍越来越壮大，刘嘉树、余冠儒、关吉利、刘文诚、陈侠先、陈栋泉和张万箱等先后调入组内，在程开甲、何祚麻、黄祖洽、徐锡申等专家的指导下，大家又把状态方程的研究提升到一个更高的理论水平。

几年后，良好的试验效果肯定了他们的理论研究工作。第一颗原子弹爆炸后测验的数据与之前的理论预报符合得相当好，这也是对理论研究工作所使用的方程、参数、编制的程序做了进一步的验证。状态方程组提供的状态方程当然也获得了间接验证，小组同志们十分自豪。第一颗原子弹的成功爆炸充分说明了中国的核武器研究人员对原子弹内爆过程以及反应后的物理图像的认识是很清楚的。

作为小组长，胡思得的科研管理能力在工作中也得到体现。在他的领导下，状态方程组特别注意总结经验和提高能力。胡思得要求大家认真对待科研总结报告，要大家趁热打铁，做完一项工作就赶紧写。陈辅之回忆说：

> 胡思得给我留下深刻记忆，他对于写科研总结报告极为重视，抓得很紧，要求很严格，要求每位同志在完成一项具体工作后，必须写出科研报告。他认为通过写报告，可以静下心来梳理自己担任的工作，进一步审查业务工作中所使用的方程参数，最大限度地减少差错。胡思得组长对我们的严格要求大大加强了我自身的责任感，也逐渐培养了我的严谨踏实的科学作风，使我受益匪浅。[1]

---

① 陈辅之访谈，2018 年 6 月 28 日，北京。现存于北京应用物理与计算数学研究所档案室。

在"九次计算"中建立科学思维方式

1960年夏天开始的"九次计算"是我国原子弹研制史上最为艰难也是最为光辉的篇章之一。

在1958—1960年间，邓稼先已经率领理论设计人员进行了两年的理论准备，在获得了关于爆炸力学、中子输运、核反应动力学和高温高压下的材料物性方面的大量数据后，准备进行第一颗原子弹的理论设计。科研人员开始用特征线法进行总体力学计算。

但是，在验算苏联专家介绍的教学模型时，遇到了绕不过去的难题。

一开始，计算数据符合得很好，但算到某一关键位置时，有一个数据与苏联专家给的数据对不上，为此，科研人员反复进行验算，一共进行了九次，史称"九次计算"。

新中国的核科技工作者是被迫走上自力更生、独立自主的道路的，研究工作基本上等同于从零开始。"九次计算"开始时，科研人员的计算工具十分简陋，只有手摇计算器，后来才引进了几台半自动计算器和一些全自动计算器。最早一批开始流体力学计算的是一批刚毕业不久的大学生，三个学力学、三个学数学的，以及一些科辅人员。

胡思得回忆道：

> 最初这两个组各有3个大学生（孙清和、朱建士、傅樱、杜明笙、周泽良和朱子楠）带领4名计算员（耿沪男、王赛华、李爱宝和汪月娣）用手摇计算器进行计算。第一次由于没有经验，网格取得太大，计算结果不合理，返工重算。后来把网格取细，并为了避免计算时人为出错，改用两人对算的办法，算一批网格后相互核对，核对无误后，再往下算。但这样一来，计算工作量增加。为加快进度，所里后来采取几项措施，一是购进许多台半自动计算器和全自动计算器；

二是调集其他组的同志参加计算，也增加新的计算员；三是实行三班倒，每人 8 小时计算，8 小时整理计算结果并把它们画在坐标纸上，8 小时休息。就这样，计算工作夜以继日地进行着。[1]

"九次计算"历时九个月，三组人员，每组工作 8 小时，一天三班倒。每算一遍要有几万个网点，每个网点要解五六个方程式。计算用过的草稿纸，一扎扎一捆捆地放入麻袋中，从地板堆到天花板，堆满了一个房间。

朱建士是当年力学组的计算主力，他全程参与"九次计算"，曾撰文详尽记叙了这一重要历史事件：

> 经过 20 多天的奋战，取得了第一次计算结果，由于缺乏经验，差分网格取大了，没有体现出几何形状的特点，但从中却发现了一些新的物理现象。大家分析后认为这些新问题的出现是合理的，进而提出了三种解决方法，为此又进行了三次计算。三次计算所得结果十分接近，但其中一个很重要的数据却和苏联专家说的不符合。经过反复验证和讨论，又提出了三个重要的物理因素，建立了三个数学模型，进行第五、六、七次的计算，其结果和前三次的结果一样，这就促使我们对苏联专家的那个数据产生了疑问，但大家又不能轻易否定它。
>
> 这时搞爆轰物理状态方程的科技人员提供了高低两套重要数据，大家选出一个最佳的数学模型又不厌其烦地进行了第八、九次计算，结果仍然一样。[2]

在艰苦的工作中，科研人员逐渐深入到原子弹爆炸物理过程的诸多环节，并逐渐发现了一些重要规律，为第一颗原子弹理论设计奠定了坚实的基础，也为武器设计培养和锻炼了第一批人才。

---

[1]　胡思得访谈，2018 年 7 月 10 日，北京，资料存于采集工程数据库。

[2]　见：朱建士《突破原子弹的艰辛历程》，北京应用物理与计算数学研究所编《峥嵘岁月》，2014 年内部出版。

在计算的同时，一室召开了大量技术研讨会。这时，从全国各高校、研究院所调来的一批知名专家陆续汇集到九所，有物理学家王淦昌、彭桓武、程开甲、朱光亚、陈能宽、黄祖洽和何祚庥，力学家郭永怀，数学家周毓麟、秦元勋等。计算中出现的种种问题都及时地拿到会上进行"会诊"，首先当然还是怀疑在某个计算环节出了毛病，物理学家、力学家、数学家们从各自熟悉的专业角度对结果进行审议，提出不同的质疑和分析。

这些研讨会当时被称为"鸣放会"，不论是大专家还是大学生，人人都可以参加，人人都可以发言提出自己的意见。会上，往往是专家们先对力学组年轻人的工作提意见、"挑刺"，朱建士、傅樱等就据理力争。胡思得不是特征线法计算的主力，但因为提供了计算用的状态方程，也经常被叫到鸣放会上去回答专家们的询问。

鸣放会上的气氛总是很激烈。大专家们提问、回答、辩争，也鼓励年轻人谈自己的看法，他们的态度是：要广开言路，从不同的意见中汲取每一点有价值的东西。彭桓武就特别喜爱和鼓励有想法的年轻大学生发表意见。

"九次计算"的另一位重要亲历者傅樱始终记得与大专家们开展讨论的场景：

> 我们这些刚毕业的大学生，胆子大，敢于与这些大专家讨论。专家与专家、专家与青年人之间的辩论经常进行得很激烈，甚至争得面红耳赤——这是九所的传统，老一辈专家引导，我们自然形成了畅所欲言、教学相长、十分有利于鼓励创新的学术气氛。①

类似的讨论有时要持续好几天。每次讨论后，提出一些改进条件，再进行新一轮计算。后来几次计算的结果没有什么变化，与苏联专家的数据仍不一致。彭桓武先生坚持要解决"为什么不一致"的问题，不能我们自己算得一致就放行。他说，我们要知其然更要知其所以然。正当计算和讨

---

① 傅樱访谈，2018 年 7 月 9 日，北京。现存于北京应用物理与计算数学研究所档案室。

论正在紧张进行的时候，1961年5月，周光召奉调来到研究所，一接触工作，就卷入了这场大讨论。

周光召是年轻的胡思得崇拜的偶像。

在复旦大学二年级时，胡思得在物理系图书馆看到一本从俄文翻译成中文的杂志《知识就是力量》，里面有一篇苏联记者对周光召的专访，说在苏联杜布纳联合原子核研究所，有一位年少有为、出类拔萃的中国科学家，在理论物理领域有很深的造诣，名叫周光召。尽管当时胡思得对他的专业成就还不了解，但周光召的大名却已深深地印在脑海中。当得知周光召调入九所了，胡思得兴奋不已。

周光召入所后被任命为一室副主任。他认真地听取了力学组年轻人的汇报和专家们的意见，细致核对了计算所用的公式和参数，仔细审阅和分析了繁杂的计算结果。

相比起其他大专家，周光召有一项特长，他会用计算器。当年他师从彭桓武先生做研究生时，摇过三个月的计算器，所以可以亲自用计算器复算一遍结果。

当周光召复算完之后，觉得问题似乎不是出在我们的计算中，他也怀疑苏联专家给的数据有误。这是一个非常大胆而有挑战性的判断，从未做过原子弹研究却要怀疑苏联原子弹专家，必须有严格的论证，才能令人信服。

周光召以他深厚的物理功底，利用热力学的最大功原理，论证出：即使全部炸药做了最大功也达不到苏联专家的数据。这一巧妙又确凿的判断无可辩驳地证实了大家的怀疑。

这是一个十分重要的论证结论，一举扫清了理论设计上的障碍，立刻获得所有人的赞同和支持，由此结束了长达几个月的争论和徘徊，计算得以往下继续进行，大大加快了我国自行研制原子弹的步伐。

后来在1963年2月，数学家周毓麟率领科研小组进行数值模拟计算，再次否定了苏联专家这个数据的可能性。[1]

---

[1] 吴明静：《采数学之美为吾美——周毓麟传》，中国科学技术出版社，2018年，第118页。

九次反复计算，使科研人员比较深入地认识了原子弹的内爆过程，熟练地掌握了特征线计算方法，也培训了一批技术骨干力量；更重要的是树立了依靠自己的智慧、自力更生搞出原子弹的信心。

胡思得记得，在"九次计算"完成后，中国科学院数学所管楚铨等人翻译了一本苏联的关于特征线计算方法的书，他找来一看，里面讲的内容，几乎都熟悉，只是当时大家忙于任务，没有来得及总结而已。如果能够有时间系统总结，九所人自己也能出一本水平相当的书。

"九次计算"另一重要贡献是创立了九所科学民主的学风和工作作风。胡思得曾多次在与青年学子的座谈中提到：学术问题，既可各抒己见、据理力争，又要服从客观真理，在真理面前心悦诚服地统一认识。这一学风代代相传，成为我国快速发展核武器的重要法宝之一。

在"九次计算"的后期，正值"三年困难时期"，每人的粮食定量减少，九所的许多同志出现了浮肿，但他们仍投入热火朝天的战斗中，谁也不肯"轻伤下火线"，加班根本无需领导动员。

在"九次计算"期间，胡思得还有一项重要收获。

一天晚饭后，他陪着黄祖洽先生散步，他们自然而然地聊起了白天刚刚开过的鸣放会。胡思得兴奋地对黄先生说：科学家真不得了，本事这么大！黄先生则对他进行了一番教导。

胡思得回忆道：

老黄语重心长地跟我说：外行看热闹，内行看门道。参加讨论会，不能光看热闹，不仅要注意每个人发言的内容，还得从他们的发言中悟出每个人的思维特点和学术技巧。你要特别细心去观察、思考每一个人的特长，把这些本事都学到手了，日后你可能就会成为了不起的科学家。①

黄祖洽的话似乎为他打开了一道大门，指引了一条道路。按照黄先生

---

① 胡思得访谈，2018 年 7 月 10 日，北京。资料存于采集工程数据库。

的指点，他注意到这些大师的治学特点，比如：彭桓武著名的 $3\approx\infty$ 公式，即把两个待考查因素的影响做比较，如果比值大于 3，就暂不考虑分母的因素，把复杂问题大大简化；程开甲和周光召则擅长用勒让德函数展开和微扰法，取零级项、一级项、二级项来分解问题，分别列出方程求解，很快能提出一些明确的概念和思路；何祚麻能在激烈的争论中集思广益、求同存异，做出一个大家都能接受的小结，或提出下一步需深入思考的问题。

从此，在与别人的讨论中，胡思得特别细心地听取意见，注意发现别人的闪光点，做到博采众长。在与同事们共事时，他也比较自觉地去发现个人的特点，分析其思维方式和科研方法，并有意识地实践吸收。慢慢地，他果然形成了一套有特色的思维方法。

这套思维方法的核心就是：抓主要矛盾，化繁就简；立足工程物理的真实需求，从理论中来，到实际中去。

作为最年轻的科研小组长，他还摸索出了一套有效的组织管理方法：善于发现共事者的优点，知人善任、量才适用。

这套组织管理方法源于他自己的成长经历，也源于在邓稼先、彭桓武、周光召、于敏和黄祖洽等大师身边工作多年的感悟。

这套良好的思维方式和行之有效的组织管理方法帮助他迅速了解和进入具体工作。在随后半个多世纪的科研生涯中，他的科学思维方式和管理方式逐渐丰满、坚实、定型。

自从毕业分配来到九所，成为九所最早一批科研人员，胡思得的一生没有离开过核武器科技事业。当然，因为国家任务需要，他也几次改变自己的工作内容，转变研究方向，但每一次他都能灵活运用科学思维方式，团结带领同事，准确把握研究方向，圆满完成国家交予的重要任务。

胡思得多次谦虚地表示，自己非常幸运，大学毕业后来到彭桓武、邓稼先、周光召、于敏和黄祖洽等人身边工作，大科学家的指导使自己受益良多。

他对这些大师的教诲与关心报以深深的感激之情。

第三章
青海长云

理论联系实际专门小组

1962 年下半年，第一颗原子弹理论设计方案已经成型，即将提交，九所的工作重心转入实验和生产阶段。一室的领导人觉得该着重关注理论研究与实验结合的问题了。

那时，从四面八方汇聚到九所的人越来越多，三号院的办公楼不敷使用，又在北太平庄附近借了铁道干校（今铁道部党校）的一幢办公楼，一室的大部分科研人员搬到此处办公，胡思得等人也搬来这里。

10 月的一天，周光召召集大家开了个会，安排下一步工作，明确提出要加强理论与实验的结合，宣布成立理论联系实际专门小组。胡思得被任命为组长，副组长为陈乐山、孙清和，组员有孟兴发、朱建士、薛铁辕、苏肇冰、水鸿寿、刘嘉树和王明锐等，都是从各组抽调出来优秀、年轻的科研骨干。周光召告诉大家，所里会把理论联系实际小组送到青海金银滩草原的 221 基地，专门研究爆轰实验，具体工作任务有：把理论方案带去，让做实验和工程设计的同志加深理解；把实验结果及时告诉一室，对实验结果深入分析，并反馈指导实验和产品加工；进行原子弹公差设计以及公差与聚焦的理论研究，这是影响原子弹成败的关键技术之一。

领到新任务，马上要去青海，去领导和同事们一直说的"前方"，胡思得还没顾得上考虑今后的工作和生活，组织倒是对他表达了关心：要上高原了，而且会一去好几年，你怎么还是单身呢？

当时他已经谈了一个女朋友，彼此感觉也很满意。任务当前，组织的意思是希望他能火速结婚，"把个人问题解决了"。

刚到九所时，就有人关心胡思得的终身大事，通过热心人牵线搭桥，他也见过几位女孩。一见面胡思得就诚恳地告知对方，他的工作单位只是暂时在北京，以后要去青海，女孩们无一例外地就不再联系了。

最后归功于老同学竺家亨。九所干部科的一位女同志想为自己妹妹在所内找对象，委托了一室秘书于惠明，于惠明请竺家亨介绍相熟的年轻人，竺家亨首先就推荐胡思得，说他业务好、人品也好。的确，胡思得在那一拨年轻大学生中比较出色，又是学生党员，这位姐姐很满意，五一节的晚上，将妹妹刘玉清和胡思得邀请在自己家见了第一面。

刘玉清恬静秀丽，温柔稳重，梳着两条乌黑的长辫子，穿着整洁，落落大方。胡思得的第一印象很好，觉得她有一种自然的美感。

刘玉清对胡思得的印象也不错，她观察到胡思得嘴角上总挂着笑容，看着就是很和气很本分的人。而且刘玉清也不觉得去青海是件糟糕的事情，因为她所在的石油科学研究院，因工作需要流动出差的事例也很多，在全国各地出差个一年半载很常见。刘玉清甚至觉得，留不留在北京都不是最要紧的，她看重的是人品要好，要能努力工作。

所以，两人见面后，相互都挺满意。

刘玉清毕业于北京石油学院，毕业后分配到石油科学研究院。石油科学研究院离九所不算远，但他们的约会也就一周一次。据刘玉清回忆，胡思得对她说，礼拜天上午还要阅读、搞研究，而刘玉清自己刚毕业不久，也要看书学习，于是他们就只在礼拜天下午见见面，聊会儿天。

1963年初，眼看要去青海，领导催促胡思得尽早把婚结了，于是他和刘玉清商量，刘玉清很识大体，表示理解。1963年3月2日，他们结婚了。

两个人的单位都没有办法为年轻夫妻分配住房，胡思得就在塔院3号楼借了间空房子。3 号楼是集体宿舍，当时要维修，原来住在里面的单身汉们都搬出去了。房子是借出来了，但是房管科告诉胡思得，这房子只能暂时住几天。

他们的婚礼也很简单，攒了些糖票买了点高价糖，刘玉清的姐姐准备了点蚕豆，就在借来的房子里招待了双方单位的同事，邓稼先、周光召和何祚庥等都到场祝贺，气氛很热烈。何祚庥还用胡思得和刘玉清的姓名写了一副对联助兴。

他们也没有什么家具，在借来的房子里住了两三天就又搬出去，平时还是各住各的单身宿舍，临时找得到空房子就团聚几天。刘玉清回忆，他们住过南红楼、北红楼，也住过北太平庄，"跟打游击似的"。

第一颗原子弹理论设计方案提交后，下一个目标就是争取 1964 年内实施核爆炸，有关实验、工程设计、生产单位要立即启动工作，青海基地这时也已完成若干基建，具备了开展工作和生活的必需条件。因此，1963 年春节后不久，九所召开了去青海 221 基地参加大会战的动员大会。

大会借用了铁道干校的大礼堂，张爱萍将军亲自参会并做了讲话。

张爱萍将军动员在北京的实验、设计、生产部门的科技人员向青海基地搬迁。他借用唐朝诗人王维的诗句"西出阳关无故人"，说现在时代不同了，我们这么多的科技人员、机关干部到青海基地去搞大会战，应该是"西出阳关多故人"了。

1963 年 2 月，经二机部党组同意，九所组成理论部（原一室，部主任邓稼先）、实验部（原二室，部主任陈能宽）、设计部（部主任龙文光）、第一生产部（部主任宋光洲）和第二生产部（部主任钱晋）。1964 年 8 月又成立第三生产部（部主任胡深伐）。

3 月，理论部完成并提交了第一颗试验型原子弹的物理设计方案。所里决定，搬迁暂时不动理论部，但为了配合实验、生产部门工作，先派理论联系实际专门小组的孙清和、薛铁辕和朱建士三位同志随大部队前往基地。因为胡思得刚刚结婚，领导照顾他，让他暂留北京。

这期间，整个小组一直在加强学习。为了在理论上有充分的把握，周光召和邓稼先亲自给他们上课，给他们"吃小灶"，把理论部工作涉及的力学、状态方程和中子输运等统统讲一遍，每星期要讲2~3次。胡思得记得，周光召讲课从不用讲稿，依靠深厚的理论功底，推导复杂公式时在黑板上一边讲一边写，由近及远，一气呵成，每每令大家赞叹不已。

第一批三位同志上了高原，理论联系实际小组也就分了"前方"和"后方"，双方的工作联系依靠保密电话，青海"前方"把实验数据速报过来，北京"后方"把理论计算结果告知他们。这样的保密电话会议经常会在夜里十二点召开，因为半夜线路比较清晰，干扰比较少。当时胡思得他们都住集体宿舍，宿舍里装了喇叭，"前方"来电话了，喇叭里就喊名字："XXX去接电话"。

通话在半夜，计算也就随之通宵达旦地进行。随着青海基地实验工作的逐步开展，"后方"与"前方"的保密电话联系愈来愈频繁，这样的电话会议，每隔两三天就有一次。遇到大型实验出结果，实验部、理论部的领导和科研人员都参加，甚至所领导也会参加。

奔 赴 221

到了1963年秋天，"前方"的任务越来越重。部里决定，胡思得和留在北京的其他小组成员全部去221基地。

一天，周光召单独找胡思得谈了一次话，显示出对其理论研究工作的特别看重。让胡思得没想到的是，周光召对这次谈话的态度十分严肃审慎，为了不被人打扰，他们的这番谈话是在办公大楼楼顶上进行的。

当时他们借用的铁道干校办公楼楼高四层，楼顶是一个很大的平台，可以行走。科研人员工作间隙喜欢在这个平台上散步。那时的北京城没什么高层建筑，从平台上可以远眺北边和西边绵延的山脉诸峰，往南边也可以看到鳞次栉比的房屋院落。

那天晚上，胡思得吃过晚饭，在平台散步，遇到了周光召。周光召一般很少在单位吃晚饭，显然他是特意留下来找胡思得的。

胡思得回忆：

> 周光召跟我说，这次你要去基地搞实验了，搞科学工作的，重要的是不要放过理论或实验中存在的任何疑点。理论和实验如果能够一致，当然很高兴，但如果理论和实验有不一致的地方，一定要抓住，把问题搞清楚，因为从这种地方会发现理论或实验的不足，有可能产生新的突破，这样就推动了科学的前进，而且自己也可以成为有作为的科学家。①

这段话对胡思得的影响相当大。周光召说"不要放过任何疑点"，给他留下很深的印象。他后来多次在回忆中提到，这次谈话对他是很重要的忠告，不仅指点他如何在 221 开展工作，更是对如何做科学工程做出指导。

> 老周对我影响很大，除了给我讲课之外，这段话也点拨了我，是我将来在科学道路上、成长过程中非常重要的经验……那时候我们刚进入科学殿堂，也不知道科学工程应该怎么做。我还是比较听他们这些专家的话的，前面黄祖洽跟我谈了一段，后来老周跟我讲了一段，我都记住了，觉得应该这么去做。但我那个时候还没有体会，后来搞实验的时候就慢慢注意到，老是想着老周的这段话，不放过任何疑点。②

周光召和他谈话时，节令已近中秋。站在楼顶，浩荡长风从遥远的、一望无际的北方呼啸狂奔而来，扑在胡思得身上，微微有些冷，而他内心却又被周光召的话熨烫得火热。他深深铭记下这番场景，也铭记下前辈科学家对他的指导。

---

① 胡思得访谈，2018 年 7 月 11 日，北京。资料存于采集工程数据库。
② 同上。

无论是周光召、黄祖洽还是邓稼先，这些大专家并非在预估未来，他们也不能洞察，这些顺应时间播下的种子，哪一颗能发芽、哪一颗不能发芽，他们只是按照自己所悟，在播种的季节细心看顾抚育，既毫无保留，也无求回报，而他们也果真培养出了新一代人才队伍。

1963 年的国庆节后，胡思得和小组组员坐上西行的火车。

因为到 221 基地要投入新生活了，大家情绪激昂，没有什么离愁别绪。快到西宁的那天晚上，胡思得、刘嘉树和王明锐还兴高采烈地跑到餐车喝了一瓶红酒。

他们和实验部主任陈能宽同趟火车，抵达西宁以后，他们先陪着陈能宽去好几个地方转了转，晚上才到西宁宾馆报到。那时，到 221 基地的人都先在西宁宾馆集合，安排住的地方是一间大通铺，胡思得他们到了后发现房间里已经住了 20 来个人了，一打开门就烟雾腾腾的，因为有很多人都抽烟，还有睡熟了正在打呼噜的。这时他们也累了，顾不得许多，赶紧找到空的铺位，衣服也不脱就躺下去，因为一路辛苦，倒是很快就睡着了。

第二天，他们在位于杨家庄的办事处领了"四大件"：羊皮帽子、棉猴儿[①]、厚羊毛靴，还有一床羊毛毡，是像毯子一样用来铺床铺的。这"四大件"一到手，立刻让他们预感到高寒地带在不远处发出挑战。

西宁海拔 2200 多米，221 基地位于青海湖以北的金银滩草原，海拔超过 3000 米，因为海拔高，大家习惯把"去 221"叫作"上 221"。领了四大件后，他们很快就接到"上 221"的通知。

到了 221 基地后，他们运气比较好，被安排住进了黄楼。黄楼是 221厂最早建设的一批标准宿舍楼，还是苏联专家提供的设计，墙体极厚，装修规格较高，因外立面被涂成鲜明的黄色而格外醒目。比胡思得早来的同志比如孙清和、朱建士和薛铁辕，住的是简易筒子楼，而工人住"干打垒"，有些机关干部还住在帐篷里。

因为海拔高，221 厂冬天晚上的温度可降至 −40~−30℃。条件好、有

---

① 带帽子的棉大衣。

图 3-1　221 的黄楼 10 号楼，胡思得曾住过此楼 3 单元的 1 层和 3 层（照片的楼右侧）。60 年后，当地居民在此楼居住（吴明静摄于 2023 年 9 月）

暖气的新宿舍一共有十幢，盖好之后，在 221 基地的九局局长李觉做出一个决定：为保证完成 1964 年爆炸首颗原子弹的任务，让在第一线工作的科技人员和工人先住进新楼，领导干部继续住帐篷，他自己带头住帐篷。李觉的决定深深地感动着大家，胡思得他们享受了特殊的待遇，体会到了国家对科技人员的尊重。当时，他印象很深的是，广大科技人员和工人倍受激励，更自觉地团结在领导周围，无惧工作和生活中的各种挑战。

来到高原地区的新鲜劲没多久，来自平原地区的同志就遇到了生活上的麻烦，主要问题是吃饭。海拔 3300 米的地方，水烧到八九十摄氏度就沸腾了，那时候没有高压锅，所以煮米饭、蒸馒头都是夹生的，初来乍到的人总感觉难以下咽。

因为以前一直生活在低海拔地区，胡思得有明显的高原反应，过了很久还是很难适应。他的胃口很不好，每天早晨从食堂买了馒头却吃不下去。在 221 有一个便利之处，电力很丰富，丰富到每间办公室都有一台电炉可以使用，他和同事们把馒头切成片放电炉子上烤，烤成馒头干再吃，这样多少能好吃一些。

他们午餐和晚餐也依靠食堂，供应的蔬菜很少，但能吃到羊肉，炒菜用羊油。同事王明锐记得，盛了羊油炒的菜，饭盒不容易洗干净，他们把黏糊糊的铝制饭盒放在暖气片上，但烘热后也没法揩净，依然是白花花、油腻腻的，后来索性把饭盒盖子一扣，眼不见心不烦。

当时，基地鼓励大家锻炼身体，组织打球、跑步。胡思得看到陈能宽带着一帮人打篮球，胡仁宇带着大家跑步，但是他在缺乏充足氧气的地区，却无法像他们那样自如地运动，在大学时曾参加过跳高和短跑比赛的他在 221 基地却跳不起来，甚至走路走快了都有透不过气的感觉。

他在氧气稀薄的高寒地带睡不好觉，老是做梦。半年后回京出差，发现心室肥大，医生说就是因为氧气不足引起的。

但他仍以工作为重，克服一切困难继续努力。

实验部为理论联系实际小组和本部的一部分科技人员成立了一个理论组，叫"二室五组"，主要任务有四项：一是给实验部这边搞理论研究的同志讲课；二是同实验部负责理论研究的同志讨论实验方案；三是到生产线、实验线去了解实际情况；四是通过电话和理论部联系，把实验准备情况、生产情况以及实验结果报过去。

这时实验部的主要任务是准备进行缩小比例的聚合爆轰实验，理论联系实际小组负责装置零部件的公差设计，预计实验的量程。部里让胡思得他们讲课，他们也就把邓稼先、周光召给自己讲的课再讲一遍。

进行聚合爆轰实验，要求核装置从外到内的各零部件都非常对称、均匀，必须满足很严格的加工和装配公差要求。但这样一来，零部件的废品率就较高，影响工程的进度。还在北京的时候，邓稼先、周光召和黄祖洽指导胡思得等人做过一项工作，研究什么样的波形对聚焦影响最大以及

图 3-2　105 大楼，理论部出差人员在此办公（吴明静摄于 2023 年 9 月）

图 3-3　105 大楼的内景，胡思得曾在这里办公（吴明静摄于 2023 年 9 月）

各种公差对聚焦的影响程度。到 221 厂之后，他们结合生产实际，进一步深化已经开展了的工作。他们调研哪些零部件的公差较易达到，哪些较难，然后再对较难达到的那些进行研究，看看能否适度放宽标准，而对较易达到的则适度收紧标准。

这样的工作，必须理论与实际紧密结合。他们带着对原子弹理论设计方案的理解，深入加工车间和实验现场，在一线认真调研，甚至亲自动手，反复计算、反复调试，终于拿出了一套办法，既保证了聚焦的需要，又提升了零部件的合格率。

胡思得他们离开北京后，理论部重新安排，又调来一些人充实理论联系实际小组，陈乐山当组长，孟兴发当副组长，还是通过电话讨论工作。这件事胡思得在北京时已经做得很熟练了，现在到了 221，无非就是倒过来，换成他们往北京打保密电话，把青海的实验结果一个数据一个数据地报过去，和北京那边讨论之后，陈乐山、孟兴发再向邓稼先、周光召汇报。

1963 年 12 月 24 日，缩小比例的聚合爆轰试验成功进行，这是次非常重要的试验，直接关系到原子弹试验计划的后续安排，周光召也亲临基地，巨大的爆炸声响彻草原后，采集到了令人满意的数据：向心爆轰波和点火装置均达到了设计要求，标志着原子弹研制又获得一项新突破。无数人呕心沥血将近四年，理论设计和此前的一系列实验获得了综合验证，科技人员兴奋异常。

实验部很看重这批从事过原子弹理论设计的同志，希望这些参加过

"九次计算"的年轻骨干能留在自己的队伍中，实验部就向理论部提出调人的要求，而且态度很坚决。为了使这批年轻科研骨干能安心在草原工作，他们的工资关系和户口都转调到221厂，工资也大幅提高了，从62元提高到132元。

工作单位调整了，北京户口也变成青海的了，但那个时候大家都很单纯，把工作放在第一位，自己放在次要位置，一切从国家利益出发，一声"工作需要"，绝没有丝毫的犹豫。像王明锐这样家中添了孩子的同志还安慰自己，工资提高了，就有钱给孩子买奶粉了。

在理论设计与实际产品之间架设桥梁

这一段在221厂解决原子弹设计工程化的经历，对胡思得的人生影响很大。他在青海高原带领同事们丰富和完善原子弹的公差设计与聚焦理论，他们的工作实则就是在架设桥梁，架设的是理论设计方案通向科学实验、实际产品加工的桥梁。

他和小组同事们扎扎实实深入一线，深入第一颗原子弹试验相关的科学实验、工程设计和加工生产的现场，了解掌握各项工作，对试验相关的情况有了相当的了解后，再回到理论设计，也就有了更深刻的体会。

譬如为了保证产品聚焦得好，产品的加工生产要求得相当精密。以前邓稼先和他们说过苏联专家的一个比喻，这项工作的精密程度要超过瑞士钟表，比瑞士钟表的工艺还要精细。当时听到这句话时胡思得并没有什么特殊的感觉，直到在221深入了解生产情况后，才发现此话颇有深意。理论部拿出的公差要求相当繁琐，满满当当好几页纸。炸药包括内界面、外界面等，每一个界面就有好几个测程要求，同时密度、厚度也都有相当高的要求，每项工程、每道工序的规定也很严格，所以一层层、一道道地抠下来，确实很精细。

在加工生产要求如此高的情况下，稍微有偏差就不行，也就造成废品率特别高。加工车间的领导向他们提出一个问题：有些比较难加工的地方，有没有可能放宽一点标准，是不是可以通过对容易加工的地方提高要求来弥补？因为废品率过高，不但进度慢，对工人心理也是个打击。胡思得和同事们根据需求，做了相关理论研究。本来理论上的要求都是一刀切的，但他们依据具体生产情况，把生产加工困难的地方放宽，在其他方面收紧，能做到配合得当。他们拿着研究成果和生产部门讨论，把问题先说清楚，在严格要求的基准下，对部分产品适当放宽要求。后来证明，他们的工作对促进生产很有帮助，胡思得也觉得很有意思，他算是初步知道了理论应该怎样联系实际。

他深入实验和生产现场，不但和实验科学家、工艺专家和生产人员讨论理论方案，听取他们对理论方案的各种意见。还常常共同设计实验，有时他还抓住机会亲自动手安装和计量实验装置。

他经常在保密电话室里，把实验结果和实验中遇到的问题同北京的理论设计人员进行讨论，这样的电话讨论往往会持续几小时，之后他再与实验人员仔细分析，确定新的工作方案。

当实验结果出现和理论不一致的地方，他既不沮丧也不轻易放过，既思考理论上可能存在的问题，也推敲实验数据的真伪和装置设置的精度，努力寻找产生问题的原因。随着越来越多的现象为他所探明、所理解，他不断感受到"山重水复疑无路，柳暗花明又一村"的喜悦。后来他还专门撰写论文，对一次试验中实验和理论不太一致的结果做了深入透彻的分析。

从 1963 年到 1967 年，他在高原上克服困难工作了四年，获得了一笔无形的财富：越是抓住理论和实验不一致的地方深入探索，就越能理解到，工程物理是一个基础理论与具体应用紧密结合的系统工程，在丰厚扎实理论研究的基础上，绝对不能缺少应用环节的经验积累。

他和同事们的努力获得了丰硕的成果：结合当时的工艺水平，他们研究发现了各类公差扰动在内爆波形传播过程中的发展规律，以及对波形聚焦的影响，并依此建立了确定各类公差分配指标的一套科学方法，既保障了武器性能，又兼顾生产中的可加工性，在理论设计与实际产品之间成功架起桥梁。

这项名为"部件公差对爆轰动力学过程影响"的研究，不但给出了第一颗原子弹各种公差量的限制和分配，用于指导实验、工程设计和生产，保证了第一颗原子弹试验产品某关键动作的成功，也在第一代核武器设计中广泛应用并发挥了关键作用，更为后续核武器装备和小型化奠定了重要基础。

那一朵改变世界格局的蘑菇云

时间进入 1964 年，第一颗原子弹爆炸已经提上日程。3 月，二机部刘杰部长到 221 视察。那时 221 厂的大礼堂还没有建成，所以他在大食堂里做动员报告，要求全体职工按时、按质、按量、安全地完成国家交代的光荣任务。

1964 年初，二机部做了一个重要的机构调整，2 月 25 日，二机部党组决定：九局、九所机构撤销，总院名称定为"二机部第九研究设计院"，221 基地为"221 研究设计分院"。

1964 年 6 月 6 日，全尺寸爆轰模拟试验成功，试验装置中除核裂变材料用的是替代材料外，其余都是核爆炸试验的实物。试验结果非常理想，如果换上裂变材料，那就是一次成功的核试验了。至此，实现我国第一颗原子弹爆炸的目标已胜利在望。

令人兴奋之余，还发生了一件"小"事。因为爆轰试验是全尺寸的，所以用的炸药较多，爆炸后的高温碎片飞散得很远，把草丛都点着了。茫茫草原，防火安全至关重要，实验部领导立即组织队伍去灭火，大家拿起扫把去扑打火苗，胡思得也在其中。人们使劲扑打，但火苗在草丛中若隐若现，扑朔迷离，刚被扑灭，一转身又在身后窜了出来。胡思得很快就感到筋疲力尽，高原缺氧的反应这时就体现出来，但好在同事们不遗余力，火终于被彻底扑灭了。

　　1964 年初，胡思得所在的二室五组，扩建为 24 室。这个室把实验部搞理论工作的同志都合并进来，分了三个组：力学组、中子物理组和计算组。室主任是章冠人，这是位资历很老、德高望重的专家。到 1964 年夏天，要调集一部分同志去新疆试验场地，为试验做准备。实验部通知，24 室也可以派一个人去场地。派谁去呢？大家都跃跃欲试，毕竟，这是国家第一颗原子弹试验啊。但名额只有一个，最后领导拍板，决定让朱建士去，因为他参加过"九次计算"，平时工作表现也挺好，就由他代表 24 室参加试验。

　　留下来的同志也不轻松，还要赶快搞生产、搞实验。当时，221 的形势相当紧张，美国的 U-2 飞机经常飞过来侦察。胡思得还听到过一种传言，肯尼迪誓言要把中国的核事业扼杀在摇篮里，221 基地这边有可能被整个炸掉。那时，他们白天上班，下班后还要挖防空壕。晚上经常有空袭演习，警报一响，大家就赶紧出门转移到安全地带。

　　到十月份，形势越发紧张。实验部领导把留下来的人一分为二，没有紧急任务的转移到湟源县，为的是一旦发生最危急的情况，能留存下一支有生力量。

　　24 室的大部分同志都要去湟源，胡思得因为要配合实验部副主任张兴钤做些其他工作，还有试验场地前方传过来的一些任务和问题需要研究，故此留了下来。当时张兴钤交给他一个问题，在爆炸的情况下，一个测试仪器到底需要多厚的防护才能不受损害？他让胡思得赶快突击研究。

　　胡思得白天做和实验有关的事情，下班后继续挖防空壕，至少要挖两个，住的黄楼附近挖一个，用于紧急情况；稍微远的地方再挖一个，有备无患。领导要求一定得挖两个。

　　他也到湟源县去过几天，看望室里的同志们。同志们被安顿在一所小学里，学生和老师都被转移到别的地方去了，整个学校就让给这批手持"国营综合机械厂"工作证的科研人员。24 室的男同志都住在一间教室里，既是宿舍，又是办公室，沿着墙壁摆了一溜排上下铺的床，几张办公桌就放在教室中间。

　　10 月 16 日下午 3 点，新疆罗布泊升腾起一股烟尘巨浪，从未有过的翻天倒海的力量自戈壁深处狂飙而起，中国的第一颗原子弹爆炸成功。

胡思得在青海 221 如常工作。他和许多同志还不知道"零时"已经到来。下午，他觉出有点奇怪，怎么有人在外面又吼又叫的？到晚上，原子弹爆炸成功的好消息慢慢传开了，人们开始自发地聚会，不少人兴奋地喊起了口号。

当天晚上，领导向同志们正式宣布试验成功的消息，大家兴高采烈，敲锣打鼓，有的部门还组织游行。直到第二天，很多同志仍然觉得走起路来格外有劲。

一桩愿望获得实现，一项启示得到应验，一条道路显露前方，一个未来充满希望地闪耀。在罗布泊现场的陈能宽先生将这段沸腾的历史用一首词——《清平乐·记我国首次原子弹试验成功》记录下来：

东方巨响，大漠天苍朗。云似蘑菇腾地长，人伴春雷鼓掌。

欢呼成果崔巍，称扬举国雄飞。纸虎而今去矣，神州日月增辉。

当二十年以后，开始参与军控研究的胡思得从国际核态势的视角回看 1964 年 10 月 16 日的那一天，一定会有更为纷繁复杂的感悟，一种属于铸盾者的别样感慨。

这是我国自行研究、设计并制造的第一颗原子弹装置，试验获得了圆满成功，它标志着中国已经完全掌握了核裂变武器的秘密。同时，中国政府郑重宣布：中国在任何时候、任何情况下，都不会首先使用核武器。

在那个将永远被世人铭记的下午，一个民族、一个国家的命运都在一瞬间被改变了，甚至整个世界的格局也开始慢慢转动起沉重的齿轮。东方巨响，寰宇皆惊。在东南亚，在非洲，在欧洲和美洲，人们都在讨论这一桩震惊全世界的重大事件。

在 1964 年 10 月 16 日当天，国外广播：今天最大的新闻是，在华盛顿时间早上三点钟的时候，红色中国在大气层爆炸了一颗原子弹。

中国第一颗原子弹爆炸的消息遍布整个地球，无声地在世界各国面前展示了中国人民的智慧和力量。中华人民共和国的国威随着消息传递到四邻和更远处。有了原子弹，就有了一种看不见的巨大力量，我们终于坚定地向世界宣告——中国从此不可再被欺辱了。毛泽东主席一语道破天机：

> 原子弹就是那么大的东西，没有那个东西，人家就说你不算数。

邓小平同志也深刻地指出：

> 如果60年代以来中国没有原子弹、氢弹，没有发射卫星，中国就不能叫有重要影响的大国，就没有现在这样的国际地位。这些东西反映一个民族的能力，也是一个民族、一个国家兴旺发达的标志。

爆炸当天，美国总统约翰逊在白宫召集了紧急会议。总统询问，世界各地的人们都在说些什么？新闻署署长卡尔说："斯堪的纳维亚半岛的那些国家在说，现在应该接受中国参加联合国。"

法国总理蓬皮杜坦言，中国第一颗原子弹的爆炸，改变了世界的形势和中国的地位。

世界舆论对中国原子弹爆炸成功反响强烈。

中国香港（当时受英国殖民地统治）《新晚报》1964年10月18日在"夕夕谈"栏目里，以"石破天惊是此声"为标题，高度评价中国核爆成功，说："这是几千年来中国人最值得自豪的一天"，"1964年10月16日这几个字应该用金字记载在中国的历史上。"香港的《新闻报》载："中华民族不是次等民族，白种人第一的时代已经过去了。"《香港晨报》以"中国人的光荣"为题，说："中国之月亮原来也是圆的。"

世界许多地方的舆论，特别是第三世界的媒体也是一片赞扬声。有的报纸文章题目直接就是："中国之光，亚洲之光。"

美国黑人领袖马尔科姆·艾克斯说："这是黑色人种20世纪最大的一件事，"他还说："中国核爆，帮助了美国黑人事业。"

印尼和平委员会主席拉都阿米拉说得十分透彻："中国掌握的核弹为进步人类所共有。"①

---

① 葛康同、胡思得：《邓稼先》，载《两弹一星元勋传》上册，清华大学出版社，2001，第286—287页。

在人类社会发展历程中，武器从来都是力量的最强注脚。核武器睥睨世间，再无隐秘的角落。

这颗原子弹爆炸的影响，超越了国家界限，超越了民族界限，超越了肤色界限。从长远的历史角度来看，中国爆炸原子弹，不仅是中华民族复兴历程的重大标志性事件，而且，它对正在争取自由与独立的亚洲、非洲、拉丁美洲地区众多民族都产生了深远影响，中国在核试验方面取得的新成就，提升了第三世界政治力量，改变了世界格局，进而促成了新的力量均衡。可以说，中国第一颗原子弹爆炸为世界和平做出了巨大的、不容抹杀的贡献。

命运的齿轮开始运转，起初只如一场盛大而隆重的庆典。胡思得和他的同事们当时还未能充分认识到，这场庆典，将会在他们整个的科研生涯产生持续影响，随之而来的重大责任，也主宰了他们的整个人生。

氢弹研制时期的学术民主

毛主席说过："原子弹有了，氢弹也要快。"

摆在核武器研究团队面前的任务很繁重。在岁布泊爆炸成功的只是一个装置，原子弹要尽快实现武器化，还需要继续深入地工作。

在221，科研人员着力做好原子弹的小型化、武器化。在北京的理论部，很多人已经转向氢弹理论研究。整个1965年，正是氢弹攻关最为艰难的时候，人们提出过很多设想，可惜一条条道路，一时间都没打通。

因为氢弹研制的难度太大了。

氢弹和原子弹不一样，原子弹是裂变反应，氢弹是聚变反应，无论是在理论上还是在制造技术上，氢弹都比原子弹复杂得多。原子弹研制初期还得到过苏联人的一点帮助，而氢弹的研制是真正的披荆斩棘、白手起家，一切都要从头摸起。

胡思得奔波于北京理论部和221厂之间。1965年5月，他被任命为实验部24室副主任，被交付了一项紧急任务，为验证热核材料性能而设计一个核爆炸装置。氢弹攻关的热火朝天深深感染了他。

时任二机部副部长的刘西尧，几乎每周都会来理论部实地了解科研进展。理论部最新的一幢科研楼14号楼前，经常会停着一辆红色的小轿车，九所人一看见这辆当时很少见的进口小轿车就知道，西尧部长又来了。

研究进展不畅，刘西尧副部长很着急。一次，他在会上大声说："各人把兜里的东西都掏出来！""兜里的东西"大抵是指真本事、新成果。可是，台下的人们都没有行动。坐在西尧部长面前的，是一批十分严谨的科学家，没有可靠的论据，谁也不会在领导面前夸夸其谈，显摆自己。

有一天，红色小轿车又停在了楼门口，刘西尧副部长专门来组织学习会，传达周恩来总理的指示：学习毛泽东同志的"实践论"和"矛盾论"，以辩证唯物主义思想指导研制工作。

理论部的主任、副主任以及各研究室主任都参加了这次传达会，胡思得也参加了。他还记得西尧部长在会上生动地比喻："要分析清楚氢弹制造中可能遇到的各种材料、各种因素各起什么作用，像一出京剧里要认清谁是老生、谁是花旦、谁是花脸，谁演主角、谁是配角、谁只是跑龙套，都要搞得清清楚楚。"

周总理的指示把科学家们已经掌握的科学思维和已习惯运用的工作方法，提高到一个新的哲学高度，形成了更自觉地运用辩证唯物主义哲学思想指导科研工作的热潮。理论部里积极学习毛主席矛盾论、实践论。胡思得就听过彭桓武和秦元勋的学习报告。后来，实践论和矛盾论果真在核武器理论研究和工程设计中发挥了重要作用。

胡思得回忆这一段亲历的历史，深有感触地说：

> 突破氢弹阶段……给我留下深刻的印象，使我深刻地理解到，只通过少量的核试验而要设计出先进的核武器，这不仅要求科技人员有较高的学术水平和强烈的创新意识，还要求他们掌握并善于使用辩证的分析方法，善于抓主要矛盾。[①]

① 胡思得访谈，2018年7月11日，北京。资料存于采集工程数据库。

虽然前进道路上的拦路石如此庞大，但当得知法国也在探索氢弹时，理论部的科技人员提出了一个非常响亮的口号："一定要赶在法国人前面爆炸中国的氢弹！"这个口号是极大的鼓舞，人们群情激昂、干劲十足，于是夜以继日、通宵达旦地抓紧工作，计算的纸带堆积如山。

遇到困难怎么办？只有一条路，发扬学术民主、集中集体智慧。这也是九所突破掌握第一颗原子弹的成功经验。

当时在彭桓武先生的指导下，理论部把原有小组打乱，重新分组，兵分三路，分别由黄祖洽、于敏和周光召率领，向三个不同的技术方向探索。

尽管工作紧张，但学术交流很活跃。无论是哪一个小组，一旦有计算结果，就会在全所科技人员中公开讨论。

胡思得出差回北京赶上过几次"鸣放会"。就在大食堂里，人们吃完饭，把桌子一拉，腾出空地，就是会场。刚刚上完大夜班从计算机房回来的科研人员，顾不上休息，干劲十足地把最新的计算结果抄成几张大字报，分别贴在两块黑板上，就开始讨论。

食堂里挤满了热情洋溢的听众，有凳子的坐在凳子上，没凳子的干脆坐在饭桌上，找不到座位就站在空地上听，被挤到后排的同志甚至站在桌子上。听完计算人员的介绍，大家就七嘴八舌议论开了，大家一问一答、"百家争鸣"，气氛非常自由民主。

除了食堂，在14号楼的三楼、四楼的大会议室，"鸣放会"几乎每天都在进行。不论是大专家还是刚毕业的大学生，每个人都可以走上台去发言，每个人也可以对别人的设想提出不同意见。彭桓武等大科学家特别鼓励年轻人发表不同看法，一次，一位刚刚参加工作的年轻人就某个部件的构型大胆发言，赢得专家表扬，说，新来的同志有想法，很好！

在这样酣畅淋漓的大讨论中，人们踊跃提出一个个设想方案，又不断以审慎的态度一个接着一个否定，继而又毫不气馁地提出新方案。

除了民主大讨论，部领导还安排专家讲课，目的是进一步提高科研人员的理论水平。彭桓武、邓稼先、于敏和周光召都为科研人员做过报告，在所内掀起了空前热烈的学习热潮。邓稼先等人在那个时期撰写的等离子体物理的讲义至今还留存在九所档案室。于敏的讲座尤为受欢迎，他第二天讲课，头天晚上就有人搬椅子占座位。

所以，无论白天黑夜，整个理论部总是洋溢着一股高昂的工作热情，科研人员自觉加班加点、争分夺秒。当时担任室主任的李德元回忆说，每天晚上十点，他和支部书记就要一间间办公室巡视，苦苦劝说科研人员早点回家休息。而当年的年轻人贺贤土和刘恭梁则回忆道，干劲十足的研究人员和领导打"游击战"，假装离开了，在楼下转悠转悠，瞅个空子，又回到办公室继续挑灯夜战。

"上楼""下楼"与"四清"

1965 年秋，于敏率领的研究小组终于见到了曙光。

9 月底，他们带着一个加强型原子弹的模型到上海出差，利用上海华东计算机研究所的计算资源开展研究。于敏对计算结果进行了深入细致的分析，发现加强型并不是真正意义上的氢弹，深厚的学术素养使他敏锐察觉到氢弹原理突破的关键，在后来的三个月里，他带领科研人员多方计算，反复讨论，终于形成了一套从原理到构型基本完整的理论方案，这就是中国核武器研制史上著名的"百日会战"。

好消息传到北京，理论部群情振奋。大家本着求真务实的精神，立即组织新的攻关。很多人放下手头正在进行的研究，毫不犹豫地调整研究方向——那时的科研人员没有门户之见，更没有名利纠葛，人们都在为同一个目标奋斗，真正将个人融入集体事业中。

二机部得知氢弹理论突破的消息，喜出望外。那时，刘西尧正在 221 厂主持社会主义教育运动，他尤为高兴。

1965 年 12 月 8 日，邓稼先和于敏带着氢弹理论方案，到 221 厂参加九院 1966—1967 年核武器科学研究与生产两年规划讨论会。在会上，于敏详细介绍了利用原子弹作为第一级来引爆第二级的两级氢弹原理理论设想方案，以及实现该方案必须解决的关键技术问题与结构问题，还初步提出了对爆轰试验、加工制造、核测试诊断等方面的要求。

与会专家对于敏汇报的方案表示认同，刘西尧当机立断，建议：突破氢弹要做两手准备，以新的理论设想方案为主，同时不放松加强型原子弹的研究和试验的准备工作。

会议决定，按照新的理论方案组织理论、试验、设计和试制等方面的力量，加速准备试验工作，力争在 1966 年底前后用铁塔爆炸方式进行一次减威力的原理试验。

中央专委很快就批准了这一规划。

回过头来看，刘西尧的决断实在果决明智——保证了在"文化大革命"爆发、巨大的政治风暴席卷全国之前掌握氢弹研制技术。

后来，刘西尧回忆道：事后方知时间贵。如果不是 1964 年就爆炸了第一颗原子弹，1965 年底就突破了氢弹原理并紧锣密鼓地实现三部曲，"文化大革命"到来，何时可以爆炸氢弹，就很难设想了。①

相比原子弹试验装置，氢弹原理试验装置的结构要复杂许多，有些部件形状奇特，给工程设计和加工增加了不少困难，在技术上要求更高，也更加严格。

本应该在氢弹研制工作中大显身手的胡思得，却被"闲置"了。这时候他的境遇极其糟糕，他被"上楼"了。

1965 年 11 月，221 厂开始搞"社会主义教育活动"，党员干部一律停止业务工作，被请"上楼"去受"教育"，在群众的"帮助"下闭门思过，向群众做自我检查，直到群众满意，才能"下楼"继续工作。221 厂几乎所有科室主任以上的党员干部都被裹挟在内，连李觉都受到冲击，必须要先"上楼"，被允许"下楼"后才能恢复正常工作。

胡思得反复检查，始终得不到通过，故而一直未能"下楼"，以致未能参加于敏的氢弹原理报告会。后来还是刘西尧发现了这位原理论部年轻人的近况，过问了一下，他才获得"群众帮助"终于"下楼"。

按照中央开展社会主义教育运动的规定，干部"下楼"后要去农村参

---

① 刘西尧:《我国"两弹"研制决策过程追记》,《炎黄春秋》1996 年第 5 期，第 2—9 页。

加"四清"①，在农村里搞社会主义教育运动。

221 也要派干部下去。实验部挑了两部分人，一部分是骨干，一部分是像胡思得这样刚刚"下楼"的干部，主要任务是接受贫下中农再教育。

他们先到西宁集中，在西宁大厦学习培训。已经参加过"四清"的地方干部介绍经验，讲得很细致，具体到每个生产大队至少要挖出多少问题，不到这个数字过不了关，人们当时都特别认真做了笔记，但后来回想起来，都笑着说"不过是些形式主义"。

九院的"四清"干部们被派往青海互助土族自治县，那里也是高海拔地区，虽说比金银滩稍微低一些，但也有 2000 多米。实验部的同志被分配在两个最穷苦的公社——红崖子沟公社和哈拉直沟公社。胡思得去的就是红崖子沟公社。那里有一条很大的沟，沟里的水很浅，喝水、洗衣服都得靠沟里的水，每天早晨，人们挑着担子或赶着毛驴到沟边取水。沟里水虽然不多，但又怕下雨，下雨就发水灾。

胡思得喟叹：在那个地方他见到了最典型的吃苦耐劳的中国农民。他发现好多人只有一身衣服，老太太们的那身衣服可能还是结婚时置办的，褴褛的衣裳和人们额上深深浅浅的皱纹一样，都诉说着生活的艰辛和岁月的痕迹。到冬天人们就一件皮袍子，工作组去的时候已经是三四月份，天已经热起来，可是人们还都披着皮袍子，开会时他们就一屁股坐在泥地上，毫不在意。

因为缺水，每天去河沟里担来的水只够吃，根本没法洗澡。在那里四个多月，胡思得就没洗过一次澡。

到了红崖子沟后不久，他先后当了两个工作组的组长。他住在一户姓杨的农民家里。那户农民祖辈是南京人，犯了事从南京发配到青海。杨家住的是土墙围起来的四合院，院子挺大，但只起了两间房子，一间是女主

---

① "四清"运动，指1963—1966年上半年，中共中央在全国城乡开展的社会主义教育运动。运动的内容，前期在农村中是"清账目、清仓库、清财物和清工分，后期在城乡中表现为"清政治、清经济、清组织和清思想"。1965 年 1 月 14 日中央印发《农村社会主义教育运动中目前提出的一些问题》。这个文件是 1964 年 12 月全国工作会议讨论制定的，它纠正了在农村社教运动中打击面过大等问题，首次提出了要整顿党内那些走资本主义道路的当权派。文件规定城市和农村的社会主义教育运动，后简称"四清"运动。见：《人民日报》数据库。

人带女儿住，男主人及其儿子和胡思得住在另外一间。房子也不干净，炕上有跳蚤，头一晚胡思得压根没睡着。后来，他发现跳蚤不是稀罕物，每逢工作组开会，大家都低头翻衣领，"扪虱"而谈。

刚到大队时，他听不懂当地老乡的话，如"水"念成"非"，"白开水"叫"清汁"，"听不懂"叫"挖不响"，后来时间长了，慢慢也就听懂了。

他住在老乡家，老乡吃什么，他就吃什么，伙食就是青稞面。每天早上吃青稞面糊，中午是青稞面的面片，没有什么弹性的很小的一片片面片，汤里飘着几片菜叶子，见不到一点油花，天天如此。

老乡有时候拿出来一样铜制的带盖的模具，把生的青稞面团放在里面，丢在火坑里烤制"锅盔"，烤好后打开来就像面包一样香，但是不吃，要放在他们炕边的柜子里，放一个多星期，闻到酸味了才拿出来，拿出来时又硬又酸，甚至还会长毛。长毛了一般人也吃不着，只有到山上去背肥料的人才能带着。耕地全在山上，到山上去施肥很辛苦，早晨出门，直到晚上天黑了才回得来，当地人把这一项辛苦的劳作叫"背灰"，"背灰"人中午就吃这个青稞锅盔，扛饿。

大概是因为环境艰苦的缘故，这里的鸡生的蛋也小得很。小鸡蛋老百姓也舍不得吃，偶尔下了一个就赶紧卖给合作社，换一些盐、灯油之类，人们有时还花3分钱买一本《为人民服务》缩小版的单行本。

村边虽有一条乡村公路，但很少见到汽车。除了队部有一个广播喇叭，老百姓家里都没有收音机。有老乡告诉胡思得，"土改"那年见过"工作人"（指上级干部），直到这次才又见到，十多年来再没见过别的"工作人"。

他算是见识了青海的艰苦，见识了中国农民的朴素与忍耐。

工作组一般白天与老乡一起参加田间劳动，到晚上召集大家开会宣讲政策、做发动群众的工作。他们要查处的是当地干部"四不清"问题，主要是指"三年困难时期"有些干部利用职权多吃多占的问题。根据群众揭发和自己交代，实事求是地核实后进行退赔，取得群众谅解后，有的人仍然被选为大队干部。

这里没有电灯，开会时只点一盏小油灯，仅够宣读文件时的照明。老乡们都席地而坐，每个人大口大口地抽着旱烟，房间里顿时烟雾弥漫，根本看不清彼此的面孔。轮到老乡发言时，初来乍到的工作组对情况不熟，再加上听不懂口音，所以会议效率不高。在昏暗灯光和浓重烟雾共同作用下，人很容易就昏昏欲睡了，有一天，为了提神，胡思得破戒买了一包香烟，这是他有生以来第一次抽烟，但只抽了两三口，就呛咳不已，最后把所剩的香烟都分发给了老乡。

公社还是很照顾这批"四清"干部的。知道他们平常吃不饱，后来安排一个月集训一次，也就是到公社去一趟，上午听个报告，中午在公社吃饭，可以改善改善伙食。所谓的改善也就是吃一顿有肉的菜，多是西葫芦炒肉片之类。好在公社对肉的供应很慷慨，他们一个人一次能够买一斤肉，中午先吃掉半斤，剩下的半斤带回给借住的老乡家。其实公社不允许带回去的，他们就偷偷往回带。

这样的做法很不健康。中午猛吃一顿后，下午许多人都跑卫生所：长时间不接触油荤，放开吃一顿，肠胃受不了，马上就拉肚子。

1966 年 5 月 9 日傍晚，吃过晚饭后，胡思得正在屋顶的平台上散步，突然听到广播喇叭里传出新闻：我国在西部地区成功进行了一次含有热核材料的核试验。这一消息让他无比兴奋！1965 年的很长一段时间里，他都是在北京参加这一核装置的理论设计工作，这次核试验的目的是为探索氢弹热核材料的性能，这一好消息令他无比渴盼赶紧回到科研工作中去。

到六月份，"文化大革命"开始了，上面来通知，让"四清"工作赶快结束，工作队员都要撤回去搞"文化大革命"。胡思得赶紧结束了自己这边的"四清"。

相比胡思得这边的顺利，一起下乡的同事刘嘉树遇到了麻烦，撤不出来了。

刘嘉树工作的地方要富裕一些，但富得也有限，一开始"四清"，清出好多富农、地主。其实哪有那么多富农，无非是稍微宽裕点，和别人结了点仇，就被打小报告，一收到报告就得立案调查、取证，结果搞得太多了，最后大家都要撤，刘嘉树的工作没做完，撤不出来。胡思得他们就去帮他，三下五除二，把工作结束了。

几个月的共同生活让老乡和工作组产生了情谊，一旦离别，彼此都依依不舍。有一位老乡偷偷将自己养的羊宰了，煮了一大锅羊汤，执意请全体工作队员吃顿饭。按纪律，工作组是不能"赴宴"的，但盛情难却，何况汤已煮好，不去不仅浪费食物，又辜负了老乡的一片心意。但他们没想到的是，羊肉汤实在不好喝，估计老乡自己家也很少烹饪羊肉，不仅膻腥，还漂浮着些许羊毛。但他们一点也不能显露出难以

图3-4　2023年9月5日，胡思得回访当年四清驻地
（胡思得提供）

下咽的表情，很快就喝了下去，为了不增加老乡的负担，临走时还留下了一笔钱。

胡思得离开后就回到繁忙的工作中，无缘再赴故地，但他一直还关心红崖子沟和那里的人们，后来他在网上得知那里建了发电站，经济发展起来了，农民生活有所改善，他挺为那些朴实的人们高兴。

直到2023年9月，他才利用一次学术会议的空隙，回访故地，此地已旧貌换新颜，他大为感慨，也十分高兴。

感受草原上的"文化大革命"

回到221，六月份已经快过去了，所见之处是一片热火朝天的景象。

一是抓氢弹的生产，大家都在争分夺秒地工作。虽然草原上已经出现了大大小小的"造反派"，而且相互间争斗得很厉害，但哪一派都在振臂高呼"一定要把氢弹搞出来"，德高望重的王淦昌先生也出面给大家做工作，鼓励大家齐心协力研制中国的氢弹，这一点共识还是有的，所以谁也不敢不认真工作。经常出现这样的情形：白天游行、互相批斗，晚上又聚在一个办公室、一个车间里干活。每一派"造反派"，都摆出了热血沸腾、

身体力行的架势，都认为谁耽误了氢弹生产谁就犯了大罪，每一派"造反派"也都觉得自己就是抓革命、促生产的模范。

另外一片热火朝天的景象就是武斗。"造反派"说：毛主席教导我们，星星之火，可以燎原。于是草原上很快也就四处点火，刚开始的游行和辩论很快演变成持械武斗。

当夺权、武斗和停产风波开始殃及核武器研制工作，毛泽东、周恩来等中央领导人对核工业采取了一系列保护措施。从 1967 年 3—11 月，毛泽东、周恩来、叶剑英和聂荣臻等中央领导人，向核工业主要生产厂、研究所和建设工地连续签发 22 份电报，仅周恩来总理就签发了 11 份。电报一致明确指出：这些单位的"文化大革命只能在业余时间进行"，各个群众组织必须按照"行政单位调整改组""不准夺权""不准停产""不准串联""不准武斗"，"保证工厂绝对安全，保证工厂稳定生产"。同年 6 月至 8 月中旬，中央三次派出调查组，到 221 基地和酒泉原子能联合企业了解情况，制止武斗，维持正常生产。这些措施，大体保障了"文革"初期核武器研制工作按计划正常进行。但是随着运动的开展，草原上不可避免地乱起来①。氢弹就是在这样艰难的情况下生产出来的。

1967 年 5 月，为了使科研生产正常运行，确保氢弹试验顺利进行，毛主席亲自签发电报，命令 221 厂暂停大鸣、大放、大辩论和大字报（简称

---

① 据《深切怀念国防科学技术事业卓越的领导人聂荣臻元帅》记载：1967 年 2 月 22 日，九院在 221 基地召开有院领导和科技专家参加的 1967 年科研生产计划会议，会议第二天，西宁市发生了致死 100 多人的大规模武斗，设在西宁市的核试验基地技工学校也有部分学生卷入，导致 221 基地的两派群众组织之间的对立加剧，221 厂内秩序混乱。九院向国防科委报告后，中央非常重视，聂荣臻元帅亲自向周恩来总理做了汇报，并提出对 221 基地实行军事管制。周总理同意聂帅的提议。国防科委转请空军派出飞机将参加会议的科技专家转移到北京。3 月 2 日，聂荣臻元帅接见刘杰、李觉、朱光亚和陈能宽等人，安排在京西宾馆召开计划会议。3 月 4 日下午，周总理和聂帅在中南海接见了 221 基地两派群众组织的代表，宣布国务院、中央军委决定对九院全基地实行军事管制（3 月 5 日由聂帅签发《国务院中央军委关于 221 厂实行军事管制的决定》），221 基地不得夺权、不得串联，"文化大革命"只准在 8 小时工作时间之外进行，违者将受纪律处分。聂帅还宣布由解放军 8122 部队司令员任 221 基地军管小组组长。221 基地实行军管后，两派群众的对立情绪有所缓和，在军管小组领导下，逐步恢复了正常的秩序，大多数职工积极投入氢弹的研制工作。见：《朱光亚院士八十华诞文集》编辑委员会编《朱光亚院士八十华诞文集》，原子能出版社，2004 年；周均伦主编，《聂荣臻百年诞辰纪念文集》，解放军出版社，1999 年。

"四大"）。6 月 17 日，氢弹爆炸试验圆满成功，两派群众各自搞了盛大的庆祝游行。不久后，"四大"在 221 厂恢复，全厂科研生产立即完全瘫痪。七八月间甚至出现两次流血武斗。

24 室里虽然也分为两派，但大家的精力还是聚焦在工作上，派系斗争不严重。机关和其他部门的工人闹得厉害。这时期，理论部临时来出差的同志不清楚情况，吃了不大不小的亏。

从北京过来出差的同志，应 221 同事的邀请介绍了一些北京的运动情况。221 厂某"造反派"得知后不高兴，说理论部的人讲话有问题，不能放他们走，声称"在什么地方放的毒，就应该在什么地方消毒"。

胡思得不能让"造反派"找理论部同志的麻烦，就和同事们想办法掩护他们，先把出差同志的行李悄悄转移到胡思得的办公室，然后伺机找了车送他们出去，一直送到火车站月台上火车，跟地下工作者似的。

这一时期，胡思得也经常回北京出差。他是带着愁绪与苦闷回去的，他觉得自己的知识已经"老化"了。1963 年秋，上草原的任务是搞原子弹，而现在已经转而搞氢弹了，氢弹研制他们没参与太多，可以说有很多地方不懂，他感觉自己的知识储备严重不足。所以，他向邓稼先提出来要回理论部，最好整个小组都撤回来。

他对邓稼先说："我们从头至尾参加了我国第一颗原子弹的突破，对原子弹的知识比较了解，但现在院里的任务重点已经转移至氢弹和核武器的小型化，我们没有亲身参加这一阶段的工作，难以继续承担理论联系实际的任务。"

邓稼先当然很支持他们回来，但是实验部的领导不一定愿意放人。"文化大革命"搅得整个国家都乱了，理论联系实际小组的事谁也做不了主。一拖拖了一年。后来朱光亚主任知道了，说可以支持他们回去。正好那时吴际霖[①]复职，胡思得他们就去找他反映情况，吴际霖考虑后表示同意，他们赶紧抓住这个机会调回理论部。

拿到调令已是 1967 年 7 月，第一颗氢弹试验已经圆满成功了。

---

① 吴际霖，成都人。1958 年 1 月 8 日，三机部党组决定设立第九局，暂定李觉任局长，吴际霖和郭英会任副局长，负责核武器研制和基地建设。

第四章
春雷声声

研 制 核 武 器

1967 年 7 月，胡思得和同伴们（除个别同志另有个人原因暂留 221 厂，其他人员全部调回）告别西北回到北京。不久后，理论部改称（九院的）九所。从此以后，如果要再与 221 厂联系实验和从事别的工作，九所只派临时性小组出差。

图 4-1　20 世纪 70~80 年代胡思得的学习笔记

四年前他抵达金银滩时，寒风呼啸，白雪皑皑，当四年后离开，草原正芳草萋萋，百花盛开。四年前他情绪高涨，西行路上一直憧憬着在前线奋斗；四年后，他怀着对自己的知识储备可能已经陈旧了的担忧，坐上了东归的列车，更念及妻子和出生后就没见几面的女儿，他是如此依依不舍、无限牵挂又归心似箭，几番复杂的情绪交相侵袭，令他心中百味杂陈。

回到所里，他被安排到三室刘成安的研究小组从事氢弹主体设计，后来很快被任命为三室的副主任。

他首先集中精力学习氢弹的知识，决意"补上这一课"。另外，他还分担一部分室里的科研管理，协助主任抓科研任务。那时，九所也实行了军事管制，军宣队、工宣队进驻各室，科研室改称连队，这是九所一段特殊的时期。

1970年前后，胡思得负责设计我国第一代核武器中最小型的氢弹"初级"部分，也参与负责这个氢弹"次级"部分的理论设计。

据《中国军事百科全书·核武器分册》记载：

> 氢弹包含有"初级"和"次级"两部分。用来为自持热核反应创造条件的、专门设计的起爆核装置，称为"初级"。发生热核聚变反应放出能量和中子并诱发重核裂变反应放出更多能量的氢弹主体部分，称为"次级"。

"初级"是氢弹小型化最重要的部分。在设计第一代核武器中最小型的氢弹"初级"时，为了提高它的性能，在结构上必须有重大的改进。当时的难度在于没有可用的二维数值模拟程序，而各个方位的结构变化对核装置性能的影响非常敏感，理论设计面临着很大的技术挑战。这部分科研工作的主要合作者有王伟（科研组长）、陈绍华、曹菊珍、钟源忠、魏振典、胡锦、徐南仙、张世平和周德忠等。

由于前几个型号都很成功，无论是理论人员还是实验人员，在心理上有点"轻敌"，对密布在前进道路上的各种"拦路虎"缺乏警惕。最初提交的方案，从理论到实验，改进的步子都过大，以致给内爆过程带来了严重问题，使一个关键动作出了毛病。

胡思得回忆说：

当时前面几次核试验都非常顺利，搞小型化因为要小，就要求性能方面有比较大的改进，所以我们无论是在理论上还是实验上，迈的步子太大了。其实核武器这东西就像在悬崖上行走，一不小心就掉下去，我们胆子太大了，就一下子走远了。[①]

当时做了三次点火出中子的冷试验，三次的结果都不理想。

军管会抓住"三炮不出中子"这个事件上纲上线，搞了个"学习班"。好在九所科研工作的负责人是邓稼先、于敏等专家，坚持认为三次试验不理想只是技术问题，不存在政治问题，在政治高压下保护了胡思得，令胡思得十分感动。

在随后一年多的时间里，胡思得在于敏的带领下，深入加工车间和实验现场，理论紧密联系实际，与实验科技人员密切配合，澄清了问题，寻找到了解决途径，提出优化方案。

为保证产品关键动作的成功，必须克服特殊构型对产品性能的影响，他巧妙地对一些零部件的作用时间进行了相应的调整，对公差的研究和控制更为精细，效果明显，圆满通过爆轰试验验证。后来又多次经受住核试验的考核，该方法从此也成为这一类产品的主要调节手段之一。

他们设计的这个氢弹装置，最终通过定型，装备了部队。这项工作的重要意义在于，实现了第一代氢弹在当时条件下的最小型化，实现了我国核威慑力量跨越式进步。

从挫折中爆发力量，从曲折中求索前路，从失败中吸取教训，从失利中学习经验，这是脚踏实地的成功之路。

"学 习 班"

"三炮不出中子"，是胡思得人生经历中难忘的一段。

---

① 胡思得访谈，2018 年 7 月 12 日，北京。资料存于采集工程数据库。

1970 年年底到 1971 年上半年，对他而言，非常难熬，但也极有收获。因为"三炮不出中子"，氢弹初级小型化之路一时遇到挫折。本来是一个单纯的技术问题，可以通过深入研讨来寻求解决，但那时的政治气氛十分不正常。九院被军管了，要抓阶级斗争，所以把技术问题上升到政治路线斗争。

那时候在 221 基地有所谓"三大反革命案件"[①]，这时又有三次试验不理想、不成功，军管干部就把它们联系起来，问有没有阶级敌人搞破坏，还搞了个"学习班"，九所这边由邓稼先、于敏带队，胡思得、朱建士、张本爱、刘文成等 30 多位九所同志都被拉去参加。

当时把持 221 的是国防科委的赵启民和林彪党羽赵登程，分任军管组组长和副组长，221 基地的群众私下里称他们为"二赵"。"二赵"扬言，要在这个学习班里抓几个反革命分子。

九所在北京，虽然也被军管，也有抄家和批斗，但是高压程度不能和 221 基地相比。胡思得等人在 221 感受到的气氛相当紧张甚至恐怖，因所谓的"三大反革命案件"，抓了好多的"特务"，经常开现场批斗大会，大剧院成了批斗会专用场所，"学习班"的同志也被要求去参加，去接受现场教育。

有一次的批斗会不在大剧院，而是在广场举行。胡思得他们到达会场后发现，广场周围几幢楼的楼顶居然架设了机关枪，黑洞洞的枪口居高临

---

① 1969 年 11 月，青海核武器研制基地（221 基地）在向三线地区转移过程中，连续发生了热电厂电缆线短路、第二生产部 229 车间炸药爆炸、实验部七厂核心机密文件"丢失"三起事故，当时，赵启民、赵登程分任军管组组长和副组长，"二赵"把单纯的责任事故或查无实据的事情上升到"反革命案件"，炮制了"三大反革命案件"，关押大批科研人员，实施政治迫害。1975 年 11 月 8 日，国防科委、青海省委、公安部驻厂联络组等单位在 221 基地群众大会上联合宣布所谓"三大反革命案件"的罪名纯属捏造，是对广大革命群众的栽赃陷害。见：任益民、胡思得、王菁珩口述，侯艺兵、曹治炜访问整理《亲历者说"金银滩传奇"（下）》，湖南教育出版社，2018，第 378 页。

《中国工程物理研究院大事记》对此历史事件的记载：1974 年 12 月 30 日，国防科委、公安部、青海省委联合向国务院、中央军委上报《关于对 221 基地"三大案件"复查情况的报告》。报告指出："二赵"定的"三大案件"并非政治性破坏，而是设备责任和技术安全事故，原七厂区"窃密"是个假案。中央领导批示：同意报告中的意见和结论。

下地"俯视"着这一群无辜的科研人员。那次拉出来几个"反革命",挨个批斗,一轮轮地喊口号,然后宣布把这几个人立即拉到刑场上去执行死刑,底下参会的群众也不允许离开。等了一会儿,刑车开回来,车上果然少了一个人,被枪毙了,其他几人是陪绑的,这一遭走下来已是失魂落魄,拉回来还继续批斗。

这种恐怖的气氛下,科研人员人人自危。胡思得见到过有一位实验人员,因为出身贫苦农民家庭,被军管干部特地挑选出来,在爆轰实验时担任操作起爆按钮的任务,但他唯恐出错挨批,手指在按钮上不停地哆嗦,现场指挥只好命令暂停,把他换了下来。

当时,大家就是在这种气氛下办"学习班"。

大概是因为从事核武器理论研究,骨子里就尊崇严谨,他们的"学习班"办得极为认真。大家首先还是从具体科研工作中找问题,而不是追究什么"修正主义的科研路线问题",这就引起军管干部的不满。一位军管领导感叹说,"看来要在理论部内部爆发革命是不可能的了"。于是在学习班里"掺沙子"——挑选一些工人和解放军加入,这些人都是军管干部信得过的积极分子,开会讨论时他们就坐在边上旁听。

一天晚上,邓稼先把学员召集起来,请于敏分析这个不理想的缩小型的"初级"和以前已成功做出来的型号有什么差异。大家围坐在一起,听于敏逐一分析研讨,最后于敏实事求是地得出结论说,这几个模型的一维结果差别不是很大,应该是二维的问题。

学习班里的积极分子当然也在座,于敏说得很专业,他们也听不懂,但是听到于敏做出了个这样的结论:这个模型跟以前成功的模型差不多。他们中有别有用心的人听出这话不对:老于居然说这个模型没什么问题!本来定调这是政治斗争,而老于却说是技术问题,是业务问题,这个说法跟军管的调子不一样,立即就有人通报给上头。

很快,一个军管小干部赶过来,把于敏叫出房间,警告说:"老于你说话要小心!"

于敏因突破氢弹原理的卓越贡献而受到科研人员的普遍尊敬,可是显然,军管干部评判人与事另有一套标准。尽管当时承受极大压力,但于敏还是坚持这是技术问题，应该从技术层面解决。

过了一两天，于敏对胡思得讲起了军管干部对他施加的压力。胡思得永远都记得：

> 老于说："我当时压力很大，如果我说句假话，很容易轻松过关，但是真这样做的话，我就对不起科学，对不起历史，我宁可现在挨整，也绝对不说违背真理、违背科学的话。"

> 这话现在听起来，大家可能会觉得这不是应当的么？一个科学家当然应该说真话。但是在当时的情况下，他这样坚持科学求实的精神是顶住了极大压力的，学习班里经常提溜一个人起来批评，当时批评的矛头已经指向陈能宽了，所以如果他当时说个假话，很容易过关。老于令我非常感动，对我的影响是相当深刻的，对我鼓舞相当大。我总记得老于说的，我们一定要去追究问题出在什么地方。从此我把于敏当作自己处世立业的学习榜样。①

不仅于敏保护胡思得，邓稼先也把责任往自己身上揽，在大会上公开做检查。室里的同志也都保护他。本来军管干部想抓胡思得作为一个批判的典型，他自己也觉得这次不被打成"反革命"，也得是"反动学术权威"。那时候胡思得是科研室副主任，但室里的同志对军管干部说他就是小组长一个，军管干部想找一条"大鱼"，觉得小组长职位太小了些，所以在大家的保护下，胡思得逃过一劫。

邓稼先和于敏那时也很无奈，要安排同志们工作，也必须要让军管干部满意。胡思得回忆，邓稼先和于敏住一间房，有一天晚上写检查写得苦恼，他们把胡思得叫过去"挨骂"："胡思得，明天我们要做检查了，你说怎么办？罪魁祸首就是你！"胡思得只得赔笑说："是是是……"

邓稼先抽烟，于敏和胡思得不抽烟。邓稼先烦了，抽着烟唠叨："军管干部说九所人理论脱离实际，说理论部是'修正主义部'！我们这么重视

---

① 胡思得访谈，2018 年 7 月 12 日，北京。资料存于采集工程数据库。

实验，还说我们理论脱离实际？"接着又嘱咐："这话别跟外面说啊，明天我还得这么做检查。"

没办法，他们即使再憋屈也只能违心地认错，至少有一条，理论联系实际做得不够。

后来，这件事情被中央知道了。周总理专门为"学习班"做了指示：搞"学习班"的目的是总结经验，以利再战。

总理的批示传达到基层，定了这么一个方向：不是抓阶级斗争，新动向不是批反动学术权威，而要总结经验，还要攻克具体问题。"学习班"很快就结束，前后花了两个月的时间。

"学习班"解散了，工作要继续，"三炮不出中子"的问题必须解决。1971年初，九院组建了一个作业队，让从事理论研究的九所同志和从事实验的同志一起来破解难题，于敏带着胡思得、朱建士等人留在221，他们在草原上克服政治困境与科研困境，逐步深入具体工作。理论和实验都有不足之处，大家齐心协力想办法，一处一处地改进，冷试验前前后后做了七十多次。

于敏带着他们深入到实验和加工生产第一线，他们不但亲临现场细心观察、了解细节，还共同设计实验方案。他们是如此深入实际，有时做实验之前，测量人手不够，他们就自己亲手去测量。这使得他们对结构设计与加工过程中的各个环节、对零部件加工的难易程度有了第一手的了解，在心里对公差控制更有了底细。他们和实验、设计及加工人员一起，在困难的条件下，团结一致、实事求是、加强分析、尊重实践，终于澄清了技术问题，并且找到了改进的设计方案。

为了克服特殊构形对产品性能的影响，他们应用冲击波的整形理论，调节一些零部件的作用时间，把一个难以整形的长波改造成容易整形的短波，效果非常明显。到春末夏初，最后一次冷试验圆满地解决了以往的问题，所有的改进都在这一炮上体现出来。

这小半年和于敏一起工作的经历对胡思得产生很大影响，于敏先生科学求实的治学态度、无私奉献的一腔赤诚，让他感受到什么是真正的大家风范。

有一次，为了等实验结果，又累又倦的于敏不讲究地裹着皮大衣躺倒在走廊一角，年轻人劝他先回宿舍，他却不肯，因为他放心不下，要第一时间看结果。

图 4-2　爆轰试验场碉堡
（吴明静 摄于 2023 年 9 月）

其实那个地方早已被污染了。有个军管干部，随手拿了一个"小球"悠着玩，一不小心就甩出去了。"小球"放射性并不太厉害，但总归有放射性，甩出去后摔碎在草地里，大家走来走去寻找，放射性黏土粘在鞋底，又被带到工号里，所以实验室过道走廊实际上是"脏"的，但是胡思得他们不知道，常常在那个过道里等结果，甚至躺着休息。

最让胡思得这些年轻人动容的是，于敏那时候的身体非常不好，他的高原反应相当严重，吃不下饭。人们说于敏是"人在 221，吃的是 122"——早上打饭打一两，中午二两，晚上二两，饭量本身就少，还经常吃不下去，身体也就十分虚弱，还休克过去好几次。

图 4-3　爆轰试验场碉堡内景，疲累的于敏先生曾躺在这样的一条走廊里等着实验数据（吴明静 摄于 2023 年 9 月）

九所同志到 221 出差，住宿和工作的场所安排在院部大剧院边上，去分厂和车间有一段距离，有时候有车坐，没车的时候就得自己走。好几次走在路上，于敏难受得直呕吐，他是忍着极大的不适坚持工作的。

在问题解决后回北京的火车上，似乎是身体硬挺到了极限，于敏终于撑不住了，病得很严重，下了火车就住进医院。

他们无私无畏的付出得到了收获。核试验紧锣密鼓地安排在 1971 年

11月，这次试验终于获得了圆满成功。

在核试验之前，胡思得回到北京，他有幸跟随朱光亚、邓稼先去人民大会堂向周恩来总理汇报工作，参加汇报的还有二机部刘西尧部长、二炮张翼翔司令员等领导。这是胡思得第一次近距离见到周总理，心情十分激动。

朱光亚主任向总理详细汇报核装置的研制过程，以及核试验现场的各项准备情况。其间周总理提了一个问题："如果飞机投弹投不下来怎么办？"这个问题他们事先没有考虑到，朱主任表示会后赶紧研究。说来也巧，核试验时真的发生了弹体不脱钩的情况，连发三次指令，均没有成功，指挥部按照预定应急方案，命令飞机返航，实行带弹着陆。朱光亚等都在指挥部焦急等待，一直到飞机安全着陆，悬着的心才放下来。事后总结，大家由衷地感谢周总理的提醒，使得指挥部及时制定应急预案，在庆幸之余，也进一步体会到落实总理"周到细致、万无一失"指示的重要性。

这次汇报很顺利。周总理仔细询问了试验的其他准备情况，他看着名单问："胡思得同志，你是不是要去试验现场？"胡思得赶紧回答："报告总理，这次我不去现场，按分工我留守在北京。"这是他唯一一次与周总理的对话，周总理镇定自若、和蔼可亲的风度给胡思得留下深刻印象。

这次汇报还有个意外收获，他提前获知了林彪覆灭的消息。林彪出逃的"九一三"事件发生后，并没有在第一时间对外披露，但是在这次汇报中，周总理谈到221厂的"运动"情况，严厉批评了"二赵"的破坏性做法，还提到林彪出逃前，某死党在某次会上魂不守舍的样子。

这些情况当时未向社会公开，会后胡思得只悄悄告诉几个知心朋友。但这条消息和总理的讲话对九院实在太重要、太鼓舞人心了，很快就传播到全院，备受"运动"折磨的人们，内心开始浮现希望，脸上也多了笑容。

11月，试验非常成功，很快定型并装备给部队，至今仍在服役，在国庆70周年阅兵式上曾经展示过。

深化认识　勇挑重担

20世纪70年代初，九所在调研国外资料后认识到，新型核武器已经成为核大国的研制热点，由此得出的调研结论是：新型号武器是否适合中国的战略需求有待进一步论证，但其中的物理过程值得深究，并将有助于我国核武器科学研究的深化和技术的提升。

于是，新型号武器的研制列入发展规划。

九所安排2~3个科研室承担新型号研究任务。胡思得负责领导设计"初级"。那时，他在王德礼研究小组"蹲点"。

一开始，大家对新的武器机理的认识还处于摸索阶段，认为新型号武器中引发聚变反应的"初级"的威力比较低，那么设计时只要减少一些核材料装量就可以了。于是，在设计时就直接沿用了已经经过其他型号试验考核的程序、参数。

为了慎重起见，在与主体结合之前，先单独为"初级"安排了一次核试验来进行考核。结果出乎意料：威力比理论预期值低得多！

又一次遭遇曲折，胡思得的心态比起之前却要沉稳许多。他牢牢记得周光召的嘱咐，紧紧抓住试验结果与理论不一致的地方。他仔细推敲了试验数据的准确性和精度，发现它们基本自洽。在确认了试验值之后，他发现，试验值与理论值之间的差别远远超出误差范围，只能从理论设计中查寻可能存在的毛病了。

其实，这个系列的"初级"，已经经受过多次核试验的考核，性能是稳定的。因此必须从引入的改变中去思考问题。胡思得发现，由于核材料装量的减少，核材料的压缩度大有提高，这是其他"初级"从没有达到过的压缩度区域，因此必须对这一区域的状态方程进行仔细审核。很快他发现这一区域的状态方程已经远离动力压缩实验的范围，它是靠托马斯－费米理论加上某种修正之后向下外延得来的。刚巧在不久前，有国外文献报道，这种修正会使重金属在某一压缩度区域的状态方程表现"偏软"，即变得容易压缩，随后他又将其与铅的实验结果做了对比论证。胡思得抓住这一线索，运用他早期搞过状态方程的经验，对核材料在这一区域的状态方程做了细致推敲，其间还发现了一些不当的近似，经过改正和重新处理，提出了一套新的状态方程以便用于"初级"的理论设计，使理论与实验值的差别缩小到满意的程度。但仅仅做到这一点是不够的，必须还要用新提出的状态方程，去复算以前所有含有这种核材料的"初级"，至少要做到不扩大它们的理论与实验值之间的差别。欣慰的是这个目标达到了。

就这样，他从理论与实验的结合上，解决了低威力"初级"在设计上的问题[1]。

这部分工作，后来经过提炼，形成了他晋升研究员的科研报告。

与此同时，他还研究了低温下辐射输运的特性。在于敏的指导下，他将理论与大量实验结果进行细致对比分析，对特殊材料的辐射自由程和计算步长与分配等问题提出了许多重要的见解，推进了新型号武器的研究。

这一时期，除了新型号武器"初级"的设计，胡思得和研究小组还配合张信威[2]关于聚变物理的一个创想，做了一段时期的工作。由于实验装置的"次级"结构的精度要求大大超出当时九院能达到的工艺水平，实验结果不理想。为了检测实验结果，他们与实验科研人员共同设计了许多创新的测试项目，实验的测量结果虽然没有达到主要目的，但这些测试项目在以后的核试验中发挥了非常重要的作用。

1969 年之后，根据中央专委的部署，我国的核试验逐渐从空爆转入地下，地下核试验为近距离测试核装置在爆炸过程中的各种状态和性能提供了机会。从那时起，胡思得把更多的精力投入到近区物理测试诊断的理论设计上。他领导的团队，负责设计氢弹"次级"中几个关键部位温度和辐射输运特性的诊断。

他们采用 X 光和高能中子两种不同原理的技术手段进行比对测量：利

---

[1]　胡思得：《为国家安全而奋斗：胡思得院士文集》，中国原子能出版社，2018 年，第 21 页。
[2]　张信威，爆轰力学专家，2005 年当选中国工程院院士。

用地下核爆炸测量材料状态方程和辐射自由程；设计附加"小囊"，测量核装置特性等。经过精心策划和模拟计算，反复与实验人员磋商，在第二次上场时，就双双大获成功，获得的数据清晰完整、精度较高，两种不同原理的技术手段所得出的结果能相互自洽、基本重合，为诊断氢弹性能、深化武器物理的规律性认识提供了宝贵的信息，为地下核试验的近区物理测试添加了重要的技术手段，也进一步推进了武器研究。

这个科学试验理论设计项目，获得了 1985 年的国家科技进步奖二等奖，胡思得排名第一。主要合作者有王德礼、陈行良、王顺兴和李乃瑻等。

由于在其他试验中得到推广，1987 年"核试验诊断理论的重大进展"获得国家科学技术进步奖一等奖，胡思得排名第七，主要贡献者还有于敏、周国祥和刘恭梁等。

在此期间，胡思得还担任了国防科工委核试验专家组近区物理测试专业组负责人和核试验专家组主席。

1984 年，胡思得被任命为九所副所长。

他在成长中，很早就提炼出了关于组织和管理科研工作的体会。

九所是个人才荟萃的地方，具有鲜明独特的性格的人比比皆是，甚至不乏恃才傲物、不拘小节、任性放诞之人，发生过不少颇富戏剧性的故事，但由科研组长一步步成长为室副主任、副所长的胡思得，个性偏偏一直平稳柔和。

他待人诚恳和煦。在与同事共处中，他乐于去发现和学习别人的优点，认为这样不仅有利于自己的成长，更对形成一个和谐而有战斗力的群体有很大意义。在长期工作中，他清醒地认识到，核武器研制这样的大科学工程，不能靠单打独斗，一个人即使有再大的本事，也需要同事们的支持和配合。

他走上领导岗位后，给自己布置了一项重要工作，就是去发现每个共事者的优点，然后知人善任、量才适用，尽量让他们在合适的场合、有合适的机会去充分施展才能，充分发挥积极性。他认为，在核武器研制集体里，应该有一种互相学习、互相尊重的学风和工作作风，要能凝聚共同目标，只有把大家的积极性调动起来了，劲往一处使，才能使集体变得坚强有力，就可以更好地完成任务。

他自邓稼先、周光召、于敏和黄祖洽等处得到过鼓励与支持，现在他又把这种无私的鼓励、信任与爱护回馈给同事们。

因为他尊重同事，尊重他们的劳动成就和应得的荣誉，这样一来同事们都乐于与他合作，愿意和他一起攻坚克难。

在新疆试验场

直到 1973 年下半年，胡思得才有机会亲临新疆核试验场参加核试验。

这一年的夏天，胡思得和九院的领导、科研人员一起向中央专委汇报核试验准备工作，然后一起返回核试验基地。因为这是他第一次参加核试验，所以一直记忆犹新。

胡思得和薛铁辕、徐迺新三人同机离京，到达基地的当天晚上，他们发现九院其他参试人员都已开赴靶场附近的岗位上待命，参观的队伍也已经出发，他们三个人被通知于次日上午搭乘专机前往靶场。

第二天天还没亮，他们搭乘一辆吉普车，车一直开到飞机旁，机组人员过来打招呼，问他们为什么来得这么早？他们也就和机组同志高兴地聊起来，聊着聊着，他们发现司机送错了地方，这架飞机是执行投弹任务的"轰六"，而他们预定要乘坐的是一架停在机场另一端的小型飞机。三人赶紧飞奔过去，手里还提着小马扎，幸好在起飞前及时赶到。

飞机上多是军人，胡思得发现不穿军装的只有他们三人。当飞机到达目的地后，其他人均被相应的部队单位接走，他们三人又被落下了。幸好有一位曾在九院工作过的首长安排解放军医学科学院把他们临时"收编"。他们就先在一个兵站稍事休息，领到了专用的防护服。

吃完午饭后，他们随解放军医科院的车队进入指定区，在那里等待"零时"的到来。

三人都别样紧张、忐忑万分。因为他们是负责核装置理论设计的——

此时，千军万马都在等待，试验结果不能出万一，否则责任可太大了。

不一会儿，他们仰头看到飞机在天空绕圈，绕了几圈后随即投弹。大家被要求戴上墨镜，背向爆心。广播开始喊"10、9、8、7、6、5、4、3、2、1，起爆！"等听到允许转身的命令后，他们摘掉墨镜，首先看到了空中一团白里透红的蘑菇云，过一会儿才传过来如雷般的轰隆声。

他们看到了巨大的蘑菇云，欢喜之情也爆炸般涌上心头，之前一颗悬在嗓子眼的心才安稳落下。

接着他们就跟随着医科院的队伍冲进靶心区，别人在忙着测量和回收仪器，胡思得三人则有时间欣赏着上空飘着的蘑菇云，它在升空过程中越变越大，中间的红芯渐渐变得暗淡，最终融合在天边的云霞中。他的心情特别激动，成功的巨大喜悦也如蘑菇云般在升腾。

他们三人随着回收队伍回到洗消站，在洗消站洗完澡，清理完留存的放射性尘埃后，他们才能回归到院里的参观队伍中。基地的道路崎岖不平，是有名的"搓板路"，他们乘的是敞篷大卡车，前面卡车扬起来的滚滚黄尘朝他们扑面而来。经过3小时的颠簸，下车时人人都成了泥猴。但他们顾不得洗澡，着急去打听核爆威力大小。从各个测试项目传来的信息初步判断，威力接近预估值的上限，这更使胡思得与伙伴们喜出望外，一点点残余的担心烟消云散，大家顿时忘掉旅途的疲劳，分头与实验测试同志去进一步推敲、落实。

在作业队的总结会上，院领导表扬了理论部的设计工作。院里其他部门和221基地的同志，纷纷向他们表示祝贺。这次氢弹试验的"初级"用的就是两年前在221厂改进的设计方案。

喜悦之余，胡思得也回想起研制过程中的酸甜苦辣，特别是两年前参加的"学习班"，想起军管干部对理论部罗织"莫须有"的罪名，不免感慨万分。今天理论工作部向国家交出了一张完美的答卷，他对自己经受过的种种委屈也释然了。

经过几天休整，理论部的科研人员搭乘科工委首长的专机回京。按照传统做法，所领导和出差人员的家属专程在西郊军用机场迎候他们凯旋。

后来，胡思得到新疆核试验基地的次数越来越多。核试验前后，他都有机会参加试验指挥部召开的领导小组会，这让他对核试验工作全局的认识越来越深刻。

1975 年国庆节前夕，他第二次赴新疆马兰基地，参加一次平洞地下核试验。

到基地后，他和同伴们首先去参观平洞。基地工程兵在山底部打通了一条千米长的坑道。大家为这一工程之艰巨、浩大感到震撼。那时候基地还没有机械化，挖洞主要靠工程兵用铁镐、铁锹、手推车等，一寸寸、一尺尺地掘进。可以说，一个洞凝聚着无数解放军战士的血汗。

而一旦想到自己设计的核装置就要在这个洞里经受检验，九所的同志也倍感自己肩上责任之重大。

这次同行的有九所高级工程师宋大本。当时，九所已经搬迁至四川三线山沟，宋大本的夫人是北京的一名医务工作者，为解决夫妻分居问题，他准备参加完此次核试验后就打辞职报告请求外调。然而，这次参观改变了宋大本的计划。

参观之后，大家感叹工程之浩大，感动于核武器事业是一项伟大、光荣的集体事业，宋大本遂改变主意，决定留在九院，继续全身心地投入工作。他在后来几次重要的核试验中做出重大贡献，但于 1988 年不幸因病早逝。胡思得曾专门写了一首短诗悼念宋大本，纪念他的杰出贡献：

《悼念大本》

忆昔南山聚英豪，

君赞平洞工程浩。

立志永驻千秋业，

赤子忠心比天高。

创新勇夺三连冠，

精细妙算倍可靠。

功成雷响君何在？

笑伴邓公[①]听捷报。

这次地下核试验非常成功，绝大多数测试项目都获得了满意的结果，达到了"过地下核测试关"的目的，大家喜笑颜开。

但是也有极个别项目不是很理想，胡思得看见几位项目专家的脸上带着深深的遗憾，有人甚至流下自责的泪水，这个场景让胡思得尤为触动，他更加深刻地认识到国家任务的艰巨与重要。

这次地下核试验也给予科研人员一个教训，平洞试验要考虑地质结构，因为岩石成分不理想，对放射化学样品的取样造成了困难。但因为试验数据太宝贵了，以至于许多同志冒着风险去抢收样品。

从试验场撤回马兰基地的当晚，张爱萍将军在招待所设宴庆功。在宴会中他即兴赋诗一首：

十年重上阳关道，

飞越祁连到马兰。

荟萃南山创新路，

故人相见尽欢颜。

张爱萍将军在"文化大革命"中遭到迫害，一条腿残疾。1975年3月刚复出，领导国防科技工作，10月重返马兰。胡思得见到他时，他拄着手杖，见到阔别多年的老部下、老战友，张将军兴奋不已，又逢核试验圆满成功，喜悦之情，溢于诗中。第二天他在庭院，见到了同样在散步的胡思得等人，得知他们是九院理论部的科研人员，张将军再次向他们表示祝贺。

这次试验之后，我国的地下核试验转移至地质条件比较理想的地区。九院为作业队盖了食堂、浴室和几幢小平房，用于办公和住宿。衣、食、住、行从此有了很大的改善。但美中不足，厕所还是公共旱厕，距离宿舍

---

① 指老院长邓稼先。

很远，极不方便。冬天夜里室外气温零下二十多摄氏度，上厕所必须全副武装后才能出行。胡思得听人说起，有同志为了省事，在大雪纷飞的夜里，只穿一双拖鞋就出门小便，不料拖鞋被冰雪冻住，费了很大的劲才把鞋拔出来。

进入 20 世纪 80 年代，胡思得参加核试验的机会逐渐增多。

理论部的同志到核试验基地主要有三大任务：一是评估装置加工、装配质量对试验结果的影响；二是与承担测试任务的科技人员商议测试量程；三是核爆之后对测试结果进行分析，并对速报结果做出评估、判断。在基地，理论研究人员与实验、工程设计和生产人员有紧密接触、研讨的机会，这使他们对装置工艺质量、实验测试细节试验结果和武器物理过程都有了进一步理解。

在核试验现场参加试验时每一次屏住呼吸的等待，不仅增长了知识，也为理论研究设计人员增添了不少精神动力和心灵感动。

世 事 艰 难

1968 年，九所实行了军事管制，工宣队、军宣队先后进驻各室。"我令少数人欢欣，我给一切人磨难，善善恶恶把喜乐和惊扰一一宣展"，莎士比亚《冬天的故事》中"时间的致辞"，正适用于 1968—1971 年之间的军管时期。

首先来的是工宣队，每个星期一的早上，工人师傅来所里，星期六回去。开始，九所人不知道他们是哪个系统的工人，也不许打探，但九所人向接送他们的司机打听，考证出是新华印刷厂的，厂址在现在的西四环附近。

后来军宣队也来了。工宣队和军宣队来九所的任务是领导"文化大革命"，但工宣队不管业务，军宣队可以接触业务。军宣队的来源比较复杂，空军、海军都派了人来。1970 年胡思得在 221 基地就接待了好几位海军军人，由一位潜艇艇长带队，说他们将来都是要掌握核武器的，也都参加了

"学习班"，后来还跟着一起搞实验。

但军宣队来所里，搞业务工作少，主要组织政治活动，政治运动非常之多。

军管委员会计划批判所谓的"学术权威"。九所最受尊敬的专家、最大的学术权威，当属彭桓武先生，九所人尊称他一声"彭公"。军管委员会就发动大家给彭公贴大字报，而且把贴大字报的区域也划定了。不料，三室一名科研人员俞永明因看不惯军管会的一些做法，在开彭公批斗会的前一天，写了一张批评军管会的大字报。军管会马上把斗争矛头转向了俞永明，发动大家声讨俞永明，给俞永明写的大字报把原本留给批彭公的区域都给占了。第二天彭公来指定区域看自己的大字报，却没见着，那儿的大字报都是批评俞永明的。这个突发事件算是把彭公救了，但是俞永明的命运急转直下、悲惨异常，他被关起来挨批斗，因为不服气、想不通，以至于最后精神出了问题，离开工作岗位回老家休养。

后来，军管干部还安排彭公去扫楼道，进行"劳动改造"。

军管期间还大肆抄家。特别是 1970—1971 年，经常是临近下班时，他们以保密检查的名义，通知马上抄家。军管干部把一些人组织起来，挨家挨户到各家翻箱倒柜，这边出三个人抄那边那些人家，那边三个人抄另外一些人家。大家把各自的房门打开，床屉、柜子和箱子，全都翻开搜查，看看有没有什么东西，结果一份保密资料都没发现，但谁家里一旦有文艺书籍、画册、唱片、西装、旗袍，都被说成是"封、资、修"而被收缴。

胡思得家里的一套《三国演义》和一本崭新的、印有花草的日记本都在劫难逃。

"运动"结束之后，收缴物品理应物归原主，但往往不知去向，只好不了了之。

这样的抄家对知识分子来说是莫大的侮辱。有群众提出，这样做违反宪法，军管干部却在大会上振振有词道："宪法是保护好人的，好人就不怕抄，坏人怕抄。"

面对这样的强词夺理和高压威逼，大家也只好忍气吞声。

滑稽的是，抄家这种事，也能出"现世报"。军管干部和积极分子有意盯着的几个"嫌疑人"家中没抄出什么，反而有积极分子出了问题：那时的报纸上经常印有毛主席头像，有人用印了毛主席头像的报纸包裹皮鞋放在柜子里，被当场翻了出来，这在当时算是大不忠事件，性质可轻可重，顿时闹得鸡飞狗跳。凡举报皆有反噬，可见是一定律。

这一时期的九所人深深感受到，军管干部对知识分子有着不知因何而起、从何而来的成见。有一段时间，胡思得与一位军管干部合住一套宿舍。这位军管干部转业去地方工作，时间仓促，来不及为孩子办理转学手续，就委托胡思得代为办理。事成之后，这位干部专门给胡思得写了一封感谢信，其中有一句："……看来，知识分子中也有好的，你就是其中的一个。"胡思得拿着信，哭笑不得，只好自嘲：就干了这么一件小事，就获得了"好知识分子"的荣誉，真有点诚惶诚恐。

1971 年发生"9·13"林彪叛逃坠机事件之后，军管会陆续退出九院，九院得以重归二机部（后改核工业部）领导。

出差工作 20 年

在 1969—1989 年间，九所有出差工作 20 年的特殊经历。

1969 年底是九所人永远难忘的特殊时期，当年中苏在边境发生冲突，林彪发出"一号号令"，要求九所在内的许多单位立即搬往三线地区。九所军管干部做了动员报告，要求在 11 月底全所一起搬往四川省梓潼县曹家沟。一声令下，除了去干校和少数因工作留京人员之外，九所人全部离开北京，搬迁到四川三线，户口也随即落到四川梓潼。

不料，搬迁到四川省梓潼县曹家沟后，九所的科研工作却突然停顿了，原来是因为曹家沟不具备工作条件，既无计算机，也无法安放计算机。

理论部时期的九所人使用的是 109 丙机。109 丙机是我国自行设计制造的，专为"两弹一星"服务的第二代大型晶体管计算机，九所作为接收方和中国科学院计算机所共同研制，于1967年研制成功。这台机器是当时国内最大、最先进的大型计算机，在九所的科学计算中起到了很重要的作用，据九所所史记载，这台机器投入使用后就直接承担了核武器研制任务。

109丙机自从造好后就放在中国科学院计算所，因为其巨大的体积，计算所特意为之建造了一个200平方米的机房，九所的科研人员算题就到计算机所去。为什么九所的机器不能放到九所？那是因为从研制初期，九所和计算机所都知道，这台机器没法搬动，一动就会出毛病。

不但不能搬动，而且在使用和维护过程中还必须特别小心。因为机器特别爱出毛病，一出毛病就停机，一停机整个计算机所的人都很紧张，大家都得把手头的活放下，率先去抢修机器，九所的工作不能停，大家都知道这一点。

机器的状况是这个样子，气候潮湿的曹家沟无法安置，怎么搬？所以搬109丙机的工作只得停下来。

而此时在曹家沟，因为不具备科研条件，绝大多数科研人员处于无所事事的状态。

刚到曹家沟时还好，大家苦中作乐，有的学打桥牌，有的做煤油炉子，有的用废竹片做衣架、扁担，有的还自己做小板凳，似乎过得挺逍遥自在。一周、两周感觉还行，时间一长，眼看着科研任务停顿下来，而紧张的国际形势又要求他们必须加快武器化进程，争取尽快装备部队。于是，渐渐地，人人心急如焚。

1970年元旦一过，九所领导和职工一致认为不能再这样下去，必须赶快回到北京出差——因为单位已经搬到四川，回北京工作只能算出差。大家认为还是得利用北京原有条件和计算机抓紧工作。

先是单身职工和无牵挂的双职工回到北京。有小孩的双职工，大多是母亲在曹家沟照顾孩子，父亲先回北京。不少同志为了科研工作，把自己年幼的子女送回老家请父母亲帮助抚养。留在三线的同志克服种种困难，尽量为出差同志排忧解难。就连于敏先生也是只身到北京"出差"，和大家一起吃集体食堂，他的夫人则带着两个孩子留在曹家沟待了两年多。

人可以先回北京，但户口已迁往四川。衣物、家具等个人用品可以慢慢添置，只是户口可不是那么容易回来的。这一走一回，仅仅两三个月之隔，九所人员没有了北京户口，意味着北京已经没有自己的家了，九所人只能以出差人员的身份在北京工作生活了。

大家首先发现，住房和部分办公设施都被其他单位占用了。

杨绪河回忆：

> 1969年底九所和院京机关，科办七室、八室搬迁到四川三线后，花园路三号（1975年改为现在的花园路六号）院内的科研办公楼、科研后勤设施以及塔院职工宿舍很快被国防科委后勤部占用一部分。1970年1月开始，九所广大科技人员陆续回到北京出差，期间科研生产和职工生活都遇到重重困难。科研办公室十分紧张，一间大办公室，往往坐一二十人，就像小学生上课一样，一个挨着一个。没有了图书馆、阅览室，科技人员无处查阅资料和阅览图书。[①]

没有北京户口却在北京生活，他们的处境可能比今天的"京漂"更艰难。那个年代，一切都要凭票证供应，哪怕是一块肥皂、一两白糖，没有相应的票证，拿着钱也买不到东西。虽然邓小平特意为九所做了批示"临时户口，正式待遇"，但落实起来殊为不易。和北京市、海淀区的政府部门打交道，是单位机关和后勤部门一项重中之重的工作，毕竟求人总是难的。九所居民日常所需的米、面、油等，定点在某家粮店购买，那粮店的服务对象"平白"增加了几百口人，但因是临时户口，又不能向上级部门申请增加工作人员，只好在九所居民上门时"附赠"若干白眼和抱怨。而北京的市场供应亦十分简薄，且彼时南北物产殊异。1978年12月，美食家汪曾祺在日记中特地记下一笔："北京近来缺菜，肉只肥膘猪肉，菜只有大白菜，每天做饭，甚感为难。"困难情况可见一斑。

日常生活的困难，都难不住九所人。在生活上，这批知识分子要求不

---

① 杨绪河:《从搬迁三线到迁回北京》载北京应用物理与计算数学研究所编《峥嵘岁月》（内部纪念文集），2014，第60页。

多。但最让人揪心的是，没有正式户口，子女的就学、升学和就业，不能在北京解决，只能回户籍所在地四川梓潼解决。

四川向来属于高考难度大的地区，山沟里的孩子读书与就业更是困难重重，院里其他单位的子女倒是可以享受一定的就业"照顾"，在内部"消化"。但是在九所，因为要保持这支理论研究队伍的水平，时任所长李德元制定了个政策：九所子弟，除了到后勤部门当工人，一律不许照顾进入科研室和机关，要进九所就得参照正式用人的标准。当时，尽管户口在四川山沟，但九所还是坚持要所需专业的重点大学优秀毕业生，这一点就把众多子弟拒之门外。就连于敏先生的孩子，虽然考上了大学，但因为不是九所所需专业也得另找工作。因为李德元等所领导说到做到，所以九所研究队伍一直维持超高的能力与技术水平。

九所人员的户口迁回北京已经是1989年的事了。谁也没有想到，九所几百名职工会就此在北京"出差"长达20年之久，至今还没有听说哪个单位打破这个"记录"。

在20年里，我国唯一一支核武器理论研制队伍就在漫长的"出差"中完成了第一代武器定型并装备部队、小型化和新一代武器突破等重大任务。

当九所人硬着头皮解决一桩桩烦恼、尽力恢复正常科研状态的同时，二机部却为了"彻底解决九所搬家问题"，不断向九所派出工作组。

1975年元旦一过，部、院领导就把九所所领导及组长以上科研骨干集中到北京香山饭店举办"九所重返三线学习班"（又叫"香山学习班"），以统一九所领导和科研骨干在重返三线问题上的思想认识。

学习班一开始，先学习毛主席关于三线建设的一系列指示和李先念副总理的一个批示，然后让大家讨论，谈认识、表态度。李觉和赵敬璞坐镇，九院代理院长郭英会以及部分院机关领导也参加了学习班。在学习讨论中，部院领导的观点是：搬迁三线是"香山学习班"的主题。

课题组长也被叫去参加会议，学习班开了一个星期又一个星期，不准请假，周末才允许回家。尽管在那个物资匮乏的年代，去香山饭店参会意味着能改善伙食，但是要把一个星期又一个星期的宝贵时间花在讨论搬家问题上，大家都觉得不值。尤其是有许多一心扑在具体科研工作上的同志，让他们参加学习班，他们觉得莫名其妙，很多人想请病假，不料也不被允许。

除了九所人，401所也有一部分同志被召来开会，部里也要他们搬到四川。401所的同志提出一条意见：四川那边本来有一家搞核聚变的单位了，再搬过去，一山不容二虎。结果显而易见，他们被部里的领导狠狠地批评了一通。

学习班只有搬迁这一个主题，必须要他们表态同意搬迁，最好马上就搬。

九所人明确提出：计算机不能适应三线地区的潮湿环境，没有机器，九所人搬到三线能干什么呢？于是，双方纠缠不清。

就在这样僵持不下的时候，国务院宣布了二机部部长的任命，刘西尧任部长。

1963年，刘西尧曾任二机部副部长，他对九所工作十分了解和支持，那时正值氢弹理论突破时期，他经常到九所实地调研视察，详细了解研究工作进展。当时，二机部有三位刘部长，九所人为了区分，更是出于亲切，称呼刘西尧为"西尧部长"。"文化大革命"一开始，西尧部长就以总理联络员的身份被派往中国科学院。如今，对九所情况比较了解的西尧部长回来了，九所的同志们在学习班上奔走相告，因为一把手是至关重要的人物，可能会带来戏剧性的反转。

果然，"香山学习班"的主题一夜间就变了，刘西尧显然对我国核武器如何赶超世界先进水平更为关切。同时，主持会议的部院领导考虑到香山饭店租金太高，于是就把学习班从香山饭店搬到城里南礼士路二机部招待所继续办下去。九所的同志们悄悄打趣说："总算是搬了一次。"

作为室主任，胡思得不得不全程参加学习班。搬到南礼士路后，他无意中发现附近的小公园有人打太极拳，于是每天早上跑去学太极拳。

到四月底，西尧部长决策：九所暂留北京。学习班以毛泽东思想学习班的名义宣告胜利结束，九所的同志又回到花园路继续工作。

学习班之后，九所成立了新的领导班子。二机部从下属的其他单位调来赵超、韩潮等人充实进九所领导班子任正、副书记，王立欣任行政所长，周光召依旧任业务所长。

上级领导只是同意九所"暂不返回三线"，搬家的命令却没有取消或更改。因此，心知肚明的九所职工私下里戏称赵超、韩潮是"搬家书记""搬家所长"。

赵超书记来所之后，深入群众，他一直住办公室，用餐也只到职工食堂，因此受到职工的拥护。在深入了解到九所具体情况之后，赵超书记也承认：九所当前的确不适合搬回三线。

1975—1978年，九所经历了短暂的平和时期。这期间，科研工作进展较为顺利。

但是到了1978年春，出于种种考虑，二机部和九院领导再次酝酿将九所在京出差人员送回三线。他们认为1975年组建的领导班子在重返三线问题上态度不积极，领导不得力，又对九所党政领导班子进行了彻底改组。

这次改组免去了赵超、王立欣、韩潮和周光召等人的职务并先后调离九所，从九院在川单位调入三名干部任党委正、副书记和副所长①，不愿意当领导的于敏被任命为九院副院长兼九所所长。

声声"搬家"催促终究还是动摇了九所人的心。包括周光召、黄祖洽、秦元勋和江泽培等四名专家在内的一大批科技人员纷纷调离九所，最后，理论部八大主任中，坚守九所的只剩下于敏、周毓麟和何桂莲三人。②

这期间也是九所人才流失最为严重的时期。据统计，约有一半的科研人员调出。人才的流失不可避免地削弱了九所的科研实力，用数学家周毓麟的话来说：从九所调离的数学专业的人数之多，完全可以组建一个计算数学研究所。

---

① 被免职的同志受到了一定的"处分"，如赵超、王立欣被调离二机部到地方任职，适逢国家冻结职工工资近二十年后初次调资，但赵超、王立欣的工资维持原级别，不予提升。九所职工一直很感念赵超这位实事求是的"搬家书记"，总是很亲切地邀请他回所看看。另一件有意思的事情是，新的"搬家书记"到任后不久也收回了一定要搬家的口风。

② 邓稼先已于1972年任九院副院长，1979年任院长。

缺位的父亲

1965 年，胡思得和刘玉清新婚不久，九所同意刘玉清从石油科学研究院调到九所工作，"照顾夫妻分居"。但当时胡思得已经去青海了，他们实际上已经开始了漫长的分居生活，只有胡思得出差回到北京时，才能短暂相聚几天。他们的住房还是打游击式的，全靠临时调剂。

1965 年初夏，刘玉清怀孕了，他们终于排队分到一间住房，是和其他人合住的一套二居室套房，他们夫妻两住较小的一间。刘玉清没喜悦多久，强烈的妊娠反应开始折磨她，几乎整天呕吐无法进食，到医院去就诊，医生也没有太好的办法，只有开休假条，嘱咐她卧床休息。

胡思得很着急，他那时在青海，只有借回北京出差的机会照顾妻子。但他从小就没做过家务，也不太会做事。一个星期日的早晨，胡思得想起别人告诉他，胃口不好，可以喝点稀饭米汤什么来"养胃"，于是他跑到厨房"大展身手"，淘米煮粥，锅坐上了火，他以为大功告成，就回了屋，不一会儿，满屋的糊味，赶紧跑进厨房一看，锅都熬干了，里面的米粒都炭化了！

还有一次，他特地去买了一瓶糖水橘子罐头，在那个物质缺乏的年代，水果罐头是很珍贵的，刘玉清看到也很欢喜，谁料到只吃了两片橘瓣儿、喝了两口糖水，没过十分钟就又全吐了出来。

就在妻子最需要照顾的时候，工作任务一项一项追得很紧。那段时间，胡思得虽然人在北京，但一直在忙于设计、论证一个考核热核材料性能的核装置，而且次年就要试验，任务十分紧急。到了九月份，他又被221厂叫回去"上楼"。厂里命令一下，胡思得也顾不上怀孕在身的妻子，急忙买车票回去。"上楼"难过，"下楼"不易，然后他又被派到青海农村搞"四清"。

单位通知他去搞"四清"的时候，刘玉清已怀胎十月，即将分娩。他向领导提出，是不是可以先回京一趟，待妻子生产后，再去农村。这个合理的要求在那时的政治气氛下遭到了断然拒绝。

3月3日，他赶到西宁大厦参加"四清"工作培训。3月6日晚上，刘玉清感到宫缩开始，合住的邻居帮忙，把她送到北医三院。第二天3月7日下午，女儿胡蕾芳出生了。

大夫问她，谁来办住院手续？刘玉清说家里没有人，爱人在外地出差回不来。大夫感到奇怪，问为什么不发电报？刘玉清说，发电报也回不来。大夫只好帮忙去办入院手续。那时已经过了食堂供餐时间，刘玉清刚生产完，饿得受不了，大夫又去食堂带回些剩馒头和稀饭，刘玉清也不管不顾地把冰冷的食物吃了。

三天后该出院了，家里没人，刘玉清刚调来九所，和同事又不熟，这时候还只能拜托大夫给办公室打电话，同事应桂兰把母女俩接回去。

接回去后，进门就是一间空屋子，没有人帮忙。那时，双方老家只有年纪很大的老人，找不到人可以过来照顾产妇。在生产之前，刘玉清委托同学帮忙找了一位老太太，说好了来照顾月子，老太太掐着时间，出院当天没有来，第二天才来。

那位老太太年纪已经很大了，还缠着足，刘玉清只能安排她每天熬点稀饭，煮点面条。有条件的人家可以想办法去买点蛋、肉补补，但刘玉清对着这位缠足的老太太，也不好意思使唤她进城买东西，最后就拿着产妇特供的鸡蛋票买了两斤鸡蛋。

九平方米的一间小屋，产妇和孩子睡一张双人床，老太太睡一张单人床。晚上刘玉清起来给孩子喂奶，饿得"抓心"，也不好意思叫老太太起来做饭，就自己下床冲点红糖水喝。这种情况下，吃不好、睡不好，也没有多少奶，孩子吃不饱就哭闹，睡不踏实。同事们来看望，说："这样哪行啊，订牛奶吧。"但孩子喝了牛奶总是拉肚子，拉得挺厉害，依然是成天哭闹，出生才42天就抱去医院看病。

刘玉清休息不好，营养跟不上，又因为女儿病弱而焦虑，可是憔悴的她还不得不把情绪控制住。她劝自己：月子里不能哭，都说月子里哭了眼睛会坏的。到孩子满月那天，老太太要走了，刘玉清终于忍不住大哭起来，老太太有点不高兴，说："是我没照顾好你吗？你哭什么？"刘玉清哽咽着说："跟您没关系，您照顾得挺好的，我哭的是我们家自个儿的事。"①

女儿出生的喜讯，一个多月之后才传到在青海省互助县偏僻农村的胡思得处。那时，信息闭塞，通信也很不顺畅，报喜的信件发出一个多月之后才从大队部转来。至于刘玉清待产和坐月子时的困苦，他一无所知。

图 4-4　1966 年底回家第一次见到女儿

直到 1966 年 12 月，胡思得才获准回北京探亲。父女第一次相见时，女儿已经九个月了。女儿坐在床上，很警惕地看着这个陌生人，胡思得小心地挨着床边坐下，女儿就一边哭一边用小手推他。此情此景，年轻的父母心中满是酸苦。此后几天，胡思得一直想方设法逗女儿玩、哄女儿开心，终于得到了女儿的认可。当胡思得终于能抱着女儿哄她睡觉时，不由得心花怒放。

在胡思得结束休假回青海之前，一家三口特意照了一张合影。

1969 年年底，胡思得接到一项紧急任务，到上海出差，突击完成一个小型化项目的论证、设计。

当时，九所准备搬迁到四川三线，刘玉清第二次怀孕，女儿胡蕾芳还小，只有四岁，所里允许刘玉清和女儿暂留北京，等胡思得完成任务回京后再搬。

起初，胡思得和刘玉清觉得能够暂缓搬迁，是一件好事。但谁知刘玉清的遭遇愈发坎坷。

1970 年 2 月底，胡思得完成任务从上海回到北京，军管干部命令立即搬家。木工师傅帮助打制了几个木箱，那时候谁家也没多少东西，他们把

①　刘玉清访谈，2018 年 7 月 9 日，北京。资料藏于采集工程数据库。

衣服、被褥等往木箱里一塞，就动身启程。

　　曹家沟是个偏僻的小山沟，不但不具备工作条件，生活也很艰苦，连宿舍楼都没有，职工们只好挤住在一栋办公楼里。做饭的条件当然也没有，只能吃食堂。胡思得刚刚把东西略微归置，军管干部就通知他马上出发去上海出差，而且是一个长差，一时半会儿回不来。

　　看着怀孕的妻子和四岁的女儿，胡思得顿感为难。沟里的生活可远不如北京，买点油盐酱醋都要去县城背回来，县城和曹家沟隔着一条潼江，去县城极其不方便，要徒步一大截山路，翻过山头才到潼江边，过江有一座矮矮的石桥，但这桥每年总会因涨水被淹好几个月，要过江就只能踏着一溜石头过去，这叫刘玉清如何承受得了？就是待在所里，每天去食堂也要过一个小坡，她大着肚子、拉着女儿，爬上爬下的也很辛苦。

　　于是胡思得找军管领导说情，说妻子已经临近产期了，能不能推迟出差，或者等她生孩子时回来照顾几天。军管干部正在理发，看都不看胡思得一眼，头也不抬地一口拒绝，而且还振振有词道："哪个贫下中农生孩子要人照顾？"听了军管干部这蛮不讲理的话，胡思得很是气愤，一向温和的他忍不住质问："你爱人生孩子时你在哪儿？也没有人照顾？"军管干部无言以对，但是也不理他。胡思得只好生着闷气回来。

　　他们连夜做出决定，求助胡思得在宁波的大哥大嫂，等产期临近，刘玉清带着女儿回宁波生产。

　　第二天，胡思得老老实实地出差去了。

　　胡思得就在曹家沟待了两三天，他走后，刘玉清挺着大肚子上班、带女儿，生活实在不方便，连孩子要喝的牛奶都订不到。她想请假早点去宁波，单位却不放人。

　　其实那时单位里也没有什么事情，大批科研人员陆续返回北京，留在沟里的基本都是带孩子的女人以及家中的老人，上班也就是安排一些政治学习，但就是不好请假。

　　又过了一阵子，单位组织职工体检，这时刘玉清月份挺大了，医务室的大夫于华芳找到军管干部说："胎儿已经入盆，说生就要生，她爱人也不在，还要拉扯一个四岁的孩子，是不是放她出沟？"

那时候正在整党，军管干部一口回绝。大夫再三找军管干部说："沟里条件这么差，生产的时候出事怎么办？孩子生了谁来照顾？"军管干部这才放行，但还留了一句话："整党的事回来要补，提前请的假要从 56 天产假中扣除。"

从沟里出来那天，正好有几位同志要去北京出差，刘玉清和女儿就搭他们的便车，坐了三四个小时才到绵阳火车站。刘玉清要去上海再转赴宁波，去上海的火车是半夜十二点的，去北京的车是晚上八点的，那几位同志先走了，把刘玉清和女儿留在车站。

她大着肚子，又拖着女儿和行李，行动不便，怕误了火车，就带着孩子在月台上等。夜深了，孩子打瞌睡，她也没法抱，只能背着，就这样孤苦伶仃地在月台上站着，站累了就小步小步地踱步，站不住了就坐在月台上。

刘玉清永远也忘不了那个孤零零的月台。在灯光所及的水泥站台之外，是一片浓厚的黑暗。压迫住她的，除了背上的女儿，还有微弱的、不敢放弃的希望，像寄予了漫长渴盼、应该飞驰而来却还没出现的车头亮光。她在这个疲惫又无比漫长的夜晚，一次次审视自己的生活，她理不清为什么会过得如此混乱、局促又仓皇，她被压迫着却又不能流泪、不能垮，倦极了也不敢睡过去。

终于熬到半夜，列车停靠在了站台上，瘦弱的刘玉清已经累得上不去车了。还是列车员帮了忙，从她背上把小姑娘接过去，帮她把行李拎上车。从车厢门口放到月台的三级铁踏板，刘玉清是手脚并用爬上去的。

火车到了上海，胡思得来接站，再转乘轮船去宁波，第二天他又赶快回上海继续工作。

胡思得的大哥大嫂很照顾刘玉清，将他们的卧室让了出来给刘玉清和女儿住。但由于大哥一家人只会讲宁波话，这造成了彼此交流的不便，只有一个侄女能说普通话，日常就靠这个侄女做翻译。

1970 年 6 月 6 日，胡思得和刘玉清的儿子出生了，因为是在宁波生的，起名叫胡宁。

大嫂把刘玉清照顾得很好，这个月子刘玉清休养得不错，连生女儿时落下的小病痛都养好了。但是好景不长，按照出来时军管干部的规定，刘玉清没有 56 天的假了，一过满月就得回去。

刘玉清反复思考后，跟大嫂商量："宁波好歹是江南富庶地区，条件比曹家沟好得多，在曹家沟只能吃食堂，条件那么差，带两个孩子怎么带得好？万一没有奶水怎么办？"她请大嫂帮忙找个能寄养孩子的地方。

大嫂在乡下找到一位农妇，儿子满月当天，刘玉清抱着孩子由大嫂陪着去那个老乡家。

再怎么说服自己：这是目前最理智的安排，但是把孩子放到别人家床上后，骨肉分离仍让她心如刀割，难过得直哭。那位农妇一个劲让她放心，说一定比带自己的孩子还要尽心。最后，大嫂拽着她的胳膊低声劝了好久，刘玉清这才狠下心离开。

不敢久留，刘玉清订了火车票就带着女儿回曹家沟。

他们的儿子在宁波寄养到两岁。

起初，那家农妇夸口说自己的奶水很足，但后来大嫂去探望时发现她其实已经没有奶水了，只给小婴儿喝些米汤，孩子长得不好，面黄肌瘦，活脱脱像个豆芽菜。大嫂赶紧把孩子接回来，托亲戚另找了一户人家，用牛奶喂养。

1972 年，孩子满两岁了，刘玉清把他从宁波带回北京。此时，她虽已从曹家沟九所回到北京工作，但又被安排去上海华东计算所参加 655 机的调试工作。胡思得一个人在北京，因工作繁忙而照顾不了孩子，儿子回北京后还得另找地方。由于九所的幼儿园只收三岁以上的日托孩子，而九所人已经把户口迁出北京，也没办法去其他幼儿园，情况很棘手。最后好不容易找到位于西单的一家街道幼儿园，在万般恳求之下，才答应把孩子收为全托。胡思得每周六下午去接儿子回家，周一上午再送回幼儿园。

儿子在宁波长大，一口宁波方言，刚进幼儿园就遇到困难，因为口音问题，他和阿姨、同学沟通很困难，所以，他不像别的小朋友那样活泼。

而且，因为这个父亲太过陌生，每个周六下午，家长去接孩子时，其他孩子都欢呼雀跃地跟家人回家，他却抱着阿姨不放，胡思得只好忍着酸楚打哈哈说："阿姨带得多好，跟阿姨亲，谢谢阿姨。"

刘玉清此时在上海做计算机方面的工作，等同于改行了，工作压力很大，又惦记着丈夫与儿女，夜里经常做噩梦，有时候甚至会在梦里哭泣，直到被别人叫醒才能从噩梦中挣扎出来，醒来时憔悴的面容上布满泪痕。

到 1972 年底，上海的任务告一段落后，刘玉清回到北京，他们暂时结束一家四口相隔三地的局面，总算是团聚了。

对于这些坎坷和波折，刘玉清从没有过多的怨言。尽管回忆过去时，种种艰难困苦往往会让她流泪，但她把泪水轻轻擦去后，说：

> 那时候都这样，其实谁遇到这样的事情都一样，如果是你们，你们一样能扛过去，甚至比我们当时做得更好。①

即便是团圆了，对儿女的亏欠、心里的遗憾，胡思得仍然无法弥补，由于一项项工作安排得特别紧密，孩子们的养育和教育依然由刘玉清一手操持。

因为不能在京高考和就业，很多职工下班后的主要任务就是辅导孩子功课，但是胡思得却没有办法做到。孩子们从小都习惯了父亲大部分时间不在家，他们有时候也会问："我爸爸老是出差，我同学的爸爸怎么不出差呢？"母亲总是告诉他们说："这是工作需要，你爸爸需要出差，人家爸爸需要留在所里工作。"

在 2000 年之前，胡家一直住在九所集中住宅区塔院小区。核武器研制工作在花园路三号院起步，塔院小区就在一里之外，因为保密的需要，三号院和塔院却一直刻意地保持低调，甚至在"蘑菇云"引发全国人民欢呼的激动时刻，一墙之隔的街道上锣鼓喧天、热闹非凡，这个院子里却依然一片静谧。塔院的孩子们虽然见证了共和国这一段辉煌历史，但是直到很久以后，他们才恍然发现，如此精彩绝伦的故事竟然就发生在身边。

但他们很早也意识到了塔院和父母的与众不同。外界很长时间对塔院为什么女人多、小孩多不理解，只有留守的妈妈们自己清楚，她们的丈夫常年在"前线"，她们只能独自挑起生活的重担。

严母慈父，是塔院的典型家庭模式，胡家也不例外。刘玉清对孩子在

---

① 刘玉清访谈，2018 年 7 月 9 日，北京。资料存于采集工程数据库。

学习和做人方面要求极严。胡思得不一样，可能是因为在家时间少，也因为从小接受的教育都是温和的、鼓励式的，胡思得对孩子的态度也极和蔼，他脾气本就平和。孩子们有不对之处，母亲会大声训斥乃至上手教训，胡思得却从来没有打过孩子。刘玉清感叹：老胡比我有耐心。

多年来，塔院小区一直是本地学区中、高考成绩的高分地段。胡家的一双儿女也学有所成，没有辜负父母的期望。女儿胡蕾芳考上北京大学，后又到意大利、美国等地留学。儿子胡宁对传统医学感兴趣，高考如愿考上北京中医药大学。

痛 别 邓 稼 先

1984 年 12 月，胡思得随邓稼先、于敏和陈能宽等去核试验基地再次执行任务。这是一次重要的原理试验。

那时邓稼先的身体已很虚弱了，大便经常带血，但他以为是痔疮发作，并没有重视起来。有一次，胡思得看到他从宿舍走向会议室的途中，短短一小截路却疲累得只能扑在警卫员的肩上，一步一步地往前挪。胡思得对邓稼先的感情很深，视邓稼先如兄、如师、如友，见到高大的邓稼先竟如此虚弱，胡思得忍不住心疼，再三叮嘱他一定要好好去医院检查治疗。

胡思得不禁想起 1979 年 9 月的一次核试验，那次试验因为降落伞故障，造成光弹落地事故，邓稼先率领一支抢险小分队三次进入现场，他们暴露在浓度极高的钚气溶胶中，受到了大剂量辐射。因为工作越来越繁忙，邓稼先无暇按照医嘱好好治疗，再加上长期艰苦的工作和生活条件，邓稼先的身体始终处于透支的状态。[1]

---

① 光弹落地事件，见《科技日报》2018 年 7 月 27 日刊登的《邓稼先经历的一次失败空投核试验》。该事件从另一角度提出涉及核武器安全性的诸多问题，这方面问题最终在胡思得参与领导下得到了一次关键的、大跨越的进步。

胡思得没有参加这次试验。几乎与这次事故同时，胡思得也生了场不小的病，他在四川出差时感冒发热，还没完全退热又赶回北京工作，病情发展成"风湿痛"，住院治疗56天。他出院后得知了邓稼先抢险的消息，当时很为邓稼先担心。后来再与邓稼先相见，他都很注意观察邓稼先的气色和神态，他难过地发现，邓稼先的健康状况已经不如从前了，但是对工作的责任与担当，还是一如既往。

1984年底的这次原理试验，不仅邓稼先，所有的专家和领导都认识到其重要性，感到责任之重、压力之大。有一次，他们在一个会议室里，专家们将要听取工艺质量汇报，在等待会议正式开始之前，大约因为那种沉重艰难的心情实在难以排解，陈能宽有所触动，忽然脱口吟诵起了《后出师表》："臣受命之日，寝不安席，食不甘味……"于敏亦感慨万千，接口背诵："思惟北征，宜先入南。故五月渡泸，深入不毛，并日而食……"陈能宽又接着背："臣非不自惜也，顾王业不可得偏安于蜀都，故冒危难，以奉先帝之遗意也，而议者谓为非计……"于敏再接："今贼适疲于西，又务于东……臣鞠躬尽瘁，死而后已；至于成败利钝，非臣之明所能逆睹也。"于敏一口气将全文背诵完，仿佛这样才能抒发自己心中的复杂情感。胡思得等在座者无不肃然恭听，感情随之起伏波荡。

核试验的那一天，邓稼先、于敏、陈能宽和高潮等坐在指挥车里，守候在试验场地的前沿。核试验的爆炸声响过不久，胡仁宇乘坐的吉普车开过来了。

胡思得在亲笔撰写的《邓稼先》一文中有这样的现场记录：

"那个尖尖有没有？"邓稼先和于敏他们几个人同时高喊。

"有，有，尖得很高，很清楚。"胡仁宇把照相底片高举在手中，使劲地摇晃着。

他们接过底片一看，高兴得简直要跳起来了：尖尖很高。核试验成功了！①

---

① 钱伟长主编《20世纪中国知名科学家学术成就概览·物理学卷·第二分册》，科学出版社，2014，第277页。

这次核试验圆满成功，测试数据丰收，为我国突破新型号武器奠定了重要的技术基础。邓稼先十分喜悦宽慰，他欣然提笔，写了一首七绝：

红云冲天照九霄，

千钧核力动地摇。

二十年来勇攀后，

二代轻舟已过桥。

胡思得记得，任务完成后撤场那天，时值隆冬。傍晚提前吃完晚餐，全体人员分乘几辆大轿车返回马兰基地。那天因为下大雪，窗外气温奇低，人们在车内穿戴着厚厚的皮大衣、皮帽、羊毛皮靴，还是冻得发抖。更麻烦的是车内众人呼出的热气，在车窗上凝雾结冰，影响司机的视线。司机只好用手套擦车窗，开始还管点用，但后来手套上全是冰渣就不管用了，司机只好把手套脱了，直接用手掌擦，最后只能把车停下来，对着车窗哈气。就这样走走停停，通常情况下 2 小时可以走完的路程走了 6 小时。

这是胡思得在核试验基地调到的最冷的一天。

从基地回京后，实在扛不住了的邓稼先到医院看病，起初还是当痔疮来治，一直到次年 7 月，在解放军总医院（301 医院）才明确诊断为直肠癌，而且已是晚期。医生坚持要求立即住院进行手术。

就在 301 住院治疗期间，邓稼先还在病床上坚持工作。

当时，他和于敏以敏锐的洞察力，启动了一项至关重要的工作——他们起草了一份给中央的建议书，建议加快我国的核武器研制进程，赶在禁核试之前，集中力量攻克核武器研制的几个重要目标。

为了写好这份建议书，邓稼先和于敏在九所组织了一个调研小组，对核大国当时的核武器发展水平和国际核禁试动向做了详细的分析，李德元、符鸿源、郑绍唐、杜祥琬、竺家亨、彭先觉和朱建士等人都参与了调研、分析和对报告内容的讨论。胡思得时任九所的副所长，不但参与了调研，还在邓稼先和于敏的直接领导下，全程参与建议书的起草。

邓稼先住在医院，于敏主持九所科研工作，胡思得就在医院和单位之间两边跑。邓稼先忍着病痛手书，笔迹缭乱，胡思得就负责把邓稼先手写的意见整理好，提交给于敏、胡仁宇（因邓稼先病情严重，胡仁宇代理院长之职）修改，再将修改稿送到医院交邓稼先审阅修改。如此多次往返。

他亲眼看见邓稼先在最后时刻仍带病坚持工作的情形。

手术挖掉了邓稼先直肠的一部分，邓稼先已经没法坐椅子，只能坐在一只汽车轮胎的内胎上。他忍着病痛，满头流着冷汗，艰难地一字一句对报告做推敲、修改。

1986年3月14日，邓稼先抢在再一次手术之前，又一次修改了草稿。邓稼先留给胡思得满满的两页纸，上面除了对建议书的意见外，还在最后写了一小段：

"我今天第一次打化疗，打完后，挺不舒服的。"

这是邓稼先难得的一次谈及病痛，但也只此一句。信中不厌其烦地提出报告的内容还要做哪些调整，关照报告最后如何润色、如何签署，报告应提送哪里，等等。

这份建议书于1986年4月2日定稿，并以邓稼先和于敏两人的名义向中央呈报。

7月29日，邓稼先与世长辞。

诀别是痛苦的，何况是诀别邓稼先。

用文字来形容胡思得的悲痛，太过苍白。邓稼先是影响和塑造了胡思得的人生与性格的重要之人，是他的兄长、老师和朋友。在告别仪式上，摄影师拍下了这样一个瞬间：国旗覆盖住邓稼先

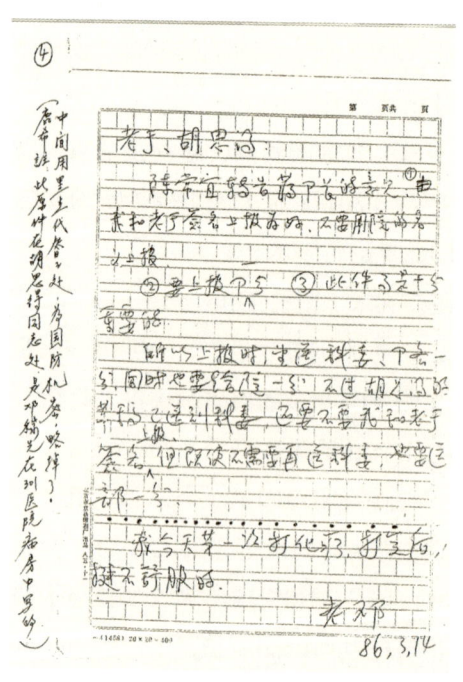

图4-5　邓稼先写给于敏、胡思得的信（复制件）

辛劳的躯体，胡思得垂头凝视自己敬重的师长，舍不得离开。

当拿到这张照片，胡思得才惊痛于，在过去近二十年的时间里，他居然没有一张与邓稼先的单独合影！这个遗憾，是绝密的任务使然，是双方率真洒脱的性格使然。这个无法弥补的遗憾更带来另一种刺痛：邓稼先走得太早了！他不应该这么匆匆离开，他本应该继续带着年轻一代把核武器研制事业进行下去！

只有一颗正直的心，才会勃发忠义之情。从事高度涉密的工作，低调和谦逊不单是某一个人的特质，好像是核武器研制集体的共性，铸国防基石，做民族脊梁，坚定地夯实在沉默而隐秘的暗处，此所谓基石的担当。大国重器的铸造历程中有许多五味杂陈的故事，但是五色五音的印记，一向稀缺。

他只有将自己的思念、敬仰、悲痛与不舍，化作坚定前进的力量，为邓稼先写下一篇篇回忆的文章。他回忆在邓稼先领导下学习工作的往事，回忆邓稼先的平和与友爱，回忆邓稼先对祖国的无限忠诚、强烈的民族责任感、无私的奉献精神和深厚的科学造诣，回忆他作为出色的组织者、沉着的领导人是如何带领队伍攻坚克难，取得一个又一个里程碑式的成果的。

　　邓稼先是我的导师也是我的领导，我与他一起度过了28个年头。创业初期我们朝夕相处，是他手把手地教我如何寻找资料、阅读文献；如何提出问题、思考问题；如何调动全组同志积极性、共同解决问题；如何团结大家、关心大家；他不仅在业务上引导我走进科研之门，而且在如何做好组织领导工作上给我做出了示范，树立了榜样。给我教育和印象最为深刻、最重要的是他的敬业精神，他从接受任务的那一刻起，就立志为这一国家重任奋斗终身。"兢兢业业，呕心沥血，孜孜不倦"这几句话，确是他一生对事业的真实写照。就在他病重住院期间，为完成给中央的报告，他忍着病痛，满头流着冷汗，坐在汽车轮子的内胎上艰难地一字一句对报告做推敲、修改的景象，至今我还记忆犹新。

　　稼先的精神常在，它将时刻激励九院人在攀登新的科技高峰中从胜利走向新的、更加辉煌的胜利！①

他为邓稼先写的小传，先后被收录于《"两弹一星"元勋传》和《20世纪中国知名科学家学术成就概览》。

在离别人世之际，邓稼先留给核武器人一句话："不要让别人把我们落得太远。"

胡思得铭记在心。

后来，他率领核武器研制集体，接续胡仁宇院长，守住了邓稼先的初心，完成了邓稼先的遗命。

---

① 胡思得"两弹精神"报告。2019年5月4日，北京。资料存于北京应用物理与计算数学研究所档案室。

第五章
十年加快

一封建议书　殷殷赤子情

1985 年重病的邓稼先为什么在手术间隙还要拼尽最后的力气与于敏共同起草建议书？因为当时国际上禁核试的呼声四起，山雨欲来风满楼。

两位科学家都有"十年工夫、功亏一篑"的隐忧。全程参与调研与建议书起草的胡思得也非常清楚，中国全面改革开放、主动拥抱世界，不仅要积极回应友好合作，更要在一波波复杂紧张的暗流中稳立。

国际上，以美国为首的西方国家，一直对中国的崛起保持非常之警觉，不断挑起"银河号事件"①等冲突，对中国予以强横制裁，制裁的指向就是竭力限制中国的国防高新技术发展。

---

① 银河号事件："银河"号是一艘可装 1354 个集装箱的船舶，载重吨位为 2.5 万 DWT。1992 年，"银河"号从亚欧线调入波斯湾航线。1993 年 7 月 7 日，中远广州远洋运输公司所属的一艘普通往返中国与波斯湾的集装箱班轮，像往常一样从天津新港起航前往波斯湾，按照计划，该船需途经中国上海、中国香港、新加坡、雅加达，抵达波斯湾迪拜卸货后，再前往沙特达曼港和科威特，本次航班共装货 782TEU。可是，当"银河"号距离靠泊港迪拜只有一天航程时，却遭到美军军舰与直升机的监视和骚扰，被困公海长达 33 天。雷海 ."银河"号事件始末［J］. 航海，2016（3）：26.

　　如果回溯国际禁核试条约的历史，特别是由核大国主导的禁试条约，就会发现，从 20 世纪 60 年代第一个禁止大气层核试验的条约开始，这些条约的提出和签订，步步紧逼中国的核武器发展进程，禁核试的目的就是禁中国的发展（详见第七章第一节。）

　　在 20 世纪 80 年代中期，国际核禁试动向越来越明晰。美国国内对核禁试争论不休，虽然美国政府和苏联政府当时均表现出不同意全面禁试的姿态，但是邓稼先和于敏分析判断：一旦核大国出于政治需要，为了限制别人发展同时维持其本国的核优势地位，有可能改变它们先前的立场和主张，而做出同意禁核试的决策。

　　因为接受禁核试，对美苏核武器发展不会造成太大的影响，而对中国则不然，中国新一代核武器正处于最敏感和最关键的爬坡阶段。他们已经取得许多重要的成果和进展，可以说胜利在望，但仍需再接再厉。一旦被迫禁核试，中国的核武器研制等国防高新技术发展将受到不可弥补的巨大损失。

　　——这就是邓、于担心的"十年工夫，功亏一篑"。

　　邓、于在建议书中详细分析了核大国的技术发展水平，明确提出加快核试验的建议。

　　核试验是探索、研制和检验核武器的最直接、最有效的手段，是核武器研制、核武器技术发展很重要的一项内容。每个核大国发展核武器首先都是从核试验做起，通过核试验来检验武器性能，通过核爆炸的形式来展示自己研发武器的能力，甚至达到核威慑的目的。

　　当时，美国的核武器试验已经做了一千多次了，苏联接近一千次了，停止核试验，对他们没什么损害。因为核武器有一个极限发展水平，如果已经发展 90% 了，再往前走，费很大的努力、很长的时间，可能也就取得一点点进步。胡思得曾经用百米赛跑来形容，一个普通人，在未接受专业训练的情况下，跑一百米可能要 20 秒，经过训练和锻炼后，可以很快达到 16 秒、15 秒，再想快，就没那么容易了，要花更多的工夫。总的来说越往后越接近极限，也就越难。当时邓、于分析研判的基础正在于此：美国和苏联的水平已达到 90% 左右，再前进难度大，停下来并没有太大的影响。而中国，那时候核试验次数仅仅只有三十余次①，初代武器刚刚成型，新型武器正好处于爬坡阶段，如果被迫停下来，已经奋斗了十年的新型武器研制，无法通过试验来验证，就要退回到原点。所以应该加快核试验步伐，在禁止核试验到来之前，做完应该做的工作，拿到需要的数据。

——这是建议书最重要的内容。

建议书还有第二部分内容：禁试后靠什么来维护核武器性能？

建议书提出：停试后为加深对核武器物理的理解，需要高新技术来作为支撑，并且需要通过高技术的发展来培训一些人才。建议书对高新技术发展提出了一些具体的设想，这些设想均是影响到国家安全的战略性、长远性、全局性的关键技术安排。

后来这些关于高新技术的设想被中央采纳，并相继组织了一系列重大科研论证和攻关，由此建设的大科学工程和科研人才队伍，促进了武器物理和其他相应学科发展壮大。

时任国防科工委主任的丁衡高和科技委主任朱光亚对建议书非常重视，也积极向中央建言。邓稼先住院后，胡仁宇代理九院院长，当中央批准了建议书的内容后，具体规划和实施，就是由朱光亚和胡仁宇来策划执行。

邓、于的建议书，在中国核武器发展史上有不可磨灭的重要作用，这份建议书客观分析了各国核武器发展水平和军控谈判的动态，分析了我国所处的发展阶段以及与国外的差距，提出了争取时机、加快步伐的战略性建议以及需要集中力量攻克的主要目标，并且非常详细地列出了为达到这些目标的具体途径和措施。这是一份凝聚着核武器人的心血和爱国热情，又十分客观、科学的建议书。

1986 年之后，九院的任务都是按照邓、于建议书的精神在贯彻、安排和执行。中国的核武器发展就是在建议书拟定的目标下，越过核大国布下的重重障碍，夺得了一个又一个的胜利成果。正如邓、于所料，中国的核武器发展走过了一个十年加快的历程。

胡思得曾多次论述建议书的重大意义，他在采集工程访谈中说：

---

① 最终中国的核试验次数也只有 45 次。

第一就是加快核试验计划，中央批了以后，很快就落实到行动里。所以到1996年，在邓稼先去世十周年的时候，完成了我们应该做的、必须做的事。

第二就是高技术的部署。后面我们做的一些大的工程项目，源头就在建议书这儿。

第三，建议书开启了九院的军控研究，我们这些人从以前埋头搞业务的，就逐步从事了军控研究，并且将这个学科发展起来，也在国内组建起一支专业研究队伍了。①

胡思得还高度评价邓稼先在领导起草建议书方面的高瞻远瞩与不可磨灭的贡献。

邓稼先对九院做了很多贡献，但是我觉得建议书对国家的重要性，不亚于甚至更超过前面他所有的贡献。因为如果没有这个加快核试验进程的建议，就没有新一代核武器；没有新一代核武器，很难想象我们国家现在的国防是什么样子。②

1996年7月22日，他和于敏、胡仁宇共同署名发表的文章《十年，我们时刻怀念》中谈到：

十年来的形势变化，完全证实了建议书的正确性。每当我们在既定目标下，越过核大国布下的障碍，夺得一个又一个的胜利时，无不从心底钦佩稼先的卓越远见。③

---

① 胡思得访谈，2018年7月12日，北京。资料存于采集工程数据库。

② 同①。

③ 于敏、胡仁宇、胡思得：《十年，我们时刻怀念——纪念邓稼先院士逝世十周年》，《光明日报》1996年7月22日。

从副院长到院长

最早定型装备部队的核武器有一定的威慑能力，粉碎了核大国的核讹诈。但是也有不足：粗笨、庞大，要真正建立能反制世界任何地点的核威慑能力，需要实现小型化的新型武器。

命运轻轻落子，胡思得接过了前辈们的旗帜，最终是由他领导完成了新型核武器的研制任务。

1990 年 9 月 27 日，任职九所副所长的胡思得被任命为中国工程物理研究院（九院）[①] 副院长。

他很吃惊，因为之前没有副所长"跨级"任命为副院长的例子，他不知道院领导班子是怎么考虑的。胡仁宇院长倒是很明确地告诉他，核试验任务从此交由他负责了。

多年来，他已经习惯于奔波出差，跟妻子儿女聚少离多，好不容易在北京安定了没几年，期间虽有出差但大多是临时性和短期的，突然通知他到院里工作，将来必然要有较长时间待在四川，也会频繁去新疆。他回家跟妻子说了胡仁宇院长的意见，刘玉清犹豫了一下说："你去吧。"

刘玉清回忆说：

> 工作需要他去，我必须支持他。另外，也是因为结婚后总是分离，时间长了我们也习惯了，那会儿孩子也大了，那就去吧。[②]

虽然有妻子的支持，但面对前所未有的"重担"，胡思得心里有数，他多了个"心眼"，先跟胡仁宇"讨价还价"：

---

① 1990 年 2 月，九院更名为中国工程物理研究院（简称中物院），国家计划单列户头，从此成为相对独立的科研事业单位。

② 刘玉清访谈，2018 年 7 月 11 日，北京。资料存于采集工程数据库。

我说："第一，我过去在九所工作，对那边的情况比较熟悉。第二，家在北京，所以我可能要经常往北京跑。"他回答得非常干脆，说："你往哪儿跑我不管，反正给你任务，只要把后面的核试验管好了，你每天待在北京都无所谓，咱们就这么算账！"其实我一到了院里，发现根本跟先前想象的不一样，跟在九所时完全不一样！①

虽然自 221 厂联系实际开始，一直到担任九所副所长，他已经接触了解过很多核试验的情况，但是没预料到成为分管试验的副院长后，要主管的事情如此之多！以前当副所长的时候，只用管九所负责的型号任务就可以了，现在全院的生产、试验的整体都需要安排，其中各方面的衔接都必须管理到位。

举例来说，生产中会出现种种问题。以前他在 221 厂深入实际时了解到的还真是一些皮毛，那时他只要知道大概的情况就可以。而现在，生产中的困难到底在什么地方？各种繁杂严格的要求能不能做到？如果有困难，用什么办法可以解决？都需要他深入地了解并且组织攻关，要拿出稳妥可行的解决方案。

试验和实验也是如此。每次实验的安排到底是怎么样的？实验、生产之间的协调纷繁复杂，做到哪一步了？有没有脱节的地方？有没有未考虑到的地方？譬如说做实验需要炸药，炸药厂家能不能按时保质保量提供？会不会产生什么问题？所有大大小小、细枝末节的问题，都得要装在心里，一个一个地回答，一遍一遍地捋清。切不能因为是小问题就放过去，如果对小问题不关心、不了解，后面试验容易出大问题，更糟糕的是，一旦出了大问题了，还可能摸不着头脑！

所以，尽管胡仁宇说让他自由发挥，最后他不得不全身心地投入到工作中去，不可能待在北京就能够"远程指挥""遥控"得了的！

1994 年 1 月 18 日，因年龄关系，胡仁宇卸任中物院院长，胡思得被

---

① 胡思得访谈，2018 年 7 月 12 日，北京。资料存于采集工程数据库。

任命为新一任院长，他陷入更加繁杂的事务中，感到肩头的担子越来越沉重。

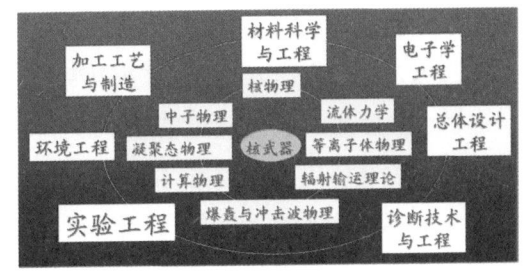

图 5-1　核武器工程的特点——综合性

核武器的物理过程极其复杂、十分短促、变化异常剧烈，包括炸药爆轰、冲击波传播、整形和聚焦，内爆压缩中子点火和核反应、中子输运、辐射输运和高温等离子体运动等物理现象。整个核武器涉及核物理、中子物理、凝聚态物理、计算物理、爆轰与冲击波物理、辐射输运理论、等离子体物理和流体力学等学科，又涉及材料科学与工程、电子学工程、加工工艺与制造、实验工程、诊断技术与工程、总体设计工程和环境工程等科技工程。每个工程又包含许多子工程。以实验工程为例，它涉及核试验、爆轰试验、反应堆、加速器以及结构试验、强度试验、环境试验和安全试验等各类大型实验和试验。

作为国家唯一一家核武器研制单位，中物院是一个物理研究和工程设计兼有、科学与技术并存的研究院，包含有数学与力学、核物理与等离子体物理、材料科学与武器工程、电子学与信息科学、核化学及化工五大科学领域。要保持和提高全院的科学技术水平，要做好型号任务，必须要提高全院的科学技术水平，要持续推动基础研究和学科发展。

同时，中物院也是一个庞大的机构。20 世纪 80 年代中期，中物院已经陆续从四川梓潼山沟里搬出来，集中搬迁到绵阳市的一处高地——"839地区"。经过十年建设，"839"地区以科学城之名在山头建立起一个完备的系统。那里应有尽有，十多个实体单位，两万多名职工都安置于此，吃喝拉撒所需一应俱全，学校、幼儿园、医院、商店，乃至派出所、法院等全都有，几乎是个建制完全的小社会，以至于有人开玩笑说，除了监狱和火葬场，科学城里什么都有。

身为一院之长，除了确保科研工作外，当然也要管职工的生活琐事，要管的事情又多又杂。那时人们也都习惯于有什么事就找院领导，前党委书记姜悦楷就曾在回忆里自嘲地说："大事小事都找院长、书记，连家庭闹矛盾、离婚都会找过来，来了还得认真地听，帮忙解决。"

有一天晚上十一点，胡思得在宿舍里休息，接到一个电话："胡院长，这边有人连夜施工，吵得我们睡不着觉，你管不管？"他只好说："我马上找人去解决这个扰民问题。"

还有一次，他从北京出差回来，从机场回科学城，发现平时经过的一座桥被堵死了，司机绕道而行。经过询问后才得知院里的公共汽车把桥堵了。原来，这座过江的大桥是中物院修的，绵阳市的有关部门在桥头设了一个关卡收通行费，九院的车经过也得交钱，九院的司机不买账。没想到把桥一堵，事情闹大了，传言说绵阳市公安局要来九院抓"反革命"，他回到院部也顾不上休息了，赶紧找人处理这件事情，先把堵在桥上的公共汽车撤回来，再请副院长去跟地方政府沟通，合理解决问题。

面对这些棘手的事情，他也常常急得挠头。当副院长时可以不用管，当上院长了就不能不管，角色不一样，体会也不一样。但是他觉得自己还是得有的放矢，专注地管一两件重要的事情比较好，自己一个人去管这么大一个院的方方面面，实在力不从心。

如何不陷于繁杂的日常事务，把精力用在加快重点任务上？他很快就找到了办法：分权、集体讨论。而且这个办法用得还挺得心应手。

他把领导班子中每个人的作用都发挥好，自己和姜悦楷书记做放权型的领导：大部分行政事项和财务先后由张禄和朱祖良副院长主管；人事工作由尚林盛副院长主管；党务工作有周汝炎副书记协助姜书记；高技术和外事方面的工作由杜祥琬副院长主管；军转民工作由宋宝增副院长主管，唐惠龙副院长帮助他处理试验方面的相关事情。重大事项集体讨论，明确之后，分头负责。

他还认为自己不太擅长跟国家机关和军队打交道，他发现朱祖良在这方面做得很好，那么打交道的事儿，他就请朱副院长替他去。除非是有大事汇报，比如给朱光亚主任汇报，那胡思得当然还得自己去，但一般情况下就不用事必躬亲了。

机关工作人员对他这一点极为赞赏，很多人说："小胡院长^①不恋权！"

而对胡思得来说，充分发挥个人能力、集中集体智慧，九院工作当然要全面承继学术民主风气。这种民主的作风，从"两弹"突破时期就融进了他的骨血里，他顺理成章地用到科研和行政管理上。

他的秘书赵武文就很佩服他，觉得胡思得这位院长和其他领导不一样，他作风民主、懂得放权，在他的领导下，整个院领导班子都很团结；其他的院领导极易陷入文山会海的困境中，而他凭借出色的管理能力，却能空出充足的时间看文献。

当时赵武文坐在外间的办公室，和院长办公室隔一扇门，他经常看见，胡思得安安静静地坐在办公桌前，认真翻阅一份又一份科研文献，学者气质显露无遗。赵武文觉得他是"特别潇洒"的一位院长。

胡思得回忆说：

> 当院长以后全院的吃喝拉撒睡全得管，但是我有一条，我尽量把重要的事情管好，看文献是工作需要，要考虑以后我们怎么办，我必须得看文献，必须得调研以形成自己的思想。其他的事情分权，交给班子中的其他副院长管，党的事情姜（悦楷）书记管，我比较放心。钱，我从来不管钱，一点钱的概念都没有，我说经费我不管，要钱我可以去要，事情是谁分管就让谁去干，到最后开会，要集体讨论，我参加、拍板，所以说我放手了，确实也放手了。我基本上就只是管试验完成，再想想禁核试后怎么办，基本上就考虑这两件事情，其他事情，我能不管的就不管。^②

这样他确确实实有时间坐下来看文献，去思考重大战略性问题。

因为尊重与信任，他的副手也都对他特别佩服，彼此之间十分和谐。

和他搭班子的党委书记姜悦楷评价他：

---

① 中物院有前后两任姓胡的院长，胡仁宇院长被称为大胡院长，胡思得院长被称为小胡院长。
② 胡思得访谈，2018 年 7 月 12 日，北京。资料存于采集工程数据库。

胡思得党性很强，作风民主、廉洁自律、讲大局、讲整体，不争权夺利、不以权谋私、不搞小圈子。他为人光明磊落，不推脱责任，不隐讳自己的观点，明辨是非、实事求是。这就是我们相处得好的非常重要的原因。其实我们也有过意见分歧，但是我们之间一点矛盾都没有，因为都是为了工作，不是为了私利。①

在他任职院长期间，中物院成功完成了最重要的两大任务：禁核试前的最后几次试验和禁核试后的转型。

而完成这样影响深远、关乎国运的任务，必然要付出和牺牲，胡思得不惜以个人健康为代价也要完成任务。他的心脏和胆囊连续发病，不得不手术，2015 年后更是连续做过两次心脏手术。另外，膝盖的退行性病变也给他带来绵延多年的痛苦，因为髌骨的不可逆磨损，曾经练过短跑、体操，还会跳舞的他，逐渐地连行走都困难了。

图 5-2　胡思得所获部分奖励证书

---

① 姜悦楷访谈，2020 年 9 月 4 日，四川。资料存于采集工程数据库。

曙　光

命运总是喜怒无常，它对中国核武器研制队伍的偏爱，往往表达为突如其来、毫无征兆的变故。

20 世纪 70 年代，连续掀起的九所搬迁三线的强大攻势，使九所科研队伍不稳。时间进入 20 世纪 90 年代，社会上新一波下海经商热和出国潮，又一次严重冲击了这支队伍。

研制工作的进展也并不如意。人们常说的"十年加快时期"，事实上这十年并未有匀速前进的好运气，在相当长的一段时间，基层科研人员更容易感到迷茫与停滞。

胡思得有时觉得，那些并不遥远的过去，与模糊不定的未来，隔着经年在向他窃窃私语，他却抓不住清晰的字句。

岁月如流沙。他经历过第一颗原子弹、第一颗氢弹的突破，经历过初代武器的定型，但现在是另一番沉重的感觉。

从中国突破"两弹"的历程上来看，其实历史留给中国的时间从来都不充裕。1958 年组建研制队伍，1959 年中苏关系就破裂了。1964 年爆炸原子弹后进行氢弹攻关，1966 年就开始了"文化大革命"，1969 年中苏边境还发生了一触即发的战争危机。现在时针走至 20 世纪 90 年代，苏联解体，西方对中国进行又一轮格外严酷的制裁与打压，禁核试的风声也日益紧迫。就在 1992 年这一年，美国一口气做完六次核试验之后，便向联合国提出进行全面禁核试的谈判，美国国内有一些政治家认为这时禁止核试验是把中国扼杀在核摇篮里的最佳时机。中国在国际社会面临的压力越来越大。

好在中华文明总是为国运储备了一批脊梁，默默地执着地努力着，甚至他们自己也未必觉察到，原来自己承担的是如此传奇的角色。他们好像神话中的阿特拉斯巨人。隔着遥远时空的旁观者当然能洞若观火地知道，是阿特拉斯巨人扛起支撑整个世界的山脉，但当这些巨人在远离中心的舞台边缘沉默着的时候，既少人关注，也少人追随。神话可以设定，现实却无法事先安排，这一批尚未被舞台灯光照亮的脊梁，当时只是凭借着固执与韧性在坚持，即便有人对他们说他们选择的是一条走不通的路，他们也定要不撞南墙不回头。

转机总是等待星光黯淡的时刻。在 20 世纪 80 年代中后期，先进战斗部的探索阶段，李智伟研究员向很多科研领导汇报过某新构型原理，他早在 1976 年就提出自己的思路，并在这个研究方向上坚持了十年，但是在这十年里很多专家并不看好其技术可行性，李智伟再三争取，得到的实际支持却一直很有限。

上任副所长后，胡思得在科学分析的基础上，判断新原理是值得探索的。他很清楚邓、于建议书里的"爬坡"之意，中央批准的加快核试验计划的若干个预研项目中，先进核装置的物理设计技术是重中之重，而李智伟的方案有可能是满足国家新要求的突破口。

于是在主体任务繁重的情况下，胡思得安排了探索性课题的立项，并尽力为李智伟的科研团队组织落实研究力量。这一决策，对李智伟来说，当然是非常重要的支持。这一决策，也为最终攻克先进核战斗部的设计起到了孵化育苗的关键作用。

新型武器的理论突破，在历经曲折之后，终于在 20 世纪 80 年代后期见到了曙光。

这情境仿佛就是，有时拼命也拨不开眼前的迷茫，有时放松了手中紧握的弓，却不料有另一只多年引而不发的弓弦突然就发动了，始料未及地划破沉积的迷雾，未来渐渐清晰。

突　破

理论方案成型后，紧接着要组织一系列攻关。

胡思得 1990 年任中物院副院长，1994 年任中物院院长，中国的最后十次核试验，都由胡思得组织策划和具体指导。

每一次试验任务，试验的目的、理论方案、关键技术、试验工程，他都必须了然于心；从核武器原理突破，到武器化工程因素考核，他都必须思考周全。

"一次试验，多方收效"，每一次核试验，对推动掌握武器设计技术，提高核武器研究和设计水平、工程技术水平、实验测试技术水平、科技队伍素质都极为重要，具有深远意义。每一次试验的宝贵经验和数据也将为禁核试条件下继续开展战略核武器相关研究奠定基础。

胡思得不仅仅是任务的领导者，还是深入到具体科研工作的亲历者。

爆轰力学实验是检验新构型设计的关键实验，结构设计的力学检验实验遇到测试信号显著偏离理论预计值的情况，经分析原因，基于对理论设计和实验技术的全面把握，胡思得创造性地提出新实验方式，解决了核心指标提炼等多项关键技术问题。

当然，他最重大的责任是试验技术目标的决策。

一系列试验，涉及多个型号的研制任务，涉及多学科多技术领域，研制周期越来越短，技术难度大、风险高。在各项基础条件并不十分理想的情况下，光靠他一人单打独斗肯定是不行的，他依靠朱建士、刘光祚、邵乃林等技术骨干和各研究所的领导，带领广大科技人员，艰苦攻关，克服诸多困难，在十分紧张的时间内完成这一系列理论设计和实验任务。

这是一场与时间赛跑的竞赛，他在激烈的竞赛中要努力实现某种平衡：既要保证应该有的技术跨度，实现技术创新，又要保证必要的裕量，确保试验的圆满成功。

理论设计的每一个关键数据，爆轰实验安排的每一个细节和结果分析，产品的加工、安装各个环节，试验项目的量程安排，时刻都在他的脑海中盘旋。他要考虑大大小小的工程因素，主要的就有20多个。他感觉身上的担子愈来愈重。

试验前数不清的碰头会、讨论会，各方案详详细细、反反复复、一遍又一遍从头捋到尾。爆炸之前，人们都是焦虑的，一大群焦虑的人在会上讨论和争论，有一位亲历者说了个很有代表性的细节，桌上烟灰缸里的烟头，何止堆成小山，往往都是"潜"出来的。

他脑袋里打转的事情愈来愈多，躺在床上也难以入睡。妻子发现，他回到北京向国防科工委领导汇报核试验准备进展情况的前夜，总是在床上辗转反侧，与以前倒头就睡着的情景大不相同。

这种经历并非孤例。一次试验，动用的人力物力不可小觑。试验前，领导人和科研人员深感责任重大，国家花费巨大，动用了那么多人力物力，"响了就是最大的政治"[1]，那如果没响怎么办？很多人都有睡不着觉的经历。那种滋味，胡仁宇曾形容为"如临深渊、如履薄冰"。曾有一位院领导在同事面前夸耀自己的心足够大，沾床就着。当时大家在基地的宿舍比较简陋，房间与房间之间的隔墙很薄，打呼噜都听得见。到临近试验日期，隔壁房间的同事们就再没听到那位院领导的呼噜声，倒是听到他在床铺上翻来覆去，可知也是紧张难眠。

胡思得在每次核试验前两三天都是睡不好觉的，一到晚上，闭上眼睛，脑袋里就像过电影一样，反反复复筛查每个过程节点，生怕还有哪个环节没考虑到。

试验准备期间，一旦出了什么问题，都要仰赖院长来做决定。小问题还好办，最怕出现影响试验的突发情况。有一次，试验准备过程中发生了一点问题，可能会影响到装置不能撑到"零时"，关键时刻要他做出决策，是提前做还是按预定时间做？能不能撑到预定时间？最后的压力汇聚到他身上，他反反复复地思考，白天忙于工作，晚上躺在床上还睁着眼睛"过电影"，在这样的巨大压力之下，他不止一次感觉肩上的担子沉重无比。

有一次，在试验前两天，彭先觉[2]突然提出一个问题，胡思得一听就觉得这个问题不容忽视，这个问题涉及是按计划做试验，还是把试验往后推。他是院长，这个问题的影响是不是至关重要的，要他来做最后判断，并尽快决策。他要考虑数据采集、要仔仔细细推演最后的动作，反反复复地琢磨。最后，他判断这个问题不会带来根本性的影响，试验照常进行。最后果然获得了成功。中央领导很满意，但他所经历的煎熬却难为人所知。

---

[1]　第一颗原子弹试验之前李觉鼓励九院职工的话。
[2]　核武器技术专家，中国工程院院士。

胡思得曾感慨回忆：

> 有人问我们在核试验场什么时候最紧张？我的感觉是广播里数
> "10、9、8、7、6、5、4、3、2、1，起爆"的时候。喊"起爆"的时
> 候，四周一点动静都没有，几秒钟后，才听到声音感到地震。这几秒
> 钟对我们来说，特别漫长。有时，我们在指挥室的桌子上倒竖一个空
> 瓶子，看看爆炸威力是不是足够大，能把瓶子震翻。当然，这不过是
> 转移自己紧张心情的一种办法而已。[1]

他还曾经说过，"起爆"那一刹那，总有心脏停止跳动、血管暴胀几欲
炸裂的感觉。那种太过剧烈的刺激，再强大的心脏也难以一扛再扛。

核爆炸之后，实验人员就迅速赶到测试点去回收试验记录，这时候在
会议室等待的人们也坐不住了，都跑到路口等候初步判断结果。但往往不
等实验人员开口，就可从他们的表情上猜出对试验结果的满意程度。

听完速报结果之后，胡思得和科研人员又会马上回到指挥部向上级领
导报告，并对本次核试验的成功程度做出综合判断。

就这样，从 1992 年到 1996 年，经历了异常紧张的四年多时间，胡思
得领导完成了中国最后几次核试验，他带领全院职工争分夺秒地工作，终
于把新型核武器的关键拿到手了！

通过有限次数的核试验，他们完成了一系列关键工程因素检验，提高
了战斗部与运载系统的适配性，圆满突破了新型的小型化先进核装置。

这一系列工作，在数值模拟、武器物理、实验测试、图像处理等诸多
相关领域取得了一批丰硕科技成果，对带动相关领域的科学研究和技术应
用具有十分重要的价值，不仅大大提高了我国核武器设计技术，而且提高
了我国核武器研制综合能力和定量设计水平、深化了对武器物理规律的认
识，同时锻炼和培养了一批优秀青年科技人员，对维持和发展核武器研制
队伍、加强中国核威慑力量建设也具有十分深远的意义。

---

[1] 胡思得访谈，2018 年 7 月 20 日，北京。资料存于北京应用物理与计算数学研究所档案。

最重要的是，这一系列核试验的成功，保证了中国的核武器设计水平在禁核试之前达到国际一流水平。

这个辉煌的成果来之不易，成功的背后是多少汗水和泪水。

在一次十分关键的重大试验成功之后，整个基地兴奋异常。理论设计方案的重要提出者和完成者李智伟回忆：晚上的庆功宴之后，他含着泪沿着大漠深处无人的公路朝着北京的方向狂奔，一边奔跑一边大喊："成功了！成功了！"那一声声嘶喊里浸透了无数不为人理解的怅惘后的坚韧、失落后的奋起，也喷薄出十多年的自强自立和初心坚持。

庆功宴后，胡思得回到宿舍里静静感慨。高度紧张、狂欢兴奋之后，他任由一种钝钝的疲惫与静默笼罩全身。

从邓稼先的"二代轻舟已过桥"到今天，十年的艰难旅程，山穷水尽、柳暗花明，种种情状，个中滋味，不宜向人诉，也不必向人诉了！

旁人所能知道的是，在这场争分夺秒的伟大胜利中，胡思得体现了一位领导者高超的智慧，对他这一阶段的工作有如下评述：

> 最后几次核试验，每一次都要实现尽可能大的技术跨度，同时又要确保试验成功，他动员全院上下打一场志在必胜的战斗。从规划、计划、组织理论设计到爆轰实验、核试验测试项目的确定和量程安排，他投入了全部的精力和心血，终于在 1996 年 7 月底，出色地完成了全部核试验计划，向国家交出了一份满意的答卷。[1]

这一系列赶在签署全面禁核试条约之前的"加快"工作，对进一步提高我国核武器设计水平，提高武器的可靠性和安全性，增强我国的自卫核威慑力量有效性有着重大意义和深远影响，也分别获得了国家科学技术进步奖一等奖和特等奖。

---

[1] 胡思得生平事迹简介。见：胡思得：《为国家安全而奋斗：胡思得院士文集》，中国原子能出版社，2018，第 24 页。

抢出来的末次核试验

1996 年初夏，一次竖井核试验任务圆满完成，中国的新型核武器研制又上一个台阶。这本是计划中最后一次核试验，但是在短暂的欢呼庆祝后，中物院人立即聚精会神于一次计划外增加的试验。

早在两年前，中物院就向中央提出申请，准备再多做一次核试验，目的是验证某一项关键技术。

胡思得首先向总装备部科技委主任朱光亚进行了汇报，朱光亚主任起初没有表态支持，胡思得向朱光亚详细解释说："增加的这次试验不是心血来潮，是院内外结合、上下结合，广泛发动各方面、各层次专家和科技骨干认真研究、慎重决策的结果。"

朱光亚最后的答复是："试验必须保证百分百成功，否则就不要做了。"

像核试验这样重大的国家工程，必须慎之又慎，两年后试验，现在就要做出保证，朱光亚主任给予的压力可谓巨大。

胡思得回忆说：

> 对于这最后一次核试验，我是向朱光亚主任立下了"军令状"的，不允许我们"再来一次"，不许"不理想"，更不许失败，只能一次就圆满成功。[1]

因为是验证新技术的唯一一次机会，在短短两年的时间里，中物院的技术专家们一边准备原定计划的试验，一边又兼顾增加的这次试验。大家对这项研究的深远意义、技术难度、有利与不利因素进行了全面的分析讨论后，认为：尽管对是否已经具备研制条件还有不同看法，也确实存在着许多困难

---

[1] 胡思得访谈，2018 年 7 月 20 日，北京。资料存于北京应用物理与计算数学研究所档案室。

和有待研究解决的问题，但阶段性成果已经获得，主要技术条件已经基本具备，研究对象的主要物理特性已经初步掌握，这为理论设计工作的启动建立了良好基础。最终确定了工程设计研究与基础理论研究并举的方针。

由于时间紧迫和客观条件的限制，"初级"设计不可能有较多的实验机会以反复修改理论上的设计，因此，理论方案必须尽可能减少设计上的反复，避免失误，争取一步到位。

此项工作进展顺利与否，不仅关系到我国是否掌握此类武器的设计技术，能否对核武器安全性的研究有重大提升，而且对我国在核禁试条约谈判中能否取得主动地位、按时签约关系重大。为了尽可能地提高我国核武器设计技术，提高武器性能，这最后一次核试验也担负了有所创新、有所前进的重担。

这次抢出来的试验，"零时"定于 1996 年 7 月 29 日上午。

在试验前一日，胡思得照例给大家做动员，他突然想到，7 月 29 日，也是邓稼先离开的日子，这次的"零时"，恰是邓稼先去世十周年，也真是巧合。他难掩心头激动，在动员会上对大家说："老邓在天上看着我们呢，我们一定会成功！"

上午九时，大漠荒原再次传出惊天动地的怒吼，地动山摇，尘埃滚滚，当量达到预估的上限，试验圆满成功。参试的技术人员、核试验现场的官兵们拥抱在一起，热泪盈眶地欢呼雀跃。

后来，有很多人询问他是否特意把最后一次试验选在这个特别的日子，胡思得诚实地说并非特意，只是凑巧。但是他也很感慨地说：

好像老邓在冥冥中保佑着我们。[1]

这次抢出来的试验，未尝不是对邓稼先的一次特别的告慰。胡思得不止一次想起邓稼先说的，不要让别人把我们甩得太远。如今，他可以对邓稼先说：我们没有辜负你的嘱托！

---

[1]　胡思得访谈，2018 年 7 月 20 日，北京。资料存于北京应用物理与计算数学研究所档案室。

这是中国最后一次核试验。

试验成功后当天晚上，中国政府发表声明，郑重宣布：自 1996 年 7 月 30 日起中国开始暂停核试验。当年 9 月，中国政府代表钱其琛在联合国总部正式签署《全面禁止核试验条约》（CNTBT）。

这次抢出来的试验，圆满验证了某一重要关键技术，对强化我国核武器的安全性，提升我国武库安全性奠定了坚实基础，对加强我国核威慑力量具有重要意义。

禁核试后，由此项技术发展出多个研究学科，成为中物院几个研究所重要的研究方向。

1996 年 7 月 29 日值得浓墨重彩地书写一笔。完成最后一次核试验前夕，于敏、胡仁宇和胡思得联名撰写纪念邓稼先的文章《十年，我们时刻怀念——纪念邓稼先院士逝世十周年》在《光明日报》刊出。他们笔蘸深情，回忆了与邓稼先一起起草建议书的过程，回忆了邓稼先对中物院事业的无私奉献及高瞻远瞩的战略部署，从文中能读出他们一刻不曾忘记使命的担当。

这篇文章是核武器事业接棒者对敬爱的邓稼先最深情的告白。

中国特色核武器发展之路

核试验在发展核武器历程中发挥了非常独特的重要的作用。大量的核试验为研制和发展核武器、了解核爆炸效应积累了丰富的资料和数据。虽然现在已经有了先进的电子计算机，但数值计算或是实验室中的模拟实验，还不能完全符合实际情况，尤其是核武器中的高温高密度状态在目前的实验室条件下还无法被创造，至于核爆炸效应更需要直接从核试验中测量。

截至 1996 年底，全世界已统计的核试验共进行了 2367 次，美苏占近 90%。1996 年联合国通过《全面禁止核试验条约》，已有 100 多个国家在

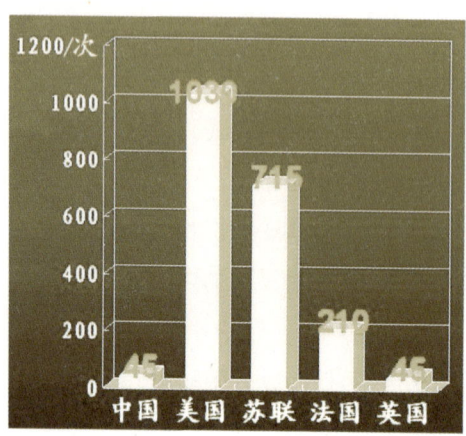

图 5-3 核大国核试验次数对比

条约上签字。

法新社曾于 1999 年 7 月 17 日报道："中国共进行了 45 次核试验，美国进行了 1030 次，俄罗斯进行了 750 次，法国进行了 210 次，英国进行了 45 次。"中国仅进行了 45 次核试验，却已接近美国设计水平，而使用的经费比美国少得多，中国核武器发展的效费比在各核大国中是最高的。

1998 年 7 月 31 日，美国《华盛顿邮报》称："现在已经有人计算出美国到底花了多少钱来使自己成为一个核大国：以 1996 年的不变美元计算为 5.5 万亿美元，占美国 1940 年到 1996 年全部军费开支的 29%，平均每个美国人承担了 21646 美元。"

朱光亚说："中国不能像美国那样，中国就这么多钱，必须花在刀刃上。这是国家战略需要。"而中国的核武器研制时间表表明：中国科学家确实把有限的钱，用在了刀刃上。

中国核武器研制战略与美国截然不同：美国为了称霸，中国为了防御；美国研发了很多系列，中国仅有几个系列；美国财大气粗，重复试验，而我们试验次数有限且"一次试验、多方收效"，几次试验就要上一个台阶。[①]

中国的核武器研制，走出了一条有自身特色的发展道路。

中国核试验的次数少，成功率却很高。在制定核试验规划时，技术人员往往围绕核武器技术发展中的主要矛盾，制定用最少的次数达到一个明确的阶段的目标，同时又对这一目标进行细致的技术分解，落实到各次试验中去解决，做到一步一个脚印，仅通过几次试验，就对核武器物理规律

---

① 孙晓光：《中兴业，须人杰》载《朱光亚院士八十华诞文集》，原子能出版社，2004，第 41 页。

的认识上一个台阶。因此对于每一次核试验，在战略上要求有较大跨度的技术进步，在战术上则力争使所采取的技术路线和措施有较大的可信度。正是抓住主要矛盾，选准合适的目标和正确的技术路线，才能以很少的核试验，把核武器研制技术提升到较高的水平。

理论与实践（试验）的紧密结合是中国突破"两弹"的又一重要特色。理论设计、冷试验（爆轰试验）和热试验（核试验）是核武器研制中三个紧密相关的环节。只有将三者很好地结合起来，才能逐步深入掌握核武器的内在规律。由于我国核试验次数少，周恩来总理提出要求"一次试验，多方收效"，理论与实践的紧密结合就显得更为重要。

理论与实验紧密结合已成为中国核武器科技工作者的优良传统。每一次核试验前，理论工作者详尽地计算数据，提出实验要求，实验工作者周密地制订测试方案。双方不断交流，不断切磋，共同确定测试项目和量程，共同分析实验结果。正是这种理论与实验的紧密结合，提升了中国核试验的成功率，推动了我国核武器科技的迅速发展。

由于理论设计、工程设计、实验测试、生产装配各部门都一丝不苟地执行周恩来总理的指示："严肃认真、周到细致、稳妥可靠、万无一失"，所以核试验基本上都是圆满成功。

几十年来，随着核武器的发展，带动了核物理、中子物理、凝聚态物理、计算物理、爆轰波与冲击波物理、辐射输运理论、等离子体物理和流体力学等学科，促进了材料科学与工程、电子学工程、加工工艺与制造、实验工程、诊断技术与工程、总体设计工程和环境工程等科技工程技术的发展，而这些学科、技术的发展反过来又推动核武器科技的发展，深化对核武器物理规律的认识。

在这方面最突出的例子就是计算机技术与核武器设计技术之间的相互促进。首先，核武器的设计、预估库存可靠性以及深化对武器物理规律认识，均要依靠大容量的、快速的电子计算机对各种物理过程进行大量的计算和模拟仿真，可以毫不夸张地说，核大国最先进计算机的第一用户一般总是核武器研制部门。随着研究的日益深入，特别是全面禁止核试验之后，对物理过程模拟的逼真度要求越来越高，提出"全系统、全过程、三维"的模拟要求，因此计算机的容量和运行速度，必须实现几个数量级的增加。美国核武器实验室拥有的计算机性能已从 20 世纪 50 年代初期每秒运行 1000 次，发展到 2000 年为 10^{13} 次 / 秒，2003 年、2004 年已达到 10^{14} 次 / 秒，近些年来发展更快，已达到 $10^{17} \sim 10^{18}$ 次 / 秒。与此相适应，在应用软件、系统软件以及改善使用计算机的环境方面均有巨大的进步和新发展。

禁核试 20 多年后，世界形势纷繁复杂，在禁核试后的当下和未来相当长的时期里，各核大国仍将把核威慑作为国防政策的支柱，核武器不会很快完全消失，对武器物理的深化认识、武器库存相关问题的研究依然极为重要。

第六章
禁试转型

双 手 互 搏

回顾加快核试验的进程，很有意思的一点是，这段历史与胡思得加入军备控制研究的历史重合了。作为中国最早进入军控研究的自然科学家之一，胡思得在两条战线、两个战场同时作战，而且都打了极为漂亮的一仗，用他的长期合作者田东风的话说：

> 他是在双手互搏，这段应该是他科技生涯当中最精彩的一段。[①]

1993 年，联合国正式启动了全面禁止核试验的谈判，中物院作为国家唯一的核武器研制生产单位，派出了陈学印、田东风、刘恭梁等技术专家随中国政府代表团参加谈判。历经三年时间，条约谈判成功。在这个过程当中，技术专家们的一项重要任务就是为谈判提供技术支撑，确保十年加快计划能顺利如期完成。

[①] 田东风访谈，2019 年 4 月 29 日，北京。资料存于采集工程数据库。

同时参与加快核试验和《全面禁止核试验条约》谈判的工作，在国内是朱光亚在领导，胡思得积极参与决策。在核武器科技和核军备控制两方面同时打精彩战役，也是难得的人生际遇。

当年胡思得推荐年轻的科研骨干田东风去参加谈判，田东风回忆说：

> 当时是加快核试验计划最关键的几年，胡思得作为中物院院长，作为核试验的总指挥，这肯定是他一项非常重要的工作。这项工作又恰恰跟前方谈判条约也是紧密相关联的，这也是他在军备控制领域主抓的一项重要工作。所以在当时，前方集中精力去谈判，和国内随时保持通信；谈判的同时，国内的核试验工作紧张进行，这两项工作完全地交织在一起。这两项工作的集中点，我想就在胡院长身上，这一段历史是他在核武器技术发展和核军备控制两个领域紧密结合的很重要的一段，我觉得也是他人生中非常重要的阶段，几年时间内，左右手互搏，左右开弓，非常精彩。①

最后一次核试验选在 1996 年的 7 月 29 日，试验之前，外交部门已经准备好了中国暂停试验的声明了。当时，是 29 日宣布还是 30 日宣布，技术专家跟外交部讨论了很长时间，从外交角度来讲，当然是越早宣布越好，哪怕早一天也好。而技术专家坚持 30 日宣布，他们的意见来自于核武器研制和试验部门特别是朱光亚主任的意见，试验做完了还要留出时间来判断核装置设计是否达到了预期目的，技术专家们坚持核试验的目的不是为了听这一声响，而是要通过核试验来检验理论设计，必须得留有至少一天的时间。好在试验大获成功，当天晚上就宣布了禁核试声明。

九月，钱其琛外长代表中国政府签署了《全面禁止核试验条约》。中国政府是第一批参与条约签署的。

美国国会至今拒不接受《全面禁止核试验条约》，美国国内对是否禁

---

① 田东风访谈，2019 年 4 月 29 日，北京。资料存于采集工程数据库。

止核试验的问题一直存在截然对立的两派，在 2003 年还声称，要缩短恢复核试验的准备时间。克里米亚危机，更是为全世界上演了一出核威慑的活报剧。俄罗斯总统普京的强硬，时任美国总统特朗普宣称再启动低威力核武器研制，表明核武器的战略威慑地位并没有改变，对于国际社会来说，核禁试的形势依然严峻，核扩散的威胁并未真正消除。[①]

领 导 转 型

在新型武器突破的关键时期，胡仁宇、胡思得等人同时在思考禁试后的出路——没有核试验了，核武器科技事业该如何发展？

他们深知禁试对中物院必将造成比较大的冲击。在经费方面，中物院获得的国家划拨经费中有相当大的部分来自核试验，如果不做核试验了，经费当然也就大大缩减了。在禁核试风声愈来愈紧时，中物院里已经出现一些不同声音了，部分科技人员包括一些高级专家直接提出来："红旗还能打多久？"有的专家想改行，想调离中物院，甚至说"晚走不如早走"，科技队伍面临涣散的危机。

胡仁宇及胡思得坚持认为：只要这个世界上还存在核武器，中国也就要有；中国只要有核武器，中物院就要保证它的安全、可靠、有效。

他们是核武器科技队伍的领头人，他们要把这个信念传递给整个队伍。

1992 年和 1994 年，中物院召开了两次战略发展研讨会，1992 年的会议由时任院长胡仁宇召集，到 1994 年时，胡仁宇已经卸任，由继任者胡思得组织。

两位胡院长动员了全院上下的科研骨干和技术专家参与到战略研讨中来，还邀请了很多院外的专家，彭桓武、王淦昌和周光召等都欣然赴会。

---

① 在 2022 年 2 月 24 日爆发的俄罗斯与乌克兰武装冲突中，面对北约国家的制裁，俄罗斯总统普京声称俄罗斯战略核武器进入"特殊战备状态"。

陈晓东研究员记得一桩小事，那时他是院计划部的年轻人，被安排去机场接机，让他把张兴钤院士接到科学城。路上，张兴钤院士很高兴地对他说："听说陈式刚也要来，好啊，这是真正的集中智慧了！"

当时沉默寡言的陈式刚还未当选院士，他曾成功主持过四个型号的"初级"理论设计，此后就"改行"，静守书宅埋头于非线性科学研究。除了九所人，绵阳科学城这边很少有人听说过陈式刚的名字，因为他所做的工作已经远离了武器型号研究主战场，陈晓东也是第一次听说陈式刚的大名。张兴钤觉得，能够把陈式刚请来，不仅一种"野无遗贤"的态度，更体现了超越当下的气度和视野。

通过两次战略研讨会以及其他多场次深入实际的调研与研讨，汇集了集体智慧，中物院在禁试之后的大计方针逐渐确定下来，核心内容命名为"两个转移"。

据陈晓东回忆，"两个转移"的最终文字版，是由胡思得院长亲自写就，为了准确描述、正确传递对事业的思考，他逐字地修改推敲，直到最终定稿。

为了配合做好禁试转型工作，中物院对科研结构进行了调整，也对管理体制进行改革，建立军民融合新机制，实施分类管理。1994 年中物院召开的第三次党代会提出了"一个体制、三个基地"的方针。一个体制就是建立军民结合的体制，三个基地指：核武器研究基地、民品生产基地、高新技术生产基地。后来，这个提法随着中物院发展多次演变，但核心始终未变。

中物院这样一个庞大的单位，体制机制的变化举足轻重，牵一发而动全身，转型要如何转？院领导层的难处，不仅是要领导核武器科研队伍圆满完成国家任务，还要适应后勤社会化趋势、逐步推进改革，民品发展要转变观念、实现真正的市场化。

胡思得前后几届党委班子，都在为体制机制的转型而努力。

胡思得对改革的认识，不是贸然启动，更不是推倒重来，虽然时间走到了禁核试这个重大的转折点，面对的是众多不确定的未来，他也未借此缘由就向国家大张其口、索求无度。他的一个观念就是：深刻调研掌握中物院自己的情况，在争取国家支持的同时，用好现有的人、财、物。

在讨论科研工作禁试转型时，虽然有美国的资料可以参考，但不能照搬，毕竟国情不同。那么，中国怎么办？胡思得很自然地又用起民主大讨论的方法来集中集体智慧。

在组织讨论时，胡思得希望大家都踊跃发言，他总是鼓励大家充分发表自己的意见。比如在讨论美国的 SBSS 计划（以科学为基础的库存管理计划）时，他要大家都说说自己的解读和理解，不一定非得考虑全面了再发言，就某一部分也可以讲讲。他还到各所去组织讨论会，在这些会议上，他把自己当成一名普通的科研人员，从不说"我和你的意见不一样"的话，他开诚布公地说："我有我的认识，你有你的认识，没有必须非得听谁的道理，大家一起来讨论。"

赵武文回忆：

> 我陪着他去参加大大小小的讨论会，没有谁觉得拘束，不敢谈。大家都知道他的这种学术民主的风格，好像都是很自然地就讨论起来。我没看见哪个会还需要他先做一下思想工作大家才能民主讨论，他从来不说"你们充分发表意见吧""今天不扣帽子、不打棍子"之类的，没有这些话，就是简单宣布一下，我们现在开始研讨，大家就很自然地发表意见看法。①

在科研结构调整之前，胡思得还做了很多调研。

1997 年春节过后，胡思得邀请中物院各个研究所的所长和书记来他的院长办公室做深度讨论，目的就是让所长书记们讲一讲各自单位的困难和问题，他把这一系列讨论交流取个名字叫"实话实说"。讨论是小范围的，一次只邀请一个所的领导，在场的除了他，就只有负责做记录的秘书赵武文，他想通过"实话实说"进一步了解各个所的实际情况，也开诚布公地交流院里遇到的困难和未来发展计划。

---

① 赵武文访谈，2019 年 7 月 5 日，四川绵阳。资料存于采集工程数据库。

他对参会者说："咱们在这里实话实说，大家敞开了谈，记录也不会公布。"这一句话就把大家的顾虑给打消了。

赵武文记得当时自己记录的信息十分丰富、五花八门、千姿百态。整理后大概有三十多页，胡思得说到做到，这些记录他仔细审读了后，没有公布。

在充分调研的基础上，从解放生产力的角度出发，他开始对科研所进行试点调整。当然，这么大而复杂的一个单位，调整与改革谈何容易？科研所结构调整一直延续到朱祖良继任后才初步完成。调整对提高中物院效率、促进高新技术发展起到了非常重要的作用。

胡思得大力倡导军民融合新体制，开始后勤部门的改革。改革领导小组组长是党委书记姜悦楷，他大胆放手让姜书记主导改革试点。后来发生了一件事，让人们意识到，他的放权并不是放任不管，他有自己的一套方法——当时在某个后勤改革试点单位，出现了很尖锐的反对意见，反映到胡思得那里。他听到后，并没有立即表态，他自己去暗访、调研，又请总会计师去查账，充分掌握情况后，他认为，虽然反对意见不能坐视不管，但不可否认的是这个单位的改革的确很有成效，他表态要坚决支持。姜悦楷就评价说：

老胡他实事求是，他做科研是这样，当领导也是这样。这个人，有想法，从不弯弯绕，从不弄虚作假。实事求是是九院一个非常好的风气，胡思得在这一点上表现很突出。①

不是"句号"是"分号"

20世纪90年代初，美国发表了 SBSS 计划（以科学为基础的库存管理计划），表述了美国核武器实验室在没有核试验条件下的任务和策略，包括

---

① 姜悦楷访谈，2020年9月3日，四川绵阳。资料存于采集工程数据库。

如何长久维护核武库，开展哪些科研活动、兴建哪些大型科研装置来保证核武器科学研究的持续进行和人才智力的延续和更新。胡思得觉得这个计划对中物院有重要的借鉴意义，就有针对性地做了大量的研究，并指定中物院信息中心和计划部抽调专人进行调研，他亲自指导计划部部长郭金添和部里的年轻人陈晓东、张科解读 SBSS 计划。

他对美国人的计划做出了很多判断，包括 SBSS 计划的走向、美国人今后有可能面临的问题，他都做了后来看起来非常准确的研判，这些工作为中物院转型奠定了很好的基础。

要保证核武器的安全可靠有效，但又不能做核试验了，我们中国也应该有相应的库存管理计划。胡思得站在国家的高度，站在维护国家利益的角度上提出，禁试后中物院工作延续和队伍建设的必要性将长期存在，且不可忽视。胡思得告诉陈晓东：拥有一枚核武器，跟拥有上千枚的科学技术问题都一样，美国人考虑到的问题，我们也要考虑到，甚至还应该考虑得更多更全面一些。

只要有核武器，就不能忽视它的安全性问题。核武器的安全性包含两层意思，一是指防止越权使用核武器，包括防止被恐怖集团偷盗劫持。为此，除建立严格的法规和严密的安全保卫措施之外，在核武器设计中，在引爆控制系统中要设置多层保险装置和密码锁，避免意外解保以及不掌握密码的人引爆核武器。另一层意思是指在储运和使用操作过程中，万一遇到跌落、火烧、受枪弹射击等意外事故时，如何降低发生化学爆炸甚至发生核爆的风险。这就要求提高核武器内在的安全性，保证降低意外事故中发生核爆炸的风险。在核武器设计时，美国人引入了"一点安全"概念，即要求核装置在发生意外事故时，高能炸药万一在任何一点被引爆，产生一定量值以上的核爆炸能量（例如规定为 2 千克梯恩梯当量）的概率必须小于百万分之一。但即使没有发生核爆炸，而只发生高能炸药的化学爆炸，其后果也是非常严重的，因为核装置中的钚装料既有放射性又有剧烈化学毒性，随着爆炸后的散落，会造成大范围的污染。为此，核装置中敏感的高能炸药已逐步被钝感的高能炸药所替代，这种钝感的高能炸药即使受到枪弹射击或载机坠毁这类事故也不易起爆，可防止化学爆炸和核爆炸的意外发生。另外，还发展一种耐火弹芯，它和钝感高能炸药结合使用，几乎可消除在任何碰撞、着火事故中发生钚散落污染的可能性。

可靠性也是核武器的重大技术指标之一。由于核武器结构复杂，零部件众多，核武器的动作过程是在极短时间里一环扣一环地精密配合进行，动作本身要求处在相当对称均匀的状态。因此对零部件的时间同步性、尺寸公差、密度均匀性、装配精度、对称性等要求很高。过大的公差甚至会使武器失灵。核武器往往又要在较严酷的环境下工作，例如，核导弹在再入大气层时所处的过载和烧蚀等恶劣环境中，也必须按规定要求实现爆炸。另一个重要概念是如何提高库存武器的可靠性。核武器中包含有化学物理性质不稳定的材料，例如炸药和核装料，这些材料在长期贮存过程中会老化、变质、蜕变，特别是它们互相之间的不相容性，会引起加速腐蚀，严重的甚至会导致核武器失效。因此除了改善储存环境和储存状态，加强定期检测之外，在武器设计时必须考虑如何延长武器寿命的各种措施，确保库存武器在一旦需要使用时能有足够高的可靠性实现核爆并达到规定的各项战术指标。

在战略思考上，胡思得已经超越了中物院的高度，他的思考是从维护国家安全利益的角度出发的。1996 年 12 月 27~29 日，中物院隆重举办了纪念氢弹原理突破 30 周年暨某次任务表彰大会①，这是禁试后对前面三四十年工作的一次回顾与总结，也是禁核试转型的一次动员与号召，他向全院职工提出：

> 中物院有困难，我们想办法解决，不能说有困难了队伍也要散了。红旗打多久？中物院还能生存多久？这些都不是问题。国家是需要我们的，我们要为国家安全考虑。

朱光亚也参加了这次会议，并在会上做了意味深长的发言：

---

① 氢弹原理试验是 1966 年 12 月 28 日成功的。次年 6 月 17 日第一颗氢弹爆炸成功。

禁试仅仅是一个"分号"，不是"句号"。中国核武器进入了一个在更高层次上的新的发展时期。[①]

这不仅是朱光亚的判断，也是于敏、胡仁宇和胡思得等杰出科学家的共同认识。

向中央汇报

禁核试后核武器研制重点和手段的变化，事关事业前景与队伍稳定，在经过前期充分的调研和仔细的分析研究，中物院提出了符合国家实际和核武器科技队伍实际的转型对策建议。这份建议，胡思得组织院内专家反复研讨修改后，上报给总装备部，丁衡高、曹刚川、李继耐和朱光亚等领导都非常支持，朱光亚主任亲自帮助修改上报给中央的汇报稿。

1996年12月，胡思得随朱光亚主任到国务院向中央专委汇报，李鹏总理主持会议。在听取了朱光亚汇报后，李鹏总理半开玩笑地发问，国家支持这个项目，花这么些钱，那么，几年后，国家能拿到什么样的东西？朱光亚主任做了回答，李鹏总理当时很赞赏地点了头。建议很快就获得了通过。

向李鹏总理汇报后的十来天后，又通知他们，要去中南海向江泽民主席汇报。参加汇报的总装领导有曹刚川、李继耐、朱光亚、钱绍钧和康力新，中物院的领导除了胡思得，还有于敏、胡仁宇和李幼平等专家，另有221基地领导范如玉、李真富等也同去。

这次汇报十分圆满。

他们在江主席办公室大门外与江主席合影，然后进入会议室，围坐在一起开始汇报。谁发言谁就坐到江主席左侧。胡思得记得江泽民一边

---

① 孙晓光:《中兴业，须人杰》载《朱光亚院士八十华诞文集》，原子能出版社，2004，第42页。

听一边做着记录，不时还插话提问，兴致盎然。汇报结束，天色已晚，江主席挽留大家吃饭。在餐桌上，江主席谈兴依然很浓，席间边聊天边喝酒。

后来，胡思得听江主席办公室的一位秘书说，那天晚上江主席很高兴，夜深迟迟不肯去休息，一直在回味与科学家们会晤的情景。

1997 年 1 月，国家正式批准了中物院的对策建议，设立了专项工程。这一工程，不仅对中国核武器事业的持续发展至关重要，也对稳定科技队伍起到了重要作用。专项工程的设立，为核武器科技人员明确了新时期的奋斗目标和具体任务，极大地振奋了科研群体的斗志，也标志着中国的国防科技事业从此在更高层次、更复杂、更困难的条件下，与核大国开展新的竞争。

随着专项工程的开展，一系列重大战略转移的顺利实施，开辟了中物院的崭新面貌。首先是硬件条件的提升，一批大型科学装置得到建设，可以深入研究重大科学技术问题；其次是人才队伍获得提升，到今天，中物院已经形成了一代新人担当主力的科研队伍。有了好的硬件条件，通过精密物理实验，基于高置信度数值模拟，中物院的新一代在前辈积累的基础上，不断深化对武器物理机理的认知。可以说，禁核试 20 多年来，中物院的发展印证了邓稼先、朱光亚、于敏、胡仁宇和胡思得等战略科学家的英明预见。

中国核武器研制事业的转型，在各核大国中是速度最快也是最平顺的，邓稼先、朱光亚、于敏、胡仁宇和胡思得等科学家功不可没。

第七章
军控研究

国际军备控制背景

根据《核军备控制的科学技术基础》一书的解释，军备控制是指限制某类武器的部署、贮存、生产或试验，限制武装部队的人数、装备和部署以及制订一些控制军备竞赛和防止战争的安全保障措施。

军备控制通过国家间限制军备的发展和使用方式来控制军备发展水平，其主要目的是减少发生战争的危险，降低对抗水平，减少军备竞赛中不稳定因素。军控研究涉及政治、军事、外交、科技和经济等多方面，是一门社会科学与自然科学相结合的综合性学科。

由于核武器和核战争的巨大破坏性，大量贮存和研制核武器已给全球人类的生存带来了巨大的现实威胁，这使得核军备控制成为军备控制的核心和主体。

核军备控制是军控在核领域的分支，是指国家间协商达成的对核武器及其运载工具分别或同时的限制或约束[1]。由于核军备控制涉及国家核武器

---

[1] 五核国核术语工作组:《五核国核术语》，原子能出版社，2015，第1页。

发展及外交斗争，是攸关国家安全与国际安全的重要领域，因此核武器国家都比较重视核军控研究。

核武器具有空前巨大的破坏力，并能造成不分国界的大范围、持久危害。核军备控制同时也是核战略的重要组成部分。

一个国家的核战略包括四个方面：核武器在国家安全中的作用和地位；核武器的使用原则；核武库的组成和规模以及核军控政策。核军备控制实际上与核战略的各个方面都有密切关系。所以，研究核军控也是研究国家的核战略，进而从国家最高利益出发，提出国家核军备应有的规模及其发展、削减等建议；提出军控谈判中的对策建议；研究军控核查可能涉及的技术，分析其有效性、可靠性、准确率以及入侵性，从而提出可接受的程度和限制的办法，等等。

当前，核军控领域主要涉及核裁军、全面禁止核试验、禁止生产武器用裂变材料以及与此紧密相关的外空非武器化问题，目前备受关注的还有防止核扩散和反对核恐怖活动等问题。因此，核军备控制被置于国际军备控制活动的首要地位而备受重视。其实质是军事强国间为争夺政治、军事、经济利益，维护自身优势，削弱对方的重要工具。

所以，核军备控制实际上是核军备竞赛的另一个方面，是一个问题的两种不同呈现方式，其本质依然是核武器技术的竞争，是核战略的重要组成部分。

国际上公认的核军控发轫于 20 世纪 60 年代，古巴导弹危机之后，军备控制这个概念一度成为国际热点。

到了 20 世纪 80 年代，核军控再度被国际关注。最大原因是在二战结束后的这四十年里，美、苏两个超级大国进行了高速的军备竞赛，使得两国核军备达到了巅峰状态：当时美国拥有的核弹数量为 3 万余枚，苏联拥有近 4 万枚核弹，这些核弹足以多次毁灭地球。

如此庞大的核武库，仅仅维护就成为沉重的国防负担，各相关国家经济上压力巨大。另外，到了 20 世纪 80 年代，美苏对立关系有所缓和。在这种背景下，美、苏开始思考如何由核军备竞赛转入核军备控制，减缓和控制之前狂热发展核武器的不理性局面，禁止核试验的呼声日益高涨，这是当时国际舞台所呈现的大趋势。

更深层次的背景依然还是国家间战略安全与利益的博弈。最早提出禁止核试验的是1955年的《罗素-爱因斯坦宣言》，宣言称："一颗原子弹能毁灭广岛，一颗氢弹能毁灭像伦敦、纽约和莫斯科那样巨大的城市"，一大批有良知的科学家看到了核武器对人类生存产生的严重威胁，呼吁全世界各国政府禁止使用核武器。但是科学家的良好愿望被政客所利用，政客们打着"世界和平"的名义，以各种手段阻止其他国家拥有核武器，维护自己的核威慑能力。

苏联、美国是世界上拥有核武器数量排前两位的国家，他们深知核试验的重要性，自20世纪50年代后期就开始一系列限制核试验谈判，后来逐渐由这两个核大国在扩充各自核武库的同时操纵国际军备控制条约谈判，一方面是迫于国际舆论压力，更深层次的动机是限制别国发展。

早期的核试验只能在大气层进行，放射性污染很容易引发公众关注，在1963年8月，美国、苏联和英国就共同签署了一个《部分禁止核试验条约》（PTBT）并于当年11月在第十届联合国大会通过，该条约全面禁止在大气层、外层空间和水下进行核试验。

这个条约签署的时间极其微妙，背景就是预测到中国将很快进行首次空爆核试验，他们想利用这样一个社会关注点来限制中国，既巩固其自身核大国的地位，又遏制中国拥有核武器。

1974年7月，美苏又出台了《限制地下核武器试验条约》（TTBT），条约规定"禁止、防止和不进行15万吨TNT当量以上的核武器的一切地下试验"。这个时期又是中国发展地下核试验的关键时期。

可以发现：中国核武器事业每每到关键时刻，国际上就"恰逢其时"地出台相对应的限制条约。所以核军备控制背后的实质，不过是有核国家或西方发达国家利用国际条约为手段来达到自己的政治目的。

原子核物理学家、曾任国防科委核试验基地司令员的钱绍钧院士在访谈中就说道：

那些西方国家就是要限制别人发展，但讲得很好听，什么维护世界和平，本质上就是为了限制别人。为什么？因为他只考虑他自己国家的安全，最好别人都别发展（核武器），就他有，这样的话，他是绝对安全，那别人就不安全了，这个世界就是这样的。[①]

中物院前副院长，与胡思得长期合作的田东风研究员也说道：

> 1992年美国政府想要在联合国启动全面禁止核试验条约。为了说服国会，在国会报告证词中，有这么一段话："中国的核武器现代化计划在今后几年处于非常关键的时期，如果这时候能够禁止核试验的话，那么将使中国的核武器现代化被扼杀在摇篮当中，不能获得发展。"这就是美国的原意。[②]

足见国际形势对中国核武器事业发展一直是不友好的。
但中国政府建设现代化国防的信念十分坚定，没有被牵着鼻子走。

中国核军控研究的发轫

山雨欲来风满楼。当美苏两个核大国不停地操纵国际军控谈判，对我国核武器事业布下重重障碍时，邓稼先、于敏等具有高度责任感、视国家安全为己任的科学家，以极强的政治敏感和深厚的业务功底，准确地预测到国际禁核试态势及对我国核武器发展的影响。为避免国家安全的重大损失，1986年4月2日，邓稼先完成了与于敏联合署名、向中央递交的那封具有深远战略意义的建议书终稿。

这一天，也是军控研究者、核武器研制集体永远铭记的日子。这封建议书，被视为中国核军控第一份重要文件。

---

① 钱绍钧访谈录，2019年11月12日，北京。资料存于采集工程数据库。
② 田东风访谈录，2019年4月29日，北京。资料存于采集工程数据库。

正如田东风研究员在访谈中所说：

> 这封建议书……三十年后再来回顾和思考，它对中国的核军控事业也奠定了非常好的基础，开了一个非常好的先例。应该说，这篇报告是我们自然科学家研究核军备控制问题，涉足核军备控制第一个成功案例。……这份报告把核武器技术和国际的核军控斗争有机地结合起来，不仅解决了我们核技术发展的问题，同时也解决了我们核军备控制过程当中的科学技术问题，也为我们参与国际斗争奠定了一个非常好的基础。[1]

邓稼先的这份生命绝唱，是他为党和人民做出的最后贡献，这封具有超凡意义的建议书，是他和于敏在继"两弹"突破后的另一项功勋，充分体现了战略科学家的深谋远虑和真知灼见，必将隽永千古，成为后事之师。

这封建议书，开启了九院真正意义上的核军控研究。

在这份建议书之前，最早能追溯到 1976 年前后，国内有少量人开始从事军控研究。但这些人大部分是政治家、外交家，以从事社会科学的人士居多，自然科学领域的学者鲜少参加。1982 年开始，陆续有相关政府领导人在联合国对军备控制以及核军控议题表态，但这些发言仅仅是从国家利益角度去发表的讲话，并没有系统配套的对策建议。尚未打开国门的中国，不熟悉国际舞台上核军备控制的斗争，核武器研制集体也无从参加，人们当时对核军备控制的理解是局限的，认为这是社会科学领域的课题。

1985 年，邓稼先、于敏为起草建议书开展调研，专门从相关研究室抽调了人员重点调研有关核禁试方面的动态，事实上这已经是在组织从事军控研究的队伍了。

当时从研究室抽调的竺家亨、郑爱琴、杜书华和杜祥琬等人，搜集美国、苏联、英国和法国等国家核武器发展水平状况以及在核禁试方面的动

---

① 田东风访谈录，2019 年 4 月 29 日，北京。资料存于采集工程数据库。

态。① 通过这次调研，胡思得也获得了一个全新的认知：搞核武器研制的人，除了研究核武器本身的技术之外，还应该研究和关心国际上的核军备控制的情况。否则光闷头搞核武器，对国际新动态、技术新发展全然不知，就会迷失方向。

不仅胡思得有了这种认知，参加军控研究工作的同志都深刻体会到了核军控研究的重要性。后来杜祥琬、竺家亨等人也都成为军控研究队伍的中坚力量。

朱光亚是胡思得他们进入核军控领域的领路人。朱光亚主任，以其深厚的科学素养和高瞻远瞩的目光，一直关注着国际军控科技研究，是他最早提出了"军控科学技术"这个概念。后来，他与杜祥琬、李彬及宋家树等人一起撰写《浅谈军备控制中的物理学问题》一文，发表于1992年《物理》杂志上。

1989年2月—1990年2月，朱光亚曾经召集了四次专题讨论会议。他在会上对军控研究的目的及方法多次做出明确指示，他指出：军控研究首先是为我国独立自主的外交政策服务；其次是为国防科技发展战略服务，特别强调了军控研究应侧重从科学技术角度切入，结合政治、军事、外交等因素进行分析研究，并以系统分析方法和核查技术为重点。②

九所以软科学课题形式接受了核军控研究任务，成立了四个与军备控制相关的课题研究组：外空非武器化问题研究组、大规模削减战略核武器问题研究组、限制和禁止核试验问题研究组及防止核扩散问题研究组。当时九所所领导也很重视军备控制相关研究课题的进展，把上述四个议题列为所研究课题，几位副所长如胡思得、杜祥琬、杜书华等都承担了课题研究任务，并成立了一个有十几人参加的研究队伍。课题组中的王德礼和刘敏两位同志，还分别被取了"王军控"和"刘裁军"的绰号，足见当时九所人对这些新课题的好奇。

1989年6月15日，科学与国家安全研究项目（PSNSS）在九所（对

---

① 胡思得访谈录，2018年7月12日，北京。资料存于采集工程数据库。

② 王德礼：《我所"军备控制与裁军"研究工作概况》，1990年工作总结，资料存于采集工程数据库。

外使用"北京应用物理与计算数学研究所"名称）成立。胡思得任第一任组长，王德礼为秘书长，负责具体工作的贯彻落实。借由该平台，开启了众多对外交流项目。PSNSS 成为九所和中物院第一个与外面世界，特别是与世界各国的军控研究人士进行交流的窗口，对于自身具有较高保密要求的研究院所，可谓摸索到了一条合规且有效的对外军控交流渠道。

1993 年，在该项目的推动下，国内第一支核军控研究队伍组建起来。

九所情报室里成立了一个裁军项目组，最初，这个组只有三名成员：王德礼、李彬和孙向丽。李彬和孙向丽都是杜祥琬的学生，当时，李彬刚刚获得了博士学位，孙向丽刚取得硕士学位，两位年轻人在"王军控"的领导下做一些军控对策相关的研究工作。

新组建的 PSNSS 平台具体工作的开展实施均以此裁军组为依托，胡思得、宋家树和杜祥琬等都参与过以 PSNSS 平台名义开展的若干研究及外事活动，并因此带动了核军控研究这一新兴学科在中国的发展，这是后话了。

当年该平台虽立身于九所，但同时也聘请了其他单位的一些资深研究人员做顾问。学术委员会主席是胡思得，成员有陈继峰（和裁会秘书长）、程瑞声（外交协会副会长）、杜祥琬（中物院）、宋家树（中物院）、潘

特此通知。

北京应用物理与计算数学研究所文件

北京应用物理与计算数学研究所
一九八九年六月十五日

所发 [1989] 34 号

关于成立"科学与国家安全研究项目"
工作小组的通知

所属各单位：
　　根据外事工作的需要，经所办公会研究决定成立"科学与国家安全项目"工作小组。任命胡思得（研究员）为组长，王德礼（副研究员）为秘书长。小组成员有：杜祥琬（研究员）、陈学印（研究员）、杜书华（副研究员）、刘恭梁（副研究员）、赵云华（副研究员）、田东风（助理研究员）、李华（助理研究员）。

主题词：国家　安全

存　档。　共印 20 份。

北京应用物理与计算数学研究所办公室
一九八九年六月十五日印发

图 7-1　PSNSS 成立文件

图 7-2　为了更好宣传 PSNSS，自制的宣传手册

振强（国防大学）、吕敏（北京系统所）、刘尔巽（航天一院）、刘华秋（国防科技信息中心）、骆忍石（中国国际战略学会）和王玲（中国现代国际关系研究所）。PSNSS 平台组建之初就具备了开放的眼光，搭建了多家合作的构架，并且体现了自然科学家与社会科学家的良好合作。这些学术委员会委员，后来都成为军控界的元老和知名专家。进入 20 世纪 90 年代后，因早期很多顾问组成员多已退休，还有些人病故，故又增补了刘恭梁、牛强、王在邦、杨明杰、叶如安、张沱生、李根信和沈丁立等作为顾问组成员。

　　这个自创且独具特色的军控交流平台，每年会派遣学者走出国门去学习。1989—2000 年，共推荐了近 30 人参加帕格沃什科学与世界事务会议（Pugwash 会议）[①]；40 余人参加了 ISODARCO 研习班（在意大利）[②]。还开通了与美国忧思科学家联盟（UCS）的合作，UCS 每年在世界各地举办夏季班研讨会，通过 PSNSS 的引荐，中物院选派年轻学者去 UCS 参加学习，沿袭至今，已有几十位中物院人参加了该研讨会；还有去斯坦福大学的交流学习机会；等等。

　　PSNSS 平台的牵线搭桥，一方面开启了国内自然科学家与社会科学家

　　① Pugwash 会议：其全称是 Pugwash Conferences on Science and World Affairs，翻译为帕格沃什科学与世界事务会议，这是 Pugwash 国际组织举办的会议，该组织汇集了众多学者和公众人物，其目的是致力于减少武装冲突的危险，寻求全球安全威胁的解决办法。《罗素 – 爱因斯坦宣言》于 1955 年 7 月 9 日由伯特兰·罗素在冷战期间在伦敦发表。报告强调了核武器带来的危险，并呼吁世界各国领导人寻求和平解决国际冲突的办法。签名的人包括 11 位杰出的知识分子和科学家，其中包括阿尔伯特·爱因斯坦。1957 年 7 月，约瑟夫·罗特布拉特和伯特兰·罗素在加拿大新斯科舍省的帕格沃什（Pugwash）举办了关于科学和世界事务的第一次会议。罗特布拉特和帕格沃什会议因其在核裁军方面的努力，于 1995 年共同获得诺贝尔和平奖。1979 年创始人塞勒斯·伊顿去世，但帕格沃什组织一直存在至今。

　　② ISODARCO 会议：全称为 International School on Disarmament and Research on Conflicts，翻译为国际裁军与冲突研究会议。这是意大利罗马大学 Carlo Schaerf 教授发起的一个与军控、核裁军、国际安全等相关的军控学习型国际会议。

共同参与的军控交流模式；另一方面，扩大了核武器科技人员对外交流的渠道，帮助很多中物院人踏出了国门。比如后来担任中物院领导的杭义洪、何颖波和邱勇，二所的龚建、五所的姚军等，当年他们都是科研一线的年轻业务骨干，通过这个渠道走出国门看世界。他们出去所参加的会议和活动，未必对各自的业务有直接具体的帮助，但通过与国外相关人员的交流，帮助他们开阔了视野，让他们学会从战略角度去思考问题，对其个人职业素养的提升起到了积极推进的作用。

三位开创者

在 20 世纪 80 年代中后期，在朱光亚的领导下，一批具有战略眼光的科学家，开始开拓九院核军备控制研究。最有开创性的学者有三位，分别是胡思得、宋家树和杜祥琬，他们为九院的军控研究奠定了重要基础、植入了鲜明的血液。

任中物院院长后，胡思得按照朱光亚主任的安排，全力以赴完成加快任务。但他也忙里抽空，继续关注军控研究，1994 年，他与李彬及王德礼一起完成了《军备控制的科学技术研究》一文。文章从军备控制对武器作用的定量分析及研究保障军控条约实施的技术手段两个方面展开叙述，并对当时国内军控研究的现状与未来做了综评。此文一直是军控专业人员的入门教材。

金属物理学家、材料科学家宋家树也是核军控科技的奠基人之一，他是朱光亚在东北人民大学任教时期的学生和助手。1991 年，为适应军控形势发展的需要，朱光亚倡导成立军备控制科学技术专业组，宋家树受命担任专业组第一任组长[①]。

朱光亚亲自为这个专业组起名"军备控制科学技术专业组"，名字里

---

① 钱绍钧：《宋家树与军备控制研究》，载《宋家树院士八十华诞文集》，原子能出版社，2012，第 36 页。

内含一个新建立起来的学科——军备控制学科。按照朱主任的安排，宋家树积极邀请科学技术人员加入这个新学科专业组里，还聘请了外交部、安全部、国防大学、军事科学院等从事社会科学研究的人员参与课题合作，该专业组的人员中三分之二是自然科学家，三分之一是社会科学家。该专业组及项目管理办公室后来均挂靠在中国工程物理研究院名下。

宋家树谨遵朱光亚主任提出的研究方针（即中物院的军控研究一定要以技术为背景），带领专业组制定了较长期的研究规划，比较合理地布局了基础研究与对策研究、近期研究与长远研究的关系。到1997年的时候，初步构建了覆盖基础理论（国际关系理论、军备控制理论及军控研究方法等）、对策研究（国际军控形势分析和预测、大国的军控政策分析、我国的核战略、外空政策研究等）以及相关技术研究等三个方面的研究体系框架。曾经与中物院有深度合作的钱绍钧院士把宋家树、胡思得等人称为"老军控"。

1997年，总装又成立了军控核查技术专业组，依然由宋家树担任组长，他有丰富的核材料、核武器研制知识和经验，为其后的军控研究发展奠定了良好的基础。

1994年，宋家树院士接替朱光亚主任出任第二届中国军备控制科学家小组（CSGAC）主席。在担任主席期间，他曾经就中美俄核战略、美俄双边核裁军、全面禁核试条约、国际防扩散、禁产、朝核、伊核等诸多议题与美国CISAC[①]成员做了深度交流。与此同时，他亲自参与了若干相关课题的研究，取得了很多开拓性的成果。

1996年12月20日，在北京九所军控室组织的军备控制讲座上，宋家树做了《当前军备控制发展形势》的报告[②]，报告中宋家树为大家进一步厘清了当时的军控形势、所面临的任务及应采取的研究方法，特别提出了他在工作中总结出来的行之有效的一些思路：

一、军控科学技术基础研究有别于对策研究，要用自然科学研究方法开展研究。首先要调研，把定义搞清楚，而后提出模型进行分析得出结

---

① CISAC，美国科学院国际安全与军备控制委员会（Comittee on International Security and Arms Control）简称。

② 《军控简报》（1997年1月3日），中物院科技信息中心档案馆，编号（军控）970101。

论，要有理有据、有出处，要有研究储备。

二、做对策研究要有层次，不是外交对策不能轻易去提；在外交上说话需要非常慎重，不能朝令夕改。中物院的队伍要做的是对策研究的基础研究部分，成果提供给外交部，同时也需要外交部提供各种背景材料，以方便了解相关历史背景。

三、加强学术交流，普及军控知识，培养人才。建立自己的思想库，提出对应研究的学术问题，宣传我方主张。加强培养军控物理专业的研究生并去参加外面的有关活动。

四、建议军备控制科学技术专业组每年出一份研究报告，这应该是一份问题得到充分推敲后的高质量报告，直接送到外交部、中央供领导参考。

上述几个要点，为军控研究的方法做了具体指导，现今依然遵循。孙向丽研究员与伍钧研究员曾经在《春雨润物细无声——记宋家树与中物院的核军备控制研究》① 一文中写道："宋院士为总装和中物院的核军备控制研究做了大量的奠基性工作和超前性研究储备。"可见称宋家树为中物院军控研究的奠基人之一是实至名归的。

1997 年，九所军备控制研究室成立，军备控制研究从小组扩大升级为研究室，人员也增加至十余人。

2000 年，宋家树把中国军备控制科学家小组主席的重任转交给了已卸任院长的胡思得。

宋家树比胡思得年长四岁，他们在工作中有很多交集，在私下也有着深厚友谊。《宋家树院士八十华诞文集》的序言，是胡思得在百忙中为其写就的。他还为宋家树八十岁生日作诗一首："突破两弹风雷动，材料攻关立奇功。而今笑谈天下事，军控界中一劲松。"诗句里透露着胡思得对宋家树的赞誉，"理工男"胡思得平时并不刻意显摆自己的文采，但总能在各类诗作与回忆文章中展露良好的文学功底。

杜祥琬同为九院核军控研究领域的主要开拓者之一，也是核军控学科建设的主要奠基人。他的学生孙向丽评价，杜祥琬为军控研究在学科建设、

---

① 孙向丽、伍钧：《春雨润物细无声》，载《宋家树院士八十华诞文集》，原子能出版社，2012，第 132 页。

基础研究、学术交流、人才培养四个方面做出奠基性的贡献。

1990 年杜祥琬首开先河，开设了核军控物理学的硕士研究生和博士研究生课程，这个专业当时放在了九院研究生部的物理学专业下，招收的第一位博士生是李彬，第一位硕士生就是孙向丽。他带着三个学生（另一位博士生张会），开始逐步地搭建学科框架、编写教材。

一个新兴的学科，包含哪些知识？涉及哪些领域？1995 年，杜祥琬在教学讲义的基础上，把核军备控制研究中的科学技术基础编写成一本基础性的教材——《核军备控制的科学技术基础》，这本专著在收集了大量最新研究成果的基础上，把核军控涉及的技术方面的内容进行了概括性的总结和归纳，系统地阐述了有关核武器技术、军控核查技术、弹道导弹防御与空间武器的基础知识及其对国际军控斗争的影响，此外，还讨论了与核军控有关的系统分析方法。这本教材成了日后整个军控研究界的经典的入门书籍。

杜祥琬思维严谨，逻辑清晰，擅长表达，他在人才培养当中对学生言传身教，要求学生们做核军控研究一定要严谨，逻辑要清晰，写出来的文字和口头表达必须流畅。他的学生受他影响很深，孙向丽说跟杜老师学习是非常愉快也是非常难忘的一段经历。

2016 年，杜祥琬出版《核物理与核军控研究》专著，胡思得为其作序，历数老友在军控研究中开创的数个第一，并赞其敬业、严谨、睿智、敢于担当、勇于开拓创新的精神。

这么多年来，在中物院军备控制研究领域，无论领导者如何更换，总是坚持朱光亚早期指示"从技术角度切入军控研究"，从未变过，这也是中物院军控研究与国内其他军控研究的最大区别和特色所在。这些老一辈战略科学家，各自从不同层面付出智慧与心血，开启了我国从技术角度切入核军备控制研究之先河。多年后的事实也证明：像中物院这样的核武器研制单位，必须积极投身到军控研究中去，才能在清晰把握各国核态势动向的基础上，更好服务于中国的国防事业。

从邓、于那封具有高度战略意义的建议书开始，到中物院自己的科学与国家安全研究项目（PSNSS）的开创，再到专业的军控队伍和课题的建立，一步步，从无到有，从初级到专业，中物院的核军控研究事业走出了一条具有自身特色又能与国际接轨的道路。在这条道路上，很多人为之付出、为之辛劳。但宋家树、胡思得和杜祥琬是最为特殊、最有代表性的，他们是先驱者，从萌芽之始就参与；他们也是骨干，始终未曾离开。他们作为中物院军控研究的领军人物，为中物院军控科学研究的建立与发展立下了汗马功劳。

在田东风的访谈中，对胡思得的贡献有一段非常清晰的定位性描述：

> 他（胡思得）在军控领域，作为首批的科学家，应该是开拓者、开创者。而且中国的核军备控制当中的科学技术问题，也是由他、他们那批人，在朱光亚主任的带领之下开创的。这个学科从 80 年代末一步步走过来，从无到有，现在已经成长为一个比较系统的、比较健全的核技术应用学科。①

孙向丽研究员，从最早的三人裁军组成员之一，成长为战略研究中心副主任，作为军控界承上启下的第二代骨干，孙向丽曾经说过：中物院的军控队伍，是国内最早开展技术与政策结合型、成建制的专业军控研究队伍，是军控界的"国家队"。"国家队"这个称誉，形象说明了这支队伍在国防事业中的地位和作用。

首次走出国门

1986 年，曾任九院副院长的高潮②调到中国科协，担任科协常务副主席、书记处书记，成为科协主席周培源的助手。周培源还任中国人民争取

---

① 田东风访谈，2019 年 4 月 29 日，北京。资料存于采集工程数据库。
② 高潮（1933— ），中国核物理学家，1960 年毕业于苏联列宁格勒大学物理系原子核专业。曾与王淦昌、朱光亚和邓稼先等科学家一起奋斗在中国核武器研制事业第一线，曾经担任中国科协书记处书记等职务，荣获国家科学技术进步奖特等奖。

和平与裁军协会（简称和裁会）会长，于是高潮与和裁会也就有了很多业务往来。高潮为了改变九院的闭塞状态，为九院科研人员积极争取对外交流的机会，与当时的院领导商议后决定，派胡思得、华欣生和陈学印三人到意大利去参加一个有关"核冬天"的研讨会。此前周光召、黄祖洽和王淦昌等都曾出席过此国际会议。会议在意大利西西里岛召开，这是胡思得第一次踏出国门。

来之前胡思得从各种渠道得知，西西里岛是意大利著名的"黑手党"根据地，所以从机场出来时，他多少有点惴惴不安。好在当地警方对此次会议提供了周全的安保措施，在去宾馆的路上胡思得看见有警车在前面开道。所住宾馆由一所修道院改造而成，条件较好，绿意盎然，胡思得对此处的幽静、整洁印象很深。

这个研讨会，由一位意大利物理学家齐吉吉发起，得到了意大利政府的财政支持，连续在西西里岛举办了好几届。

研讨会的主题是"核冬天"。"核冬天"理论是在 1982 年由联邦德国保尔·科鲁兹恩博士与美国约翰·伯克斯博士提出，此后又有许多科学家试图预测大规模核战争后的气候效应。1983 年 12 月，美国《科学》杂志载文，对"核冬天"理论进行了详尽阐释。文章指出：地球上如果爆发一场 50 亿当量（约为美苏所拥有核武器总数的一半）的核弹大战，核爆后会产生大约 2.25 亿吨的放射尘埃及烟云，这些烟雾大约可遮挡掉北半球 90% 的日照量，从而使地球温度骤降 30℃左右，核攻击引起的地球气候巨变，会使地球进入"核冬天"。当然，"核冬天"之说，是科学家们的推断，所以也存在许多分歧与争论。

这是一个既有技术内容又有政治领域内容的研讨会，胡思得感觉十分新颖。在会上他认真听取各方代表发言，并积极参与相关议题的交流研讨。让他印象深刻的是，诺贝尔物理学奖获得者、美籍华裔科学家李政道教授也前来参加了该会议。

与此同时，意大利罗马大学的卡罗·夏夫（Carlo Schaerf）[①] 教授来函

---

① 卡罗·夏夫（Carlo Schaerf）（1935— ）1958 年于意大利罗马大学获得博士学位，罗马大学物理学教授，ISODARCO 会议的发起者和组织者。

邀请周培源去参加当年的 ISODARCO 会议，这是另一个关于国际安全与裁军的研讨会。但此时周老已 84 岁高龄，且政事繁忙，于是他建议让胡思得他们三个人代表他去参会，这个会议是在意大利的圣米尼亚托召开。所以胡思得他们一行三人从地中海的西西里岛又来到意大利中部的一个漂亮小城堡，参加 ISODARCO 国际会议。

ISODARCO 组织可以说是国际上最早的军控组织之一，也是当今军控研究的重要论坛之一，是军控界年轻学者的培训学习基地。1966 年由时任意大利科学院院长的埃多阿多·阿马尔迪（Edoardo Amaldi）与罗马大学物理学教授卡罗·夏夫一起创建。他们广邀各国著名专家，针对国际裁军、军备控制、战略稳定、地区和国际冲突等的政治问题及其背后的科学技术背景，举办系列科学讲座，为感兴趣的年轻学者提供学习和培训。

1986 年 8 月 20—30 日在圣米尼亚托召开的 ISODARCO 研讨会，是其第十一届，会议议题是"军备竞赛总体形势及战略防御倡议"。在这个主议题之下，有十多位专家做了报告，内容涉及核威慑、有限核战争、核武器效用、常规战争、军控核查技术等。每个报告之后，大家可以自由提问，报告人予以解答。

在 ISODARCO 国际会议上，胡思得他们这些技术专家初步接触和建立了有关军备控制政策方面的概念。胡思得与该会议的主要组织者卡罗·夏夫教授及弗兰西斯卡·卡罗杰罗（Franceco Calogero）教授建立了良好的关系，后者是罗马大学

图 7-3　在意大利参加 ISODARCO 会议留影
（左起华欣生、弗兰西斯卡、卡罗、胡思得、陈学印、谢淑媛、钱学锋）

的数学教授，曾经担任过 Pugwash 组织的秘书长，代表 Pugwash 组织领取过诺贝尔和平奖。

胡思得感到疑惑，原以为应该是社会科学家、外交家来讨论的政策问题，为什么会吸引那么多技术方面的专家来参与呢？这在他心里留下一个深深的问号。

当时还有意大利 Pugwash 组织给中国和裁会发通知，希望能派代表参加他们组织的 Pugwash 会议。Pugwash 是一个国际组织，爱因斯坦曾是该组织成员之一，周培源教授也是该组织的发起人之一。该组织汇集了众多学者和公众人物，致力于减少武装冲突的危险，寻求全球安全威胁的解决办法。于是和裁会再请胡思得继续参加当年的 Pugwash 会议。胡思得在"核冬天"及第十一届 ISODARCO 会议闭幕后，于 8 月 30 日赶到匈牙利布达佩斯与和裁会的曹小冰秘书长等人会合，一起去参加 Pugwash 会议，同期参会的还有宗怀德主教。

在这次的 Pugwash 会上，胡思得认识了许多国际知名科学家，如理查德·伽文（Richard Garwin）[1]，弗兰克·冯·希佩尔（Frank von Hippel）[2]等，他们都曾经做过美国总统的科学顾问，是非常优秀的科学家，在各自研究领域有着非凡的成果和声誉。他们在会上做报告讲解了与核技术相关的政策及思考。

胡思得发现，参会的技术专家里还有很多人都有研制原子弹、氢弹的经历，他们退休以后参加 Pugwash 组织并经常参加讨论交流。虽然 Pugwash 会议主题是"消灭核武器、呼吁世界和平"，但实际上就是与军备控制研究相关的学术交流会。

---

① 理查德·伽文，1928 年生于美国俄亥俄州。1947 年毕业于克利夫兰凯斯理工学院，获物理学学士学位。1949 年获芝加哥大学物理学博士学位。是 IBM 公司荣誉资深顾问。曾经在 1962—1965 年和 1969—1972 年间担任美国总统科学顾问委员会成员。作为美国国家科学院成员，还兼任多个其他学科委员会成员。期间获奖无数，如 2003 年获得国家科学奖章。2016 年被奥巴马亲自授予作为美国公民最高荣誉的总统自由勋章。

② 弗兰克·冯·希佩尔，出生于 1937 年。作为核物理学家，早期曾担任过美国总统的科学顾问。后于 2006 年，与他人共同创立了非政府组织国际易裂变材料委员会（IPFM），并在该委员会担任了 9 年主席。目前冯·希佩尔是普林斯顿大学公共与国际事务中心返聘的退休教授。

通过参加 Pugwash 会议，胡思得心里的疑问得到了解答，学者们的交流与碰撞也对他产生了很大启发。他意识到，为了维护国家安全利益，为了中物院的事业发展，不仅要做好科研业务工作，还需更关心国际形势，关注各国核武器发展及研究动态，研究分析核军控的态势，并根据我国的安全利益和核政策，结合中物院的发展实际，向国家提出相应的对策建议。

他深深认识到，维护和平、消灭核武器不仅是政治问题，更是技术问题，从事核武器研究的自然科学家应该积极参加进来。自然科学家投入军控研究，从科学技术的角度开展工作，可以给出一些非常有意义的研究结果，这些研究工作为军备控制提供了有力的科学基础，不仅可以丰富军控科学研究的内容，在一定程度上还推进了国际裁军进程，为世界和平做出积极贡献。

同时，胡思得还敏锐地察觉到，军备控制是技术科学与社会科学密切结合的新学科，涉及政治、军事、外交、科技及信息等多学科知识。完全不懂技术的人、纯粹搞技术但不懂政策的人都不适合从事军控研究。世界各国稳定性理论、各国的外交政策与核政策等国际政治相关的知识是这门新学科的基础理论，同时还需具备核武器理论基础、核查技术（核材料、核探测、信息学）等多学科知识作为研究手段。而且，军控研究关起门来搞是不灵的，必须跟国际同行交流，才能知道其他国家在研究什么、关心什么。[①] 正所谓"知己知彼，百战不殆"，通过交流可以听取到多方面的信息。在这些信息基础上，经过去粗取精、去伪存真、由表及里、由浅入深的研究和思考，形成我们自己的观点，为国家和国际社会提出意见或建议，这就是军备控制研究的核心作用。

初次走出国门，为期一个多月的三场国际交流，丰富而精彩，胡思得看到了外面的世界，让他对军备控制学科领域产生了浓厚的兴趣，为他之后的军控研究及交流打开了新局面。虽然那时我国的军控研究还处于起步阶段，但胡思得已经先行一步并开始思考如何进一步发展中物院自己的军

---

① 胡思得访谈录，2018 年 7 月 12 日，北京。资料存于采集工程数据库。

备控制研究了。

也就是从那时起，一直到现在，三十多年里，他在这个领域里勤勉耕耘，成为我国核军备控制领域里的重量级人物。

创办 ISODARCO 北京军控研讨会

第一次走出国门参会归来后，胡思得就会同一起参会的陈学印与九所领导班子商议，如何在所内开展与核军备控制相关议题的交流与研究。

机会总是留给有准备的人。1987 年初，胡思得收到了一封来信，写信人是参加意大利 ISODARCO 国际会议时认识的美籍华人谢淑媛女士，她建议由北京应用物理与计算数学研究所与意大利 ISODARCO 组织合作，在中国举办军控研讨会。其中外方代表由意大利 ISODARCO 负责聘请，北京应用物理与计算数学研究所负责组织国内学者，并提供会场、会务和住宿服务，完成会议的具体承办工作。

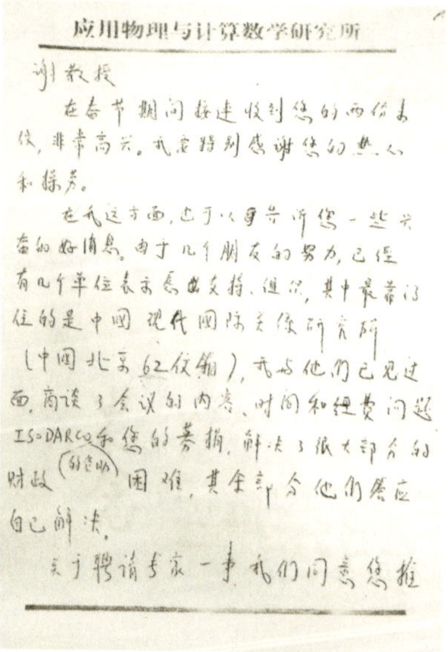

应用物理与计算数学研究所

谢教授

在春节期间接连收到您的两份来信，非常高兴。我要特别感谢您的热心和操劳。

在我这方面，也可以告诉您一些兴奋的好消息。由于几个朋友的努力，已经有几个单位表示愿出支持、组织，其中最靠得住的是中国现代国际关系研究所（中国北京62信箱），我与他们已见过面，商谈了会议的内容、时间和经费问题。ISODARCO和您的募捐（的资助）解决了很大部分的财政困难，其余部分他们答应自己解决。

关于聘请专家一事，我们同意您推

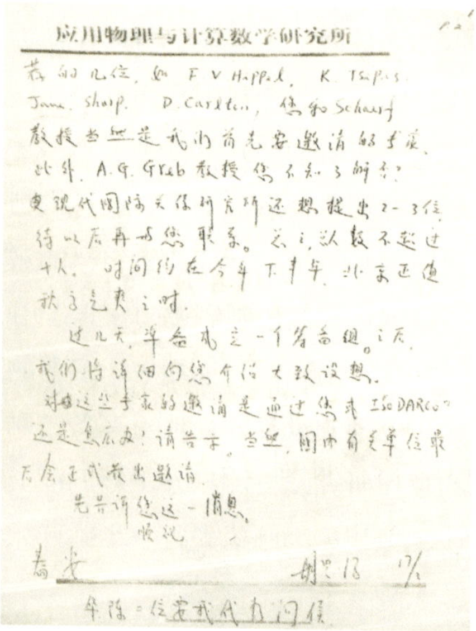

应用物理与计算数学研究所

荐的几位，如 F V Hippel，K. Tsipis，Jane Sharp，D. Carlton，您和 Schaerf 教授当然是我们首先要邀请的专家。此外，A. G. Grab 教授您了解否？现代国际关系研究所还想提出 2-3 位，待以后再与您联系。总之，人数不超过十人。时间约在今年下半年，北京正值秋高气爽之时。

过几天，准备成立一个筹备组。这样，我们将详细向您介绍大致设想。

对于这些专家的邀请是通过您或 ISODARCO，还是怎么办？请告我。当然，国内有关单位最后会正式发出邀请。

先告诉您这一消息。

顺祝

春安

胡思得 17/2

华侨二位要我代为问候

图 7-4　胡思得给谢淑媛的回信

收到这封信之后，胡思得立刻与中国和裁会相关领导商议，获得了他们的大力支持。胡思得和陈学印等还先后走访了其他单位，争取到了更多的支持，特别是中国现代国际关系研究所非常积极，成为该研讨会的共同组织单位之一。

1988 年 4 月 4—7 日，第一届 ISODARCO 北京军控研讨会在北京大都饭店顺利召开，到会的外宾有意大利物理学家卡罗·夏夫，弗朗西斯科·帕斯科利尼（Francesco Pascolini），美国物理学家理查德·伽文（他为推动这次会议的召开做了重要贡献），弗兰克·冯·希佩尔，以及研究国际政治的谢淑媛等 8 位专家，国内有 30 多位学者出席了会议。本届研讨会议题为：核裁军；核禁试与核查；核战略与星球大战。会议结束当晚，周培源会长、周光召副会长在人民大会堂接见并宴请了外宾。

第一届 ISODARCO 北京军控研讨会的胜利召开，给了胡思得极大的信心。其他人对今后继续召开此军控研讨会也兴趣倍增，于是几家主办方商议把这个国际会议固定为每两年召开一次。在胡思得等人的积极努力和促进下，从 1988 年至今，ISODARCO 北京军控研讨会每隔两年就召开一

图 7-5　参加 1988 年 4 月第一届 ISODARCO 会议的部分嘉宾

次，历经几十年风雨坎坷，一直不曾中断，截至 2019 年已经召开了 16 届，在国际军控界业已成为品牌，享有诸多盛誉。担任过多届会议主席的胡思得，克服种种困难，全程参加了所有会议。

首次研讨会的成功举办也成为中物院军控交流的良好发端。这次会议之后，陆续有一些外国专家来所访问。如 Pugwash 的主席 Rotblat 等人到访，胡思得及同事们给予了热情接待。

前八届 ISODARCO 北京军控会议突出了与意大利 ISODARCO 的联系，会议命名为 ISODARCO 北京军控研讨会；从第九届起，为了体现几家主办单位十几年来的精诚合作，会议改名为 PIIC 北京军控研讨会①，PIIC 是所有主办方单位英文首字母缩写的组合，P 是中物院 PSNSS 项目的首字母；第一个 I 是应用物理与计算数学研究所（IAPCM）的首字母；第二个 I 是意大利 ISODARCO 组织的首字母；最后的 C 是中国现代国际关系研究院（China Institutes of Contemporary International Relation）的首字母。这个国际会议从此有了两个不同的称谓。

前四届会议均在北京举办，后来应外国友人的建议，陆续到其他省市举办。迄今为止，在成都、上海、西安、厦门、青岛、南京、杭州、苏州及深圳多地都曾举办过。会议规模从第一届的 40 人左右逐步扩大，最多一次曾达 180 多人，参会外宾近百位。邀请外宾的名单也逐渐地改由中方组织者根据会议内容确定。外宾们主要来自美国、欧洲，还有俄罗斯、加拿大、澳大利亚、日本、印度、朝鲜、越南和韩国等。一些国际组织如国际原子能机构（IAEA）、Pugwash、美国科学家联盟（FAS）、美国自然资源保护委员会（NRDC）、美国忧思科学家联盟（UCS）等每届都有学者前来参会。还有曾在政府部门工作过，甚至担任过总统科学顾问、国防部部长、原子能部部长、四星上将的一些国外要员也曾应邀出席。美国一些知名大学，如斯坦福大学、哈佛大学、麻省理工学院的相关领域专家，成为了该会议的常客。为了让不同背景、不同学术观点在会上充分地表达和交流，会议既邀请倡导和平主义的人文学家，也邀请来自核武器实验室的自

① 沈晏平:《第九届 ISODARCO 协商会会议纪要》，2004 年 3 月 26 日，北京。资料存于采集工程数据库。

然科学家。对于一些技术性比较强的议题，会议通常在大会之外另安排分组讨论，以方便有技术背景的专家进行更深入的交流研讨。每届会议都深受欢迎，经常不得不精简参会人员，否则人数远超预计，难免陷入接待能力不足的窘境。

2000 年 10 月，在西安举办的第七届 ISODARCO 北京军控研讨会上，胡思得作为大会主席在开幕会发言，他借用屈原的诗句"路漫漫其修远兮，吾将上下而求索"来形容军控形势和从事军控研究、军控实践的专家学者的任务[①]。在第九届 PIIC 北京国际安全研讨会上，胡思得再次引用了该诗词。屈原的这句千古绝唱也正是胡思得及其他先驱们在军控研究道路上求索的写照。宋家树、吕敏、沙祖康及陈学印等出席了第七届会议。外方的理查德·伽文、卡罗·夏夫、迈克尔·梅（Michael May）、罗斯·高特莫勒（Rose Gottemoeller）、弗兰克·冯·希佩尔、弗朗西斯科·帕斯科利尼等与中方专家交往深厚的学者们也都到会。十多年后的 2011 年 1 月 25 日，曾是 CISAC 成员后任美国助理国务卿的罗斯·高特莫勒，到访北京时主动要求与胡思得进行了会晤。2015 年 2 月 1 日，她已成为美国副国务卿，到北京来参会时，再次要求与胡思得见面。（见右图）这都是多年军控交流结出的果实。

图 7-6　与美国副国务卿罗斯·高特莫勒（Rose Gottemoeller）
会面（左三高特莫勒，左四胡思得，左五孙向丽、左七伍钧）

举办这样的国际研讨会，按国际惯例，组织方要提供住宿、膳食，因而会议经费来源一直是研讨会的重要支撑因素，在美国核物理专家弗兰克·冯·希佩尔教授的积极推荐，以及

---

① 胡思得在第七届 ISODARCO——北京军控研讨会上的发言稿，2000 年 9 月。

图 7-7　2012 年第十二届 PIIC 国际会议（左起崔立如、海客、佩里、胡思得、保罗）

理查德·伽文等国际友人的帮助下，该研讨会从第二届起至第十二届，分别获得了美国艾伦·麦克阿瑟基金会、福特基金会的资助。2012 年因国际金融危机等原因，原来资助该会议的两个美国基金会不再提供资助。胡思得又借力他的老同学、原复旦大学校长、时任英国诺丁汉大学校长的杨福家院士，杨院士是美国核威胁倡议协会（The Nuclear Threat Initiative，简称 NTI）的董事会成员之一，通过他的鼎力相助，该会议又申请到了 NTI 的资助，会议得以持续。

2018 年，该会议的一个合作单位因主管领导人事变动导致合作中断，年过八旬的胡思得时时过问，给出很多建议和策略，第十六届军控研讨会不得不延期到次年，在胡思得等人的努力下依然圆满举行。

这个历时三十余载的军控交流会，被誉为军控领域的"常青树"，胡思得等先驱就像辛勤栽培这棵树的园丁，种下希望的种子，几十年如一日地浇水、施肥、除虫，才有了今天的分蘖成树和勃然生机。

使用国外基金会的资助来办会议，这是当年胡思得走出国门后，一步一步摸索得来的方法，用他的话就是："拿外国人的钱为中国人服务。"这背后其实是有政治风险的。但是胡思得不是一个只求保住官位的人，他一心想做实事，而且他有这样一种可贵的精神，那就是一旦着手，千磨万难挡不住，一定要做成。1988 年第一届会议，他自己努力筹得了十万元人民币，因参会人数不多，经费基本够用。到 1989 年筹备第二届会议的时候，报名人数是第一届的一倍多，就考虑申请国外基金会的资助。然而正在准备相关资料时，国际国内形势风云变幻，申请美国基金会的财务资助成为十分敏感的事情。宋家树、胡思得等人审时度势、谨慎筹谋，坚定秉持

The 15th PIIC Beijing Seminar on International Security
Suzhou China November 01-05, 2016

图 7-8　第十五届 PIIC 国际会议合影

"拿外国人的钱为中国人服务"的办会理念，使第二届 **ISODARCO** 北京军控研讨会按照原计划胜利召开。

他从不怕经历风波和坎坷，善于思考、解决困境的他总能想出办法。他一生的努力印证了"为者常成，行者常至"（《晏子春秋·内篇杂下》）的道理。

另外，胡思得做事情总是从国家利益的大局出发。办会伊始，他就与其他主办方单位制定了会议的组织原则：一是要真正有利于中国，二是在听取资助方意见后，会议议程、人员邀请等的决定权一定要把握在我方手里。三十多年来，该会议组织始终坚守这两条原则，虽然议题与时俱进、不断更新，但组织原则从未变更过。这也是该军控研讨会能得到外交部、总装备部等多家单位的肯定和支持，能得以长存常新的原因所在。

回首走过的路，胡思得对该会议总结归纳了两个关键要点：

一是成为了解别人的窗口。早期会议重点在了解有关核禁试动态、各国核武器发展情况、世界各国对某个专题某项条约的观点，所以早期的会议集中讨论核禁试、核裁军、核不扩散及外空非武器化等专题。后来讨论范围越来越大，与时俱进跟踪国际上的热点，比如科索沃的经验与教训、军事革命的影响、核材料处理、朝鲜核问题、无核武器世界、网络安全等都逐步进入到会议议题。国际上的种种信息，无论是正面还是负面的，消极或是积极的，都可以从中了解到国际军控的动态及国外学者林林总总的观点，听到外面比较真实的声音。二是成为宣传自己的平台。通过在会议上宣传我国的军控政策和主张，让各界学者更好地理解我们制定政策的出发点，从而建立良好的沟通与理解，进一步推动国内相关的军控研究，并为国际社会的和平进程做出积极贡献。譬如 2016 年第十五届会议的议题设立了"核能发展及核安全：国际原子能机构（IAEA）体系及核安全峰会之外的内容"这一专题。胡思得亲自出马，邀请国内在这方面研究比较深入的专家如杜祥琬院士、叶奇蓁院士及原子能院的资深专家前来参会并做报告，宣传我国核材料政策，以及我国在核材料保护方面的积极贡献，使会议交流收获丰硕。

迄今为止，PIIC 北京军控研讨会，在参会人数、国别之多，在议题广泛、组织有序方面，是国内军控界之翘楚。其定位在民间学术性交流的性质，造就了自然科学家与社会科学家济济一堂共同参与的良好学术氛围，使其成为业界的知名品牌而经久不衰。这个会也从另一个角度演绎了胡思得几十年来"人生难自负，求索见丹心"的漫漫征途。

参与中美军控长期稳定交流

1988 年 5 月 23 日，胡思得前往中国科学院高能物理所参加一个报告会，会议由中国科学院院长周光召主持，这次会议又开启了胡思得与美国 CISAC 交流活动的新航程。

CISAC 指美国国家科学院国际安全与军备控制委员会（Committee on International Security and Arms Control，简称 CISAC），成立于 1980 年，其任务是研究有关国际安全和军备控制的科学技术问题，在很多著名的期刊上发表过相应的学术报告；同时还开展与苏联及欧洲等相关科学家组织进行的交流会谈，交流内容和结果不对外公开。

CISAC 是一个非政府的学术机构，其成员大多为资深科学家及大学教授，大部分成员是美国国家科学院、国家工程院的院士，有的还曾经是美国总统科学顾问委员会成员。他们中有人曾经担任过空军参谋长、核战略部队司令，也有在核武器实验室和美国宇航局担任过领导的成员，还有曾在国务院、国防部、能源部出任过部门领导的成员。基于这些特殊背景，CISAC 对历届美国政府的军控政策能产生一定的影响力。

这是胡思得第一次接触和参加与 CISAC 方面的交流。当时 CISAC 主席是著名的潘诺夫斯基教授（Wolfgang K. H. Panofsky）[1]。他是杰出的高能物理学家和加速器专家，他帮助中国发展高能物理研究，特别是在建造北京正负电子对撞机方面发挥了非常重要的作用，曾获得过我国政府颁发的"2000年度中国国际科学技术合作奖"。在这届会议上，潘诺夫斯基教授做了题为"深度裁减核军备的期望，中国的作用"之报告，胡思得觉得报告很新颖。

同年六月底，李政道教授致信朱光亚主任说，当年十月份潘诺夫斯基教授会再次来华，能否与中国科学家就核军控议题举行一次会议。

考虑到中方科学家在军控方面研究刚刚起步，朱主任建议先派少数几位科学家与之接触，他建议胡思得作为中方主持人。

1988 年 10 月 7—8 日，美方的七位专家与中方的七位学者如期举行了交流会。中方参会人员有胡思得、杜祥琬、何祚庥、黄祖蔚，刘华秋、邹云华、张国东（翻译员）七人。美方出席的七位专家为：潘诺夫斯基、卢·艾伦（Lew Allen，美国国家工程院院士，喷气推进实验室主任，曾任美国空军参谋长）、约翰·斯坦布伦纳（John Steinbruner，布鲁金斯学会对外政策研究计划部主任，曾任对外关系委员会委员）、迈克尔·梅（曾任劳伦斯利弗莫尔国家实验室副主任）、查尔斯·哈德·汤斯（Charles Hard

---

① 潘诺夫斯基（Wolfgang K. H. Panofsky，1919—2007）生于德国柏林。1938 年毕业于美国普林斯顿大学，1942 年获美国加州理工学院博士学位。美国国家科学院院士、美国艺术与科学院院士，并获多国外籍院士荣誉，其最大贡献是斯坦福直线加速器的建造，他还是中美在高能物理所加速器合作的开拓者，对北京正负电子对撞机的研制给予了大量的帮助。

Townes，美国国家科学院、美国艺术与科学院院士，加州大学伯克利分校教授，曾任总统科学顾问委员会副主席，NASA 载人航天飞行科学顾问委员会主席），理查德·伽文（美国国家科学院、美国艺术与科学院、美国国家工程院院士，曾任总统科学顾问，国防科学委员会成员）及林恩·鲁斯滕（Lynn Rusten，CISAC 的事务总管）。

会议地点设于北京东城区的欧美同学会，双方就空间军备控制、核禁试、核裁军以及亚洲地区稳定等四个问题交换了意见。胡思得作为中方主持，致了欢迎词。在这次会上还约定了今后将在外空非武器化、削减下来的核弹头的处置及核查、核查与保密的关系及防止核扩散四个议题上进一步深入探讨。

10 月 8 日晚上，中方为美方举办了一个高规格的冷餐会。特邀出席冷餐会的还有朱光亚、周光召、王淦昌、陈能宽、于敏等人，都是中国核武器研制领域里的重量级科学家。

之后，胡思得与杜祥琬一起，向朱光亚主任、聂力副主任等汇报了与CISAC 交流活动的详细情况。

1989 年 11 月 9 日，潘诺夫斯基再度访华，在科学会堂与中国科学家进行了非正式会谈，朱光亚主任主持会谈。胡思得参加了会议。中方参会的人员还有陈能宽、庄逢甘、梁思礼、于敏、何祚庥、吕敏、杜祥琬等。

1990 年，在朱光亚主任的领导下，国内各相关单位就与 CISAC 交流有关议题做了深入的研究和准备。通过之前的铺垫与探索，1991 年 8 月 5 日，中国科学家军控小组（Chinese Scientists Group on Arms Control，简称CSGAC）成立，挂靠在中国人民争取和平与裁军协会名下。第一任组长为朱光亚，组员有庄逢甘、钱家栋、潘振强、杜祥琬、宋家树及程鲁生。

之所以会有这样的举措，是出于背后更深层次的战略考虑。朱光亚以及同时代的科技领导人，以前瞻性的战略目光判断出：光靠外交家、社会科学人士，远远不能做到在战略层面上运筹帷幄；如果不能把握军控谈判背后的一些技术要素，谈出的条约也不可能有效保障国家利益。

1991 年 10 月 8—10 日，朱光亚亲自率领中国科学家小组出访美国，在中美科学家 CSGAC-CISAC 交流会上，朱光亚讲话，他特别介绍了中国

图 7-9　与潘诺夫斯基一起参会

人民争取和平与裁军协会（CPAPD），这个协会是由 21 个民间组织构成的非政府机构，中国科学技术协会就是其成员之一（朱光亚时任科协主席）；之后他又介绍了中国科学家军控小组及其所做的研究工作，主要集中在：军控核查技术、防止空间武器竞争、核裁军与禁试、控制武器级核材料、防止核扩散、国际与地区安全等几方面。[①] 他还专门谈了核武器安全问题，强调中国发展核武器是为了不使用核武器的观点。他的这篇讲话记录了那个时代中美间军控交流的良好状态，特别是与 CISAC 的交流史，值得长久回味。

　　1994 年宋家树接替朱光亚成为第二任组长；2000 年胡思得接替宋家树成为第三任组长。2016 年，做完心脏搭桥大手术后的胡思得，把组长的重任交给了田东风，田东风成为 CSGAC 第四任组长。美国 CISAC 委员会则在 1994 年由加州大学伯克利分校的能源教授约翰·霍尔德伦（John Holdren）开始担任第二届主席；在 2004 年，由雷蒙德·让洛兹

---

　　① 朱光亚:《在中国科学家小组与美国 CISAC 进行双边学术交流时的讲话》，载《朱光亚院士八十华诞文集》，原子能出版社，2004，第 299 页。

（Raymond Jeanloz）[①] 教授接任第三届主席至今。

与 CISAC 的交流从 1988 年持续至今，几乎没有间断过。CSGAC 与 CISAC 的全体会议基本上是每年一次，早期在中国和美国轮流召开。作为中国科学家军控小组第三任组长，胡思得分别在 2001 年、2006 年及 2013 年三次出国参加 CSGAC–CISAC 交流会议（2006 年的会议，因为签证等原因改在加拿大温哥华召开）。

随着交流的深入开展，有些技术性较强的议题在全会上很难进行深度交流，美方建议每年增加几次小型专题性讨论会，美方只派少数几位专家来华参加此会，这种专题讨论会一般都在北京举行。

中美 CSGAC–CISAC 双边军控交流会议还有一条重要规则，这是当年该活动的两位创始人朱光亚和潘诺夫斯基协商后所订立的，即：会议不写、不留纪要，会后不公开引用会上的发言。这条规则的制定，可以让发言者畅所欲言，使交流得以更加深入。几十年来活动一直遵循这一规则，这也是交流能得以良好进行的原因之一。

该活动是中美科学家在军控领域高层次的交流，也是民间的友好交流。美方专家对美国政府在国际核态势及安全问题所持态度有比较中肯的观点，中国科学家军控小组（CSGAC）本着"关注热点问题、了解对方情况"和"从科学技术问题角度，了解对方，宣传自己"的原则，充分利用这一特殊的交流渠道。

每届会议的交流议题就双方关心的军控问题和国际安全问题，包括核军备控制、地区安全、导弹防御系统、外空军事化、反对核恐怖活动、防止核扩散等展开。这些议题既涉及国际安全与世界和平，涉及反恐、防核扩散，也涉及中美两国的国家安全和利益。近些年还开展了核法证学（Nuclear Forensics）、军控核查技术等技术性较强的交流。特别是双方共同编纂了《核安全术语》，获得了国际军控界的一致好评。

---

① 雷蒙德·让洛兹（Raymond Jeanloz）（1952—）1979 年在加州理工学院获得博士学位。美国国家科学院院士，美国加利福尼亚大学伯克利分校教授，曾任美国国家研究委员会（NRC）地球科学与资源理事会主席；美国政府的资源和环境及国家和国际安全顾问，曾获麦克阿瑟奖、美国地理物理学会詹姆斯麦克文奖、美国矿物学会奖、美国国家科学院科扎雷利奖、美国物理学会 Szilard 奖、美国科学家联盟 Bethe 奖。

交流活动对促进两国科学家在国际军控一些重大问题上的相互了解、相互理解并达成共识发挥了重要作用。不仅促进了中美两国科学家之间的友谊和相互信任，更有助于两国关系的正常发展，有助于国际社会的稳定和世界和平。

对此，胡思得在 2013 年 4 月 11 日庆祝 CSGAC–CISAC 交流 25 周年宴会上的致辞中有一段阐述：

总结过去 25 年 CSGAC-CISAC 的交流，我们认为有一些重要启示：

一、尽管我们的观点不尽相同，但我们双方本着共同的目标——寻求有一个稳定的国际关系和持久的世界和平，通过交流，沟通想法，增进彼此理解，取得更多的共识。这是我们之间交流取得成果的主要原因。

二、我们是两国科学家之间的交流，属于民间的学术交流，但这种交流对增进中美关系是不可或缺的。正如李克强总理在会见基辛格博士时指出的，"把中美关系之路走实走远，离不开两国社会各界尤其是两国人民的支持参与。双方可采取灵活多样的方式，让更多人成为中美关系的参与者、建设者、获益者，汇聚推动两国关系发展的新动力。"CSGAC-CISAC 的交流生动地体现这种支持和参与。

三、我们的交流有一个非常宽松的学术环境。CSGAC-CISAC 交流的两位创始人订了一条规则：会议不搞纪要，会后不公开引用会上的发言。这样可使发言者畅所欲言，使得交流更加深入。25 年来，大家一直遵守这一规则。这是我们交流取得成果的宝贵经验之一。

我和 CSGAC 的同事们一致认为，继续与 CISAC 保持经常性的交流是非常必要的，对中美双方都非常有益。我们将尽最大努力，把我们的合作推向新的高度。[①]

这段论述把中美军控科学家长期以来交流的意义和成效做了提纲挈领的概要。

---

① 胡思得：《在庆祝 CSGAC-CISAC 交流 25 周年宴会上的致辞》，载《为国家安全而奋斗：胡思得院士文集》，原子能出版社，2018，第 140 页。

相对应地，CISAC 资深成员，美国公民最高荣誉——总统自由勋章获得者理查德·伽文博士也曾撰文："正如美国在国家治理以及民众生活方面存在诸多问题一样，中国在成长为世界领袖的道路上仍将面临众多挑战。当今世界，各国政府乃至各国民众间互动与交流之迅捷堪称史无前例。我衷心希望中美两国能携手把握我们面临的共同机遇，排除各种问题的干扰。中美两国之间存在着相互学习的广泛空间，共同创造或者共享知识与智慧更加令人期待。这种努力将有助于营造一个健康安全的环境，令中国、美国乃至整个世界的民众感到心满意足。"[1] 他的这番言论从美国人的视角为 CISAC 交流的意义与成效做了更进一步诠释。

与美国多年的军控交流活动还取得了一项具有非凡意义的成果，值得军控学者们作为经典案例加以参考。

在交流初期，美国 CISAC 成员对我国宣称的不首先使用核武器政策有许多疑虑。经过多次交流后，中方代表多次讲解我国一以贯之的核政策、核战略的合理性和必然性，讲解政策制定的关键点及出发点，让美国同行真正了解中国出台不首先使用核武器政策的历史背景，了解该政策对减少使用核武器的风险，避免核战争，促进国际核裁军、防止核扩散，促进地区安全和世界和平的有效作用，后来美国 CISAC 成员把这一政策也写进他们的军控主张之中。在 1997 年 CISAC 的出版物中明确宣称："美国应当宣布核武器的作用仅限于威慑对美国及其盟国的核攻击，宣布不首先使用核武器的政策。"[2] 这个结果成为可圈可点的交流范例。

在胡思得担任中国科学家军控小组组长的十七年时间里，类似的交流成果还有很多。

1988—2016 年，中美间一共举办了 39 次交流会[3]。胡思得参加了中国科学家军控小组（CSGAC）成立之前的三次会议。CSGAC 成立之后的 36 次会议里，胡思得一共参加了 23 次，缺席会议的主要原因是担任院长后忙于各种要务而无暇分身。而 2015 年的第 33 次全会，胡思得是因心脏搭

---

① 《理查德·伽文博士访华四十年》序言，内部资料。
② 伍钧访谈，2018 年 6 月 26 日，北京。资料存于采集工程数据库。
③ 史建斌整理《CSGAC–CISAC 历次会议简况（1988—2016）》。

桥手术而无法参会。让他意外而感动的是美方 CISAC 给他写了一封信，美方全体参会成员均有签名。有位叫 Alstair Iain Johnston 的 CISAC 成员，中文名为江忆恩，有一定的中文水平，通过他的努力，信件以中文写就。信中说："CISAC 全体代表想向您表示我们的尊敬和佩服。您对中美军控事业的贡献极为重要。我们诚意地希望您能够很快地、很顺利地恢

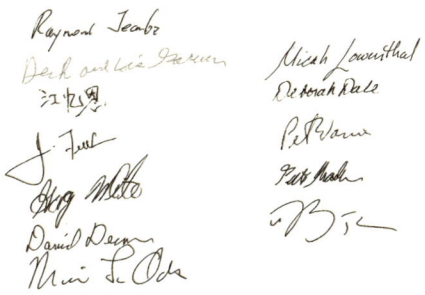

图 7-10　CISAC 成员慰问胡思得的信件

复身体健康。"此信足见胡思得的人格魅力与德高望重，是胡思得几十年岁月洗练后的人品展现。

促进中俄交流

中国与俄罗斯两国间的交流源远流长。1997 年 5 月，中国总理李鹏与俄罗斯总理切尔诺梅尔金签订了成立中俄核问题分委会协议，协议约定该分委会主席分别由中国核工业总公司总经理及俄罗斯原子能部部长担任。该分委会的主要任务是研究监督两国在核领域的科技、工业、军转民以及经济上的合作事宜。

核工业部与俄罗斯联邦原子能部曾签署《关于在军转民及和平利用原子能领域科技和经济的合作协议》，这是两个政府部门开始正式合作的标志性文件。俄罗斯方的签字人是维尼·米哈伊洛夫，俄罗斯科学院院士，时任俄罗斯原子能部部长。该协议内容广泛，其中包括两国武器实验室之间的交流合作以及在核裁军、核军控及核不扩散领域的交流事宜。

1994 年 11 月 30 日，胡思得作为中物院院长，率团访问俄罗斯核武

器研究院和部属的一些研究所，同行的有钱绍钧、宋家树、李幼平、杜书华、刘恭梁、万国彦，这是胡思得第一次对俄罗斯进行访问。

在俄期间，胡思得访问了两个核武器研究院——全俄技术物理研究院、全俄实验物理研究院，以及莫斯科的脉冲技术研究所、自动化研究所、圣彼得堡的电物理研究所，与院、所的领导和专家进行了多次会谈和研讨，签订了一些合作意向，参观了他们多处实验场地和设施。

图 7-11　1994 年在全俄
技术物理研究院留影

图 7-12　1996 年米哈伊洛夫部长接见中方代表团

全俄技术物理研究院是 1955 年成立的，位于斯涅任斯克市，代号车里雅宾斯克 -70。这个研究单位建在一个大森林里。在那里，中方代表团受到涅洽依院长的欢迎，也碰到许多访问过中物院的专家，久别重逢，大家相聚甚欢。在欢迎宴会上，许多人一边畅怀饮酒，一边高声歌唱，气氛极其热烈。

全俄实验物理研究院成立于 1946 年，位于萨罗夫，代号阿尔扎马斯 -16。这里聚集过一大批优秀的苏联科学家，苏联早期的核武器都在此地诞生。

胡思得在这里见到了对中国核武器发展起过重要影响的科学家——涅金。

1958 年，根据中苏两国签订的《国防新技术协定》，涅金曾来华指导中国发展原子弹，给二机部和九局的领导做报告时介绍过一个苏联的原子弹教学模型。应该承认，这个报告对中国科技人员认识原子弹奥秘，起了十分重要的作用。但由于这个教学模型中的"活性材料"用的是钚，而当时中国无法生产钚，于是中国的第一颗原子弹没有照抄这个教学模型，最终自行设计了原子弹。但不可否认，涅金的报告确实起到了一定的教学作用，帮助中国跨进原子弹研究的大门。

中国人懂得感恩，当胡思得在欢迎宴会上见到涅金时，就诚恳地邀请他再次访问中国。涅金很高兴地接受了邀请，还愉快地回忆起当年在华与贺龙元帅会晤的情景。涅金还请胡思得向能源部部长米哈伊洛夫院士汇报，希望获得赴华访问的批准。胡思得在莫斯科见到米哈伊洛夫院士时，向他提及此事，米哈伊洛夫欣然同意，可惜年事已高的涅金由于身体原因，未能实现再次访华。

中俄双方毕竟经历过长期的隔阂，恢复交流后再重新开始相互了解，这个过程给胡思得留下了许多五味杂陈的回忆。

在莫斯科自动化研究所，陈列室里放着很多样品，胡思得看到有个中子管，体积很小，产额也可以，就顺口问询是否可以卖给中方，主人爽快地给予肯定的回答。回国后，胡思得再组织有关专家前去洽谈，陈列室里却没有了这个中子管样品。估计是这个产品过于敏感，俄方不想或不能

图 7-13　2004 年中俄签订协议

卖，就把它从陈列室中撤掉了。

在圣彼得堡也发生过一起令胡思得难以忘怀的事件。他们访问圣彼得堡的电物理研究所，受到热情款待，电物理研究所所长曾多次访问过中物院，中方向他们订购过加速器和其他设施，在一定程度上缓解了他们一时的财政困难。一天，电物理研究所的专家陪同钱绍钧和胡思得去参观一家光学玻璃厂，说如果需要也可商谈采购。但令他们意想不到的是厂方态度很冷淡，居然不同意中方进去参观，只派一位工程师出来到会客室应付，原来俄方工厂自认奇货可居，开出高价，中国人买不起，胡思得和钱绍钧自然觉得工厂的做法荒唐可笑，令人生厌，陪同的俄方专家也极为难堪。

胡思得回忆，他们当时去光学玻璃厂，确实想为国内准备建造的大型激光器物色合适的玻璃，但碰了钉子也没办法。回国以后，该项目领导坚定了自力更生的决心，广泛发动更多科研单位、工厂和民营企业，要快速搞出自己的特种玻璃，果然，各种特型玻璃器件的任务很快就取得重要的突破和进展。

后来，俄罗斯要建一个大型激光器，还与我国洽谈要买我们的特种玻璃。听到这一消息，胡思得万分激动，感到扬眉吐气。他在自己的回忆录里记录了这一事件。当时他兴奋地写下日记："真是'天下事难不倒共产党领导的中国人'！事实证明，我们靠自力更生，没有克服不了的困难。"

1999 年 1 月，胡思得出访俄罗斯，同年 10 月 11—29 日，与朱祖良再赴俄罗斯。之后于 2000 年 9 月再次出访俄罗斯。2001 年 7 月 24 日，时任中物院院长的朱祖良在莫斯科会晤了俄罗斯原子能部部长、俄罗斯科学院院士鲁缅采夫。依据 1996 年 4 月 25 日中俄两国元首签署的《中俄联合声明》，以及 1994 年 11 月 30 日所签署的中国工程物理研究院和俄罗斯原子能部之间的协议，双方决定在全球战略稳定性与军控领域开展合作交流，正式启动了中物院与俄罗斯原子能部之间双边长期稳定的研讨会交流模式。

中方与会者主要是来自中物院与军控研究相关的专家学者。俄方与会者主要来自俄罗斯联邦国家原子能集团公司及其下属全俄实验物理研究院、全俄技术物理研究院、全俄自动化研究所等。这些专家及学者具有丰富的核武器研发经验，部分专家直接参与了俄罗斯核战略制定，不仅掌握俄罗斯核武器、核安全与军控核查技术发展，还十分了解俄罗斯当前核裁军与军控政策情况。对俄方观点的解读与分析，不仅可以加强我们对国际形势的全面认识，也有助于提升我们在全球战略稳定性和军控科技等领域的研究水平。

2001 年 12 月 13—14 日，首届中俄战略稳定性和军控研讨会在北京顺利召开。

2002 年 7 月 22—23 日，第二届中俄战略稳定性和军控研讨会在莫斯科如期举行。

有了好的开头，也就有了正常运作的基础和经验。从此后，依据协议，该研讨会每年召开一次，轮流在中国和俄罗斯举办，迄今为止，已经成功举办了 18 届。这 18 届会议中，除了第十二、第十四、第十六及第十八届在俄罗斯举办，胡思得因年事已高不再出国参会，其他的 14 届他均有出席，且大部分是作为代表团团长及会议主持人身份参加。

2012 年 10 月 10—11 日，第十一届中俄战略稳定性和军控研讨会在

图 7-14　2001 年 12 月第一届中俄会议合影

杭州召开。胡思得以战略研究中心主任的身份，作为中方代表团团长，做了开幕发言。在本届研讨会上，中俄双方就核裁军、全球核态势、核不扩散、外空非武器化与导弹防御等议题进行了充分的交流。

中俄全球战略稳定性与核军控研讨会成为中俄科学家交流学术、寻求共识、开展合作的一个重要平台，在当前条件下，对维护两国的国家安全具有重要意义。继续维持这一交流机制，并逐步拓展交流范围与交流深度，加强技术领域的交流与合作，使其发挥更大作用，一直是该研讨会努力追寻的目标。

失望的访美经历

1994 年 2 月，应美国原子能部邀请，中方成立科学家代表团访美。胡仁宇院长为团长，代表团成员有：国防科工委科技委委员钱绍钧、复旦大学校长杨福家、核试验基地科技委主任叶立润、中物院副院长胡思得和中物院总工程师彭翰生。这是一次对之前美国核武器实验室专家到访中物院及中国核试验基地的回访。按照对等原则，中国科学家代表团计划参观美国劳伦斯利弗莫尔、洛斯阿拉莫斯、桑迪亚三个国家实验室以及内华达核试验场。除了参观，代表团还有一项任务是与美国实验室讨论下一步基础性、非敏感科技合作交流事宜。

代表团一行六人先飞到旧金山，按原定计划，访问的第一个目的地是美国劳伦斯利弗莫尔国家实验室（Lawrence Livermore National Laboratory，简称 LLNL）。下飞机后，来接团的是在劳伦斯利弗莫尔实验室工作的台湾学者，同为中国人，自然很亲切，但是这位学者遗憾地告诉代表团：美国政府不批准中国代表团参观内华达核试验场，改为参观尤卡山核废物处置库。听到美国政府做出这种不对等的安排，中国代表团成员意外又失望，大家商议后一致决定不去尤卡山，保留参观美国核试验场对等安排的要求。

曾任美国总统科学顾问的专家肯沃斯（Keyworth）与杨福家教授熟络，他曾经为促进中美科技合作做了大量工作。得知杨福家教授来了旧金山，他盛情邀请代表团全体成员去他家里小聚。代表团成员随杨福家教授一起去肯沃斯家里度过了一段愉快的时光。告别时肯沃斯还再三预祝代表团访问圆满成功。

当天晚上，利弗莫尔国家实验室的约翰·纳克尔斯（John Nuckolls）所长作为东道主举行了欢迎酒会。美方来参加接待工作的成员基本都是在利弗莫尔工作的台湾学者，对代表团一行人非常热情。他们告诉代表团：以前有科学家到访，实验室领导从来都不会安排他们参与活动，这次实验室领导能特意安排他们来接待，他们自己感觉十分扬眉吐气。他们还兴高采烈地向代表团透露，这次劳伦斯利弗莫尔实验室准备了很隆重的一个清单，开列了双方可以合作的若干项目，听到这样的消息，代表团成员当然感觉非常愉快，大家对明天及以后的交流满怀期盼。

第二天清晨，由于时差原因，胡思得很早就醒了，凡事认真仔细的他把行前准备的合作清单又拿出来浏览了一遍，做到心中更加有数。

会谈开始，纳克尔斯所长主持会议，请胡思得代表中国代表团先做发言。胡思得就把之前准备好的有关基础性、不含敏感内容的可合作项目坦诚道出。他发言完毕，按照日程安排，应该是劳伦斯利弗莫尔实验室的相关人员对胡思得发言做出回应，并提出新的意见与建议。但胡思得发现，下一位发言者，纳克尔斯所长称之为"大使"，这位大使接过话筒，一张口就大谈特谈美国加利福尼亚州洛杉矶地区是地震多发地带，并说了解到中国古代预测地震的技术很高明，他建议在这方面开展合作。他的发言让中方代表团成员一头雾水、不明就里。核武器实验室之间去从事地震研究合作，完全是驴唇不对马嘴的事情啊，大家面面相觑，再看纳克尔斯所长的脸上，显示出一副无可奈何的表情。

所有的一切与出访前沟通好的内容都对不上号。趁茶歇休息时，胡思得就向陪同接待的台湾学者询问这是怎么回事？台湾学者告诉他们：昨天晚上接到美国能源部、国防部的紧急通知，和中国实验室的交流不能进行。之后美国实验室相关人员经过努力，得到了美国临时成立的指导委员会的许可，交流可以进行，条件是把与武器研究相关的部分全部去掉，于是就剩下两项内容：一项是军控，还有一项是环境。事情到了这个地步，胡思得心里明白了，这次交流合作很难有什么实质性的内容与进展了。

进而，中国代表团也尴尬地发现，他们破天荒的第一次到访，让劳伦斯利弗莫尔实验室如临大敌。会议室的门外一直有"便衣"看守着。中国代表中途去洗手间，这些"便衣"会一直"护送"客人到达洗手间门口。会议室外的走廊上和洗手间内都贴着醒目告示："有外宾在此处访问"。中国代表团成员大部分来自保密单位，对这种待遇和阵势很了然于心，也就见怪不怪了。

也有让人高兴的事情，上午的交流会议里，被誉为美国"氢弹之父"的爱德华·泰勒，还有与胡思得认识多年的老朋友潘诺夫斯基，也来到会场与大家一起合影留念。泰勒还与中方代表团共进午餐。钱绍钧回忆，午餐时泰勒与他讨论了一个基础研究方面的问题，交谈中泰勒的情绪比较愉快。

会议结束后，按照日程，接下来是参观劳伦斯利弗莫尔实验室的 Nova 激光装置和准备建 NIF 装置的大厅。参观之后还举行了技术研讨会。代表团成员对激光装置很感兴趣，因为可以在实验室研究核武器中某些物理问题，当时国内也正在策划建造一个相当规模的激光装置。

第三天，中国代表团离开旧金山前往圣塔菲。当飞机越过内华达州上空时，陪同的美国专家请他们从飞机舷窗向下俯瞰，说机翼下的那片地方就是内华达核试验场地。其实哪里看得清呢，大家只得打趣说："在飞机上瞭望一下好了。"

接下来的行程是访问洛斯阿拉莫斯国家实验室（Los Alamos National Laboratory，简称 LANL）。实验室主任西格弗里德·赫克（Siegfried Hecker）[①] 热情接待了代表团。交流会上大家坦诚交流，胡思得感觉比之前访问劳伦斯利弗莫尔国家实验室时谈论的内容要更有趣些。之前因为在劳伦斯利弗

---

① 西格弗里德·赫克（Siegfried Hecker）出生于 1943 年。1968 年在凯斯西储大学获冶金学博士学位，1970 年开始成为洛斯·阿拉莫斯实验室的博士后，1973 年成为物理冶金组的技术员，后成为实验室主任。是美国国家工程院院士，俄罗斯科学院外籍院士，美国多家学会的会员。一生获奖无数，目前是斯坦福大学国际安全中心的联合主任，2004 年以来曾七次出访朝鲜，是研究朝核问题的资深专家。

莫尔实验室已经知道了美国能源部的态度，中国代表团对与美国核武器实验室的合作交流已不抱任何希冀了。但在与他们的交流中，大家感到洛斯阿拉莫斯实验室的领导和专家对合作交流项目的讨论要比劳伦斯利弗莫尔实验室认真得多。当然，这些项目最终也都没能得到执行，但胡思得他们清楚地了解，责任不在两国科学家，而是美国政府的干扰。

当胡思得他们一行来到洛斯阿拉莫斯实验室的爆轰实验场地，不由心头一震：这里与中国青海221厂太相似了：沙堆、碉堡、大风、铁丝网，甚至连那些因疾风劲吹而挂在铁丝网上的破布条、塑料片都如此相像。同样的空旷，一样的寂寥，此情此景映入眼中，让胡仁宇、胡思得及彭翰生三人恍若回到了当年的221爆轰场地。历史的风沙以相同的笔触，淡化了曾经的爆轰尘烟，添加了荒凉的萧索，留给后人无尽的遐思。

之后中国代表团按原计划参观了洛斯阿拉莫斯实验室的展览馆。展馆内容丰富、布置精巧，是一个科普性质的展览馆，也向公众开放。胡思得他们正赶上一群美国小学生参观，他们一起观看了介绍洛斯阿拉莫斯实验室的电影。这次科普性质的展览，给了中物院代表极大的启发，回国之后，他们就推动了在中物院

图7-15　1994年3月参观美国劳伦斯利弗莫尔实验室（左起：叶立润、杨福家、胡思得、胡仁宇、彭翰生、钱绍钧）

建立科技展览馆的计划。中物院科技展览馆于1999建成，朱光亚主任亲自为展览馆题名、剪彩。馆内除有原子能、核武器等科普知识之外，还有中国各代领导人对发展核武器的决策和指示，以及中国科技人员、军人及工人们在核武器事业中艰苦奋斗、坚韧攻关的感人事迹。展览馆很受欢迎，现成为四川省爱国主义教育基地之一。

中国代表团随后访问了美国第三个核武器实验室——桑迪亚国家实验室（Sandia National Laboratories，简称 SNL）。桑迪亚实验室是由两个分部组成的，一个分部在旧金山附近，靠近劳伦斯利弗莫尔实验室；另一个则在洛斯阿拉莫斯实验室附近，中国代表团参观的是后者。桑迪亚实验室的领导保罗·罗宾逊（Paul Robinson）对中方代表团非常大方地说："你们想看什么地方都可以。"回想之前若干计划都被更改的种种遭遇，此话让大家半信半疑。当到达参观大厅，发现所有的参观都是隔着玻璃窗的，大家也就明白为何会如此大方了。

桑迪亚实验室的主要任务是为核武器研制配套使用的电子部件，但它的业务不限于此，在研制人造卫星方面也发挥了很大作用。

桑迪亚实验室在旧金山附近的分部，胡思得在 1998 年 6 月访问斯坦福大学时应邀去参观过。这样一来，胡思得算是把美国三大实验室都完整地访问过了。

这次访问核武器实验室的唯一"成果"，是中美双方同意设立"实验室对实验室合作（Lab-to-lab Cooperation）"项目指导委员会。指导委员会曾经开过多次交流磋商会议，提出了很多合作交流项目。美国洛斯阿拉莫斯实验室的西格弗里德·赫克所长，还专门到北京，与胡思得等人做了详尽讨论，预设了若干交流项目，最后获得美国政府批准的只有两项：军控核查和环境保护。略有常识的人都知道，这两个项目里压根不可能涉及核弹头及中子弹的具体技术，然而，1999 年，以考克斯为首的美国众议院一群别有用心者，居然把这个交流合作诬蔑为是美科学家向中方泄露核武器秘密的途径，"实验室对实验室合作（Lab-to-lab Cooperation）"项目也就遗憾地终止了。

驳 斥 荒 谬

1999 年 5 月，以美国为首的北约空袭南联盟，中国驻南联盟大使馆也遭轰炸。硝烟尚未散尽，中国政府和人民在等待美国就这一野蛮行径做出交代的时候，美国国会却抛出一份调查报告——《关于美国国家安全以及对华军事及商业关系的报告》。这份报告由美国众议院政策委员会主席克里斯托弗·考克斯（Christopher Cox）牵头，以众议院"联合调查委员会"名义发表（下文简称《考克斯报告》），捕风捉影地诬称中国通过窃取美国军事技术而危害了美国的国家安全。

这份长达 872 页的报告共分为三部分，文中污称中国二十多年来在美国国家核武器实验室窃取了七种核弹头和中子弹的机密；还指责中国通过美国境内的幌子公司，从学术交流、旅游观光、接触实验室雇员等渠道搜集核弹头和高性能电脑技术的秘密资料。报告还估计中国目前正利用这些机密资料研发两种陆上机动洲际弹道导弹，以及一种潜艇发射的洲际弹道导弹。

报告的遣词用句，尤其是总体结论，使用了一些颇具煽动性的话术。报告里也没有对其指控和假设提出任何令人信服的证据，只引用了一些没有根据的论断，到处充斥着猜测性的语言，比如报告中断然声称"中国工程物理研究院一直力图密切与美国武器实验室联系，在 90 年代的中后期，中国工程物理研究院的数个高级管理人员至少两次到美国洛斯阿拉莫斯和劳伦斯利弗莫尔国家实验室去获取和收集情报。中华人民共和国武器实验室研究单位访问美国国家武器实验室，有利于中国人接触美国武器科学家以获取美国核武器信息"。

《考克斯报告》出台之后，国际舆论一片哗然。中国政府第一时间表明态度、严厉驳斥，朱光亚、胡思得等人也立即意识到，必须直面美国人的无端指控，把事实讲清楚。

国务院新闻办公室组织相关专家写批驳文章，召集包括九院、航空航天、兵器、电子部等有关的各个部门，针对《考克斯报告》中所罗列的所谓证据，一一进行批驳。

因为《考克斯报告》中分量最重的是核武器的部分，我方的批驳文章中核武器也相应放在第一部分，参加这一部分起草的有朱光亚、钱绍钧、杜祥琬、胡思得、田东风、张天元等人。时任九所外事办主任的张天元回忆，核武器的部分由朱光亚、胡思得等几位大专家逐字逐句地推敲，最后是朱光亚把关定稿。

张天元回忆说：

> 我们重点批驳偷盗核武器机密这个问题，论证中国是怎么突破核武器研制难关，而且也向世界宣布了核武器研制和数值模拟方面的最新的进展，讲得很实在。定稿之后，送上去，国务院新闻办一字不差地全部发布。考克斯报告的重点是攻击中国偷窃核武器，批驳文章的重点也是在这里，也把美方攻击的航天、卫星、舰船、常规武器，还有雷达、大规模计算机等做了批驳。①

在批驳文章中，第一次公布中国在 20 世纪 80 年代中期拥有中子弹，第一次公布王淦昌早在 60 年代就提出了激光热核聚变的理论，第一次披露（于敏领导的）强激光聚变理论计算的相关内容。

这篇文章，以及后来新闻办的答记者问，在国际上产生了非常强烈的影响。加之《考克斯报告》完全是捕风捉影，所以引发的风波在较短时间内就平息了。

经此一事，朱光亚决策，索性组织一个报告团以正视听，在国内公开宣讲"两弹"突破的历程，把中国核武器发展之路向大众做报告。中物院迅速组织人员撰写报告，挑选宣讲人员，从 6 月到 9 月，朱光亚三次审阅讲稿并做修改。

这个名为"中国核武器发展之路"的报告团规格很高，朱建士、董海山、陈俊祥、李取希等杰出专家担任报告人。报告共分为四讲："独立自主、自力更生——中国核武器发展道路""中国氢弹突破和小型化研究""中国特色的核武器发展道路""驳斥《考克斯报告》在核武器问题上对中国的污蔑"。他们的报告第一次披露中国科技工作者艰苦奋斗、白手起家的攻关历程，在全国各地宣讲多场，受到高度好评和广泛欢迎。

---

① 张天元访谈，2018 年 7 月 19 日，北京。资料存于采集工程数据库。

2018 年 7 月，张天元在接受采集工程采访时，正值美国总统特朗普对"中国制造 2035"大肆诬陷，据此又谎称中国从美国窃取科研机密得以开展"863"计划。张天元由此感叹道：

> 《考克斯报告》后来弄得很臭，1999 年到现在 20 年了，20 年来没有任何人来翻案。20 年来美国人的招数有变化，但是对我们的敌意与诽谤一丝没有变化。20 年前和 20 年后，看起来是两码事情，实质上都是一类事情，美国就是想制造机会把中国整垮。[①]

《考克斯报告》横空出台，中美科学家正常交流戛然而止。好在真正的科学家虽有国别的不同，但正直和道义的底线是相近的。美国一些知名科学家也先后公开驳斥。

先有理查德·伽文发表文章，批驳《考克斯报告》中无根据无凭证的臆测。他在美国《今日军控》(*Arms Control Today*) 1999 年 4-5 月号上，发表了《中国为何不制造美国弹头》，从物理学、弹头设计及战略部署合理性等几个角度出发，分析了中国根本不会使用 W-88 核弹头技术，从而也根本不会有窃取该技术的必要性和可能性；另外还引用了曾任洛斯阿拉莫斯实验室主任哈罗德·阿格纽(Harold·Agnew)发表于 1998 年 5 月 17 日《华尔街日报》(*The Wall Street Journal*) 上的文章："W-88 的设计确实非常老。基本的实验是洛斯阿拉莫斯实验室完成的……当时我是主任，我 20 年前就已经退休了。……没有任何一个国家会储存依据他国计算机程序的程序。"文中还指出：《考克斯报告》声称"美国从来没有部署过中子武器"，事实上在 1970 年中期，美国曾部署了 80 枚中子武器的反弹道导弹系统。可见考克斯连自家武器部署情况都没搞清楚，信口雌黄之说比比皆是。伽文博士在报告中给出一个重要结论：所谓中国获取关于 W-88 及 W-70 的特殊核武器信息，不会直接损害美国安全。如果中国基于这些信息去制造核武器，需要大量的投资，而获得的会是对他们并不特别有帮助

---

① 张天元访谈，2018 年 7 月 19 日，北京。资料存于采集工程数据库。

的武器。①

伽文博士是美国知名的粒子物理学奠基人之一，有 47 项发明专利，还是美国氢弹问世的功臣。他的仗义执言非常重要。之后，伽文又写了一篇《核机密：对中国的匆忙判断》，发表在 1999 年 8 月 3 日巴黎《国际先驱论坛报》上。开篇第一句话就直指《考克斯报告》的虚假："我们每个人都有权利做出自己的判断，但不能编造事实。"文中接着说："报告第二章有大量没有事实依据的主观臆断，其中错误地声称中国通过'窃取'情报促进了核武器的设计而与美国'平起平坐'。……但它没有回答一个关键问题：这些情报如何帮助中国未来的核武器系统，尤其是在不再进行核试验的情况下。"在报告末尾伽文博士给出了自己的结论和建议：《考克斯报告》中众多事实错误以及增加美中紧张关系的明显意图，不符合美国的国家安全利益。所建议的在美国和外国科学家之间设置壁垒的补救措施不能解决问题，而且会对未来的美国国家安全造成甚于考克斯委员会宣称的"窃取"威胁。

美国斯坦福大学国际安全与合作中心的科学家们，包括潘诺夫斯基及其同仁们也一起发声，对《考克斯报告》的胡乱臆测、缺乏事实根据的判断进行了批驳。他们群策群力写就了《考克斯报告评析》一文，在斯坦福大学国际安全与合作中心②出版社印刷成书。

《考克斯报告评析》分为四个部分，第一部分由江忆恩执笔，内容为中国的政治、经济和核武器使用原则，江忆恩是哈佛大学政治学教授，曾经出版《文化现实主义：中国历史上的战略文化与大战略》一书，对中国有很深了解；第二部分由潘诺夫斯基执笔，内容关于核武器，题目直截了当："对《考克斯报告》宣称盗窃美国敏感核武器情报的批评。"第三部分由劳伦斯利弗莫尔实验室的物理学家马克·开普勒执笔，内容涉及中美实验室合作项目；第四部分由中国及俄罗斯导弹及太空研究和发展方面的情报专家刘易斯·富兰克林执笔，内容涉及导弹问题。这些专家，无论

① 见《理查德·伽文博士访华四十年》，第 155 页。非正式出版物。内部资料。
② 斯坦福大学国际安全与合作中心是一家致力于核武器的国际作用、核军备控制、与国家安全相关的高技术出口控制及对华政治与政策研究的资深单位。

是对核武器技术了解的专业性、对真实事件的掌握度以及所写内容的客观度，都比考克斯牵头的众议院"联合调查委员会"更具专业性、权威性和说服力。

前言就直截了当："我们认为，考克斯报告在许多方面欠缺真实的、有根有据的观点。报告中一些重要事实和有关结论是错误的，许多结论甚至毫无根据。"①

江忆恩在开篇指出：考克斯报告的概论第一页就发表了一个非常错误的声明，说美国还没有部署先进的辐射导弹或中子弹。事实上，美国已经部署了三种类型……这不是一个严重的错误，而是在如此重要的报告里犯这样的错误是不可容忍的。

文中对有关窃取 W-70 中子弹技术一说也给予了有理有据的驳斥。潘诺夫斯基的文章中有一个定论："所谓窃取有关 W-70（即中子弹）保密情报，与中国现在和未来的战略上或战术上的军事态势基本上无关。"② 该定论让《考克斯报告》中关于窃取该型号技术情报之说，不攻自破，只能彰显其捕风捉影的实质。

作为深谙核武器设计制造技术的潘诺夫斯基在文中详尽分析，什么洛斯阿拉莫斯的李文和涉嫌泄密和违法工作，是把一些与保密武器相关的计算机程序转录到非保密系统，由此就认为这些程序可以大大支持中国核武器设计是非常值得怀疑的。他特别强调：中国已经有 35 年的核武器研制经验。李文和所做的程序翻译起来很困难，而且即使翻译过来最多对中国的基础研究有点帮助，不足以导致一种新核武器的设计，特别不可能的是在无实验条件下部署这种新设计的武器（中国当时已加入《全面禁止核试验条约》）。洛斯阿拉莫斯实验室前主任哈罗德·阿格纽给潘诺夫斯基写信，在信中也明确表示：中国不可能基于泄露的核武器情报基础上去研制一种新的核武器，或者未经实验的核装置，而且这种程序可能是不完备的，甚至含有"病原体"，假如使用这种程序设计，将产生有缺陷的结果。

---

① 见《考克斯报告评析》，北京应用物理与计算数学研究所军控核查技术研究室译，第3页。
② 见《考克斯报告评析》，北京应用物理与计算数学研究所军控核查技术研究室译，第8页。

美国真正了解核武器设计的学者们对《考克斯报告》的批驳，是有效澄清，直接为中国科学家解了围。

外国学者们秉持着正义之心为中国洗刷冤屈，真可谓"患难见真情"。无论中美关系怎样恶化，都不会影响到胡思得与潘诺夫斯基、伽文、赫克等人深厚绵长的友谊。因为他们在多年的交往中，彰显了彼此的道德与人品、良知与情义。

《考克斯报告》没有任何证据就无端指控"实验室对实验室合作"计划是"传播美国核武器秘密资料到中国的渠道"，既不说明开展该项目的原因，也不讨论该计划给美国带来的好处，更不符合实际——从前面所述中国代表团访美行程中可以看出，要想截获"美国核武器七种核弹头和中子弹的机密"，可能性完全是零。

事实上，在 20 世纪 80 年代，美国科学家曾在美政府的允许下开展与中方的交流，于 20 世纪 80 年代后期结束；之后在 1994 年，美中又开启了军控技术交换项目（ACE），这是美国倡议开展起来的合作项目，其目的是增进与中国在军备控制领域、核材料保护及不扩散领域的交流。当时美国的出发点是要把中国拉入《全面禁止核试验条约》及《不扩散核武器条约》中来。基于这一想法，美国提出了在不扩散核武器、军备控制、核材料保护、控制及衡算方面（MPC&A）与中国开展合作，从项目开始到实施，均得到了美国国家安全委员会及科学技术政策办公室的批准。由美国国务院、能源部、军控与裁军署、国防部、白宫组成的中介合作委员会（Interagency Contact Group，简称 ICG）一直负责领导与监控该交流项目的实施。每一个待讨论的议题均需要 ICG 的批准后方可进行。截至《考克斯报告》出台，ACE 项目的所有的交流讨论都与中国核武器计划及技术信息相距甚远。在潘诺夫斯基及其同仁们撰写的《考克斯报告评析》一文中，详细追述了当年中美"实验室对实验室合作"计划的来龙去脉，并指出：中美核武器实验室间的交流合作，让中美双方增加信任度而彼此受益，这正是美国所倡导并符合美国远景目标的做法。

而《考克斯报告》使该交流完全终止。

经过十多年的搁置后，美国人发现中美实验室间不进行交流就会存在很多问题，特别是他们无法了解中国核武器实验室在做什么，于是提出恢复武器实验室之间的交流合作项目。美方通过官方和民间的多种渠道向中方表达了恢复合作项目的意向，还承诺首先安排中方科学家去参观之前未能按计划参观的内华达核试验场。美方给时任外交部军控司司长刘结一的信中写道："譬如中方九月份去参观内华达核试验场，十月份我们再回访参观你们的核试验场。"而外交部的回复干脆利落："我们不去，先把《考克斯报告》问题谈清楚再说。"

考虑到《考克斯报告》严重破坏中美核武器实验室之间交流合作的政治基础，并使中美两国核科学家的名声和尊严受到极大伤害，首先必须澄清事实还原事情的真相，同时吸取教训以防后患。胡思得与相关单位一起商议后对美方提出：想要恢复中美"实验室对实验室合作"项目，并使其在合理、合法的条件下顺利执行，同时需要让受《考克斯报告》伤害的中美两国科学家沉冤昭雪，须先完成两件事，或曰美国政府必须公开声明两件事：一是承认我们过去的合作符合中美两国的国家利益；二是过去的合作是在两国政府指导下，符合各自政府的保密法规，即中美合作是合法行为。

这两条声明对今后的合作是必不可少和极其重要的，但美国政府内部对公开声明存在严重分歧，第一条可以很痛快承认；但是第二条则比较难。因为当年的《考克斯报告》是国会的产物，不是政府所为，现在政府如果把责任全推给国会也不太可能行得通。而且当时的总统也不想跟国会形成矛盾和对立。于是美国政府希望用其他办法来替代这第二条，中方的回答是不行，必须要公开声明。所以时至今日，美国未能完成声明，中美间"实验室对实验室合作"项目也就依然搁浅无法恢复。

当时曾有美国科学家很不理解为什么中方始终要坚持这两个声明。他们来华访问时曾当面问询胡思得：你们为什么非要如此坚持这第二条呢？胡思得告诉他说："你去仔细看看《考克斯报告》，他在报告里提到美国科学家把一些与核武器秘密相关的内容透露给了我们，所以不仅中方有问题，你们美方也有问题，关于合法性这件事，不仅对中国科学家来说是必须的，对美国科学家也同样是必须的。"来访者听闻此言，回到宾馆连夜把报告从美国国内调出来细细阅读了一遍，第二天再与中方交流时说："现在理解了中国为什么如此坚持此条要求了。"他们明白了合法性这一条对美国科学家也是十分重要的，否则美国科学家也会受到泄密等一系列麻烦的牵连。

与国际友人的交往

从 1986 年第一次踏出国门，种种因缘际会，让胡思得结识了各色人等，大浪淘沙，有的彼此敬重、真诚相待，成为终身朋友；有的心怀叵测、动机复杂，往往对中国政府怀有敌意，这类人就被胡思得毫不犹疑地清除出"朋友圈"。

有三名情谊深厚的好友值得一书。

第一次出国参会，胡思得结识了美国学者理查德·伽文，两人以跨越国家和意识形态的属于科学家的真诚，建立起长达近五十年的友谊。

1987 年，伽文尽己所能，出主意想办法帮助胡思得在中国举办军控研讨会，而且多次来中国参会并做精彩报告。1999 年美国国会抛出《考克斯报告》，污蔑中国偷窃美国核武器技术秘密，伽文挺身而出，仗义执言，据理驳斥，让胡思得更添增一份对他的尊敬。

伽文博士于 1974 年首次访华，2014 年正逢他访华四十周年。当年 10 月，按照之前的计划，将在北京举办 CSGAC–CISAC 中美交流会。年初，胡思得就开始领导战略研究中心相关人员，为伽文博士访华四十周年制作纪念文集。胡思得亲自撰写前言，以此作为特别礼物，记录并感谢伽文博士为中美交流所做的积极贡献。为了让文集尽可能完善全面，他亲自指导编辑小组，找到很多相关人员收集旧照片等资料。特别值得一提的是，编辑人员历经周折，找到了已故复旦大学前校长谢希德的儿子，因他已定居美国，赶在回国办事的间歇，拜托他翻到了当年谢希德与伽文博士一起参

图 7-16　伽文访问中国留影（左起：田东风、胡思得，伽文夫妇、潘诺夫斯基、杜祥琬、魏开顶）

会的珍贵照片[1]。

　　每逢重要节日，两位老朋友都会互致问候。2018 年伽文博士夫人仙逝，胡思得在第一时间发去慰问信函。如今都已是耄耋老人，深厚而绵长的友谊定格在渺渺流年中，往昔峥嵘又美好的记忆永志在心，两人始终将对方视为可亲可敬之人。

　　另一位老友是意大利的卡罗·夏夫教授。1986 年两人在意大利相识，1988 年胡思得等举办了第一届 ISODARCO 北京军控研讨会，卡罗·夏夫教授欣然赴会。风雨如磐，其间无论是意大利的 ISODARCO 研习班，还是中国的 ISODARCO 北京军控研讨会，都经历过几乎要停摆的困境。无论是时局动荡，还是资金不到位的种种困扰，都被他们以各自百折不挠的坚韧毅力克服。作为 ISODARCO 的发起人，卡罗·夏夫教授全程参加了在中国举办的 16 届会议。每次参会，夏夫教授都一定会做大会报告。而每一届在意大利召开的 ISODARCO 会议上，夏夫教授都会给中国的参会

---

① 《理查德·伽文博士访华四十年》，第 55 页。非正式出版物，内部资料。

图 7-17　与伽文博士在 CISAC 会上的合影

代表很多优待：不收会议费，安排车接车送，甚至会特别体贴地给中国代表送来热开水（知道中国人不习惯喝冷水）。他与胡思得两人间的友谊也历经岁月的洗礼而愈发珍重。2019 年在深圳举办第十六届北京军控研讨会，此时卡罗·夏夫已是 83 岁高龄。胡思得非常挂念，再三嘱咐会务组安排好他的往返行程相关事宜。两位白发人历时多年的情谊，在点点滴滴的细节里彰显着，让与会者深受感动。

　　俄罗斯学者维尼·米哈伊洛夫院士是一位风格独特的朋友。包括胡思得在内的中方学者习惯称他为"老米"。他们相识于 1993 年，那次时任俄罗斯能源部部长的老米来中国访问，第一站是中国的核试验基地——马兰，胡思得受胡仁宇院长派遣，与基地科技委主任叶立润一起陪同他从北京前去。他们计划乘坐民航机到乌鲁木齐后转乘专机飞马兰，不料乌鲁木齐天气恶劣，下起了大雪，专机停飞，只好临时改乘吉普车。胡思得记得，一路上老米除了抽烟就是打呼噜，老米向胡思得介绍说这是他在核试验场里练成的"养生之道"。在漫天大雪中天渐渐黑了下来，为了保证这位重要外宾的绝对安全，吉普车子不敢开太快，到达马兰时已经午夜。吃过一顿名副其实的"晚饭"，回房休息时已接近凌晨一点。

按原计划，他们次日上午还得赶回乌鲁木齐乘飞机去成都，早晨五点就得起床进试验场。虽然凌晨才休息，但是老米依然在早晨五点就按时起床。进入试验场后，老米对核试验设施非常熟悉。新疆的天亮得晚，在黎明模模糊糊的天光中，老米摸索着电缆，从电缆的粗细就能脱口说出它们的用途。这让胡思得感觉，老米不仅是一位高级官员，更是一位有着丰富实践经验的学者。

从核试验场返回后，在招待所稍作休息，他们就立即启程回乌鲁木齐。中途在一兵站休息，兵站条件简陋，厕所还是旱厕，胡思得问老米是否习惯，老米笑说他们那边也是如此，还表扬这个厕所打扫得很干净。

当天下午到成都，胡仁宇等院领导在机场欢迎老米，然后乘车去院部。第二天，胡思得继续陪同老米去各所实验室参观。

老米看得非常细致。胡思得记得，在某一个研究室，老米看见有一台仪器柜，他先用双手扶住摇了几下，又问能否打开查看，胡思得说当然可以，于是老米就从上到下把每一格抽屉都打开看，看到里面确是满满的仪器，满意地笑了。

老米的这番动作，反映了当时俄国技术专家对中国同行的陌生，有些俄罗斯学者甚至低估中国的技术。眼见才为实，诚恳的老米成了中国人民的好朋友，他在推动中国发展核电事业方面发挥了很积极的作用，为此获得中国政府颁发的友谊勋章。

从那次陪同参观之后，他与胡思得有了更多的接触。特别是胡思得卸任中物院院长后，老米也从原子能部部长位置上退了下来，胡思得担任了新成立的中物院战略研究中心主任，老米也担任了俄罗斯能源部新成立的战略稳定性研究所所长。双方部、院领导的协商，中物院和原子能部之间要开展核军控和战略稳定性的学术交流，组织该学术交流的任务，就落到胡思得和老米两人的身上。

2001 年 12 月，第一届中俄战略稳定性和军控研讨会在北京召开，老米率俄罗斯原子能部代表团出席，代表团中有许多来自核武器研究院的专家，有的参加过与美国有关核军控的谈判。双方商定研讨会每年一次，轮流在中、俄召开。这样，胡思得与老米几乎每年都可以见一次面。

老米写了一本自传，书名为《我是鹰》，有中译本。胡思得怀着浓厚的兴趣读完他的自传，觉得老米确实是翱翔在苏联核武器事业上空的雄鹰。

老米有两个嗜好：喝酒和抽烟。他的酒量很大，喝茅台酒时他会主动要求换成大杯。这两个嗜好对他身体特别有害。2010年，他来上海参加中俄战略稳定性和军控研讨会，胡思得发现他的身体已显得十分虚弱。他们俩拥抱时，老米的身体几乎都压在胡思得的身上，若不是旁边刚好有个大沙发挡了一下，他们两人差点摔倒在地。

这一次，胡思得发现老米的烟酒瘾几乎没有了。于是，他一方面对老米坚持前来参会表示敬佩和感激，一方面对他的起居给予特别的安排，派专人照顾，唯恐有闪失。

这是老米生前最后一次参加中俄战略稳定性和军控研讨会。2011年6月25日，老米在莫斯科家中去世，安葬在莫斯科Vagankovsky公墓。胡思得想起在过去18年里，多次与他讨论军控问题，想起两人相处的点点滴滴，他为失去一位老朋友感到悲痛。

创立战略研究中心

时光荏苒，岁序更新。胡思得从1986年开始就活跃在军控研究领域。1990年胡思得成为中物院副院长，1994年成为院长，1999年卸任，这期间中物院军控舞台上很少能看到胡思得的身影，因其有重任在肩，更兼有保密要求的限制，但胡思得的心从不曾离开过这片领地。从当年参与起草那份建议书起，胡思得就养成了时时关注国际动态，特别是西方核大国核态势动向的习惯。1999年，胡思得从院长岗位退下来后，就把工作重心投入到军控研究中来，并致力于组建我国高水平的军控研究队伍，领导从事相关的技术和政策研究，为国家及中物院的发展再建新功。

2003 年 11 月 23 日，中物院院机关会议室里，掌声一片，院长朱祖良郑重宣布战略研究中心成立。成立大会上，胡思得被任命为中心的首任主任，朱祖良院长与胡思得主任一起为战略研究中心揭牌，同

图 7-18　战略研究中心成立时与朱祖良院长（左 1）共同揭牌

时还宣布了院长助理田东风为中心副主任，伍钧、邱勇为学术秘书。为了加强与院科技信息中心的联系，聘请信息中心主任赵武文为战研中心的兼职副主任。

胡思得又开启了事业新篇章。从最早的裁军组，到 1997 年的军控研究室，再到 2003 年新成立的战略研究中心，这些机构的变迁也铭刻了以胡思得等为代表的中物院军控研究先行者们的足迹。

新成立的战略研究中心定位为中物院下属的"智库型"科研机构，主要负责开展与中物院有关的、涉及国家安全的核军控、核态势、核战略及核政策问题研究。中物院充分发挥自身的独特优势，开展有技术背景的战略问题研究，准确判断国际形势发展动态，及时把握发展机遇，适时向上级领导和机关提出具有前瞻性的战略判断和时效性的对策建议。

战略研究中心是以技术和政策研究相结合为特色的学术机构。其主要研究项目有：各国核战略、核态势、核武器技术发展动态、军备控制与裁军、核扩散、反恐防恐、高新军事技术发展动态对国际战略平衡的影响以及核军控核查与监测技术研究等问题。同时继续积极开展学术交流，与国内外有关的战略研究机构开展对话和合作。战略研究中心的发展目标是成为我国在核政策、核战略、核军控领域的一流智库。

钱绍钧院士对战研中心的成立有很到位的评价，他说：

　　胡院长的贡献，就是建立了一个机构、一支队伍。这支队伍应该是国内第一的……①

孙向丽研究员则说：

　　战略研究中心的成立，建成了我国在核军控、核态势、核战略研究方面集大成的一个单位，一个机构，成为名副其实的在军控研究方面具有国家层面高度的一个智库。虽然它体量很小，但它的研究范围，它的涉及面，拿出来的成果都可以说是属于国家级别的水平。②

　　胡思得与朱祖良等院领导，加上宋家树、刘恭梁、田东风、赵武文、邱勇、龚建等这些军控界的元老和骨干，一直积极致力于战略研究中心的长足发展。他们群策群力，把中心搞成开放式的，动员中物院信息中心、一所、四所、七所、八所等相关研究人员以及院外专家一起来承担有关课题，例如，信息中心的赵武文、冯晓辉、胡鸣怡，四所的邱勇（后任四所所长、中物院副院长）、黄维国，八所陈晓东等都对有关专题提交过质量很高的报告。还聘请了中国核工业总公司原科技委的诸旭辉教授，以及吕敏院士、潘振强将军、徐纬地教授、李彬教授、沈丁立教授等院外著名军控专家作为中心的顾问，帮助开展相关议题的研究工作。诸旭辉是核材料专家，对于伊朗、朝鲜核问题，为战研中心的课题研究提供了不少重要信息。原国防科技信息中心的邹云华女士，曾参加过《全面禁止核试验条约》的谈判，战研中心出资请她把我国参加谈判的过程整理成文，成为珍贵的参考学习资料。

　　关于战研中心的定位和发展，胡思得在采访中曾说：

　　战略研究中心对国家外交和军队的发展，应该是起了一点作用

---

①　钱绍钧访谈，2019 年 11 月 12 日，北京。资料存于采集工程资料库。
②　孙向丽访谈，2021 年 3 月 19 日，北京。资料存于采集工程资料库。

的……我们国家的核事业要从多个方面、不同的角度来捍卫。现在外交形势比较紧张，比如说核武器的非法化，无核武器世界的提法，要废除核武器、禁止生产核材料等问题。这些问题的解读实际上都是跟我们国家的核事业紧密相关的，我们是在另外一条战线上为国家工作。

战研中心成立后，他们在原九所军控室所承担的课题上，又进行了扩充和改进。之前的军控室在军控研究中有十多年的基础，但战略研究中心不仅局限于军控研究，还拓展到整个核战略、核政策、军控外交等方面的工作，是一个扩展型集大成型的智库。①

无论是当初的军控室还是升级后的战略研究中心，胡思得一直为其操心操劳。特别是成立战略研究中心之后，他更是以多年的工作经验和前瞻性眼光，在服务宗旨、学术原则、学科建设、队伍组织和文化建设等方面谋篇布局，才成就了今天作为"国家队"的智库地位。

他首先把战略研究中心的服务宗旨确定为立足于国家利益，站在国家战略安全考量的角度上来做军控核战略、涉核战略研究，而不仅仅服务于中物院。中物院的核武器发展利益就是国家利益，中物院的利益要服从于国家利益。这个宗旨从定下来到现在不曾改变过。

在对战研中心孙向丽副主任的访谈中，她解释了该宗旨确立的意义：

他为什么特别强调这个宗旨，就因为在军控研究当中有一个现象，有些部门、有些单位，或者说来自不同部门的军控工作者，在做军控分析、军控形势分析判断及对策研究的时候，常常是站在自己部门和单位这个角度上去看问题，去提出对策建议。这时候就容易偏颇，没看到国家利益，考虑问题就不够全面，站位不够高。胡老师特别强调我们是以服务于国家利益为宗旨，所以我们所有的战略研判、战略对策、建议的提出都要以国家利益为指向，服务于国家利益，而不能单纯考虑中物院的利益，还要考虑到核武器发展所引起的一些军

---

① 孙向丽访谈，2021年3月19日，北京。资料存于采集工程数据库。

控外交方面的一些问题……我们主要是基于核物理、计算数学的理科基础来做军控研究，但军控研究中有好多政策研究，涉及很多社科类的问题研究，还有外交层次的一些问题，我们怎样去跟这些研究单位的同志去交流去结合，如何结合社科与技术方面的研究，都需要有综合考虑。这个宗旨一旦定下来，在站位、在学科布局上就容易做到全面和平衡。所以这个宗旨我认为是特别重要的。而且这么多年来，它一脉相承，一以贯之，从来没有改变过。[1]

同时胡思得还确定了战略研究中心的科研工作原则：保持独立的科研精神。

他一直对年轻人强调，在做战略研究分析判断的时候，要敢于担当，要有独立的精神。这也是他自己多年来的学术风格。最近几年随着机构调整，有些人对战略研究中心的定位提出了一些不同看法，但胡思得始终提倡不能更改战略研究中心这个独立的智库型咨询研究机构性质，一定要保持相对的独立性。不能从属于某一个上级部门，或者某一个主管部门的意志——可以接受其他人的领导，接受一些不同意见，但独立性原则不能更改。他自己也是一直坚守该原则。

在学科建设方面，胡思得注重根据不同领域来划分不同课题，根据课题项目再细分到不同的研究人员。2003 年以后战研中心就全面铺开了多领域的课题研究。其中有

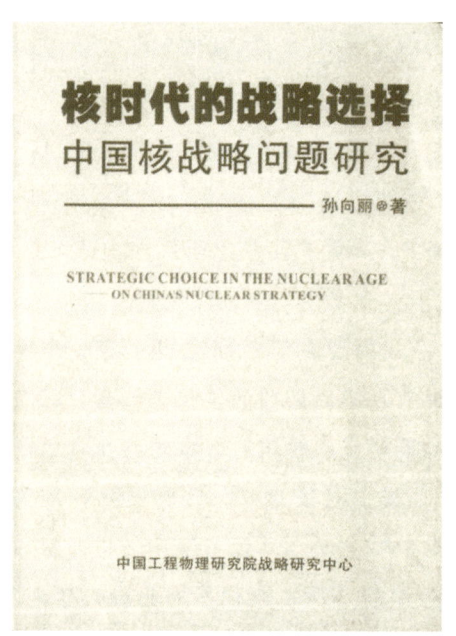

图 7-19　孙向丽著《核时代的战略选择：中国核战略问题研究》

---

① 孙向丽访谈，2021 年 3 月 19 日，北京。资料存于采集工程数据库。

传统的核军控研究项目，比如核裁军核查技术研究、数值模拟研究、核事件的应急监测分析、核事件的监测分析及方法探索，包括对应的应用软件开发等。同时在其他领域也深入地拓展和研发，比如核战略研究，从 2000 年开始，在胡思得和上级部门领导的倡议下，成立了相对应的有关核裁军政策和对策研究小组，研究成员以当时的军控室人员以及现在的战略研究中心的骨干力量为主。

该课题研究非常有战研中心自己的特色，在对所有核国家的核战略对比研究基础上，将中国的核战略进行了系统的梳理、归纳和概括。这个课题是孙向丽研究员多年主攻研究的。当时在跟国外学者交流当中，发现他们对中国核战略理论有很多误解，导致他们对中国的核政策有很多困惑。为了解决这个问题，孙向丽在胡思得的指导带领下，用几年的时间完成了有关中国核战略专著的初稿。

关于这本书，孙向丽在采访中说：

> 如果仅仅是我个人兴趣，或者说用我个人的力量去做的话，不会做得那么深，效果及效率都不会那么好。胡老师积极倡导我去做这方面的研究。有了他的支持、引导以及他的亲自参与，核战略研究就成了我们中心的主打课题之一。对此书稿胡老师做了非常详细的修改、修订，提了很多意见。书稿里的很多内容也是经常跟他讨论交流的结果。此书名义上是我个人的专著，实际上有胡老师的很多心血，是他带领我们这支队伍在相关问题上不断深入探讨的结果……我深深地知道，成果的取得是跟胡老师有密切关系的。①

这本书出版后，得到了较好反响。第一次印刷，保守了些，只印了不到五百本，一年之内全部告罄，还不断有人来求书，于是又有了再版。

书出来后，胡思得积极宣传推广，他介绍说："你要想了解中国的核战略理论，建议去看一下这本书。"他觉得这本书对了解中国老一代领导人

---

① 孙向丽访谈，2021 年 3 月 19 日，北京。资料存于采集工程数据库。

所确立的核战略思想还是很有帮助的。

除了核查技术、核战略方面的研究，胡思得还提前布局了一些分支领域，比如美国、俄罗斯核武器实验室科技进展方面的跟踪。这项研究一直由中物院科技信息中心情报室承担，他们跟踪美国核武器实验室的科技发展，特别是禁核试验条约签订以后美国库存管理计划的进展。胡思得几乎参加了战研中心与科技信息中心的所有交流探讨。每当美国核武器实验室库存管理计划方面有重大进展或动向，就会请信息中心做相关跟踪调研的同志来中心做报告，大家一起探讨。

胡思得还特别重视对周边国家核扩散问题的研究，这也属于分支领域的课题，战研中心也出了一些亮点成果，如朝鲜核武器研制能力的评估和研判。从 2002 年第二次朝鲜核危机出现开始，胡思得就亲自带领战研中心几位业务骨干，持续跟踪朝核问题的进展，对朝鲜核武器研制能力进行了基本判断，包括其政策、政治意图、战略意图的判断。最后形成了朝鲜核能力评估报告，对朝鲜的战略意图、政治外交动机和核武器研制能力、技术能力等几个方面做了全面分析和评估。报告受到了上级部门领导的高度重视及好评。

国内很多部门都有朝核问题的研究评估报告，但战略研究中心的这份报告不仅仅评估了核武器研制能力，还结合了材料、导弹、政治、战略意图等内容，因此该评估报告得以脱颖而出。取得这样的成果跟战研中心的学科布局有很大关系。胡思得在学科布局上，考虑充分而全面，照顾到了科学、政治问题的方方面面，以这样的研究基础为背景，对朝鲜核武器发展进程就能有鞭辟入里的评判，也就不难理解这篇报告为何会收获如此高的评价。

战略中心的文化建设也与胡思得的个人学术思想息息相关。曾经有人为胡思得的治学为人总结过十二个字："人格平等，思想独立，学术民主。"[1]

首先是人格平等，这是他为人处事的大原则。他始终平等对待包括外国专家在内的所有人。人们虽然在政治立场、国籍、性格、观点上可

---

① 孙向丽访谈，北京，2021 年 3 月 19 日。资料存于采集工程数据库。

以有种种不同，但人格是平等的。胡思得一贯为人坦荡而真诚，而且非常自谦和尊重他人，加上他有很强的亲和力，因此赢得了所有交往者的尊重。

第二点就是思想独立，这是胡思得学术精神的主要体现，他特别注重提倡独立精神。在一些重大的战略问题、战略判断上，他有时跟一些上级领导有不同认识，在一些非常敏感的地方，很多人会选择沉默，不愿意去得罪上级领导。但胡思得几乎在所有场合，只要认为事关国家重要的战略利益，他一定会坚定地提出自己的观点，同时把理由也摆出来。他会带着坦诚而温和的态度，采取易被人接受的方法来积极沟通。他认为，说出自己的观点，即使不被接受，也会对别人起到一种提醒作用。当然，有很多时候，在他的坚持和详细阐述下，也改变了上级领导的一些不够全面的想法。

他一直亲力亲为，坚持履行这种独立精神原则，为整个战略研究中心的学术交流树立了榜样。在他的带动下，战略研究中心对外提供的对策分析、建议中，经常会有自己的独立见解，这也受到许多上级部门的认可和肯定。

第三点是学术民主。在发扬独立精神的过程中不可避免地会产生争论，这时以谁的意见为主，就很能体现领导人的学术水平和胸怀。胡思得尤其鼓励年轻人发表不同意见，他从来不怪罪持不同意见者。战略研究中心会议室里经常能听到胡思得跟其他同事大嗓门的争辩，却也从来不会影响他与其他同事的友好关系。当他在参加战研中心的读书报告会、课题交流会或者学术会议时，听到有不同意见，他会以虚心求教的心态耐心聆听，在归纳总结，或者撰写研究报告的时候，他会尽量把不同意见都放进去。他的观点是：意见本身可能并不对，但其提供的数据可能有参考意义，提供的角度也可能值得重视和关注。这种学术上的民主之风很好地鼓励大家独立思考。

战略研究中心的文化建设得益于胡思得的这种学术思想的影响和感召，这十二字箴言所带来的不仅是学术上的动力，更是同事间彼此交往的温暖体验。整个战研中心处于一种比较和谐、开放包容的氛围，大家团结协作，把战研中心的荣誉等同自己的荣誉一样重视，为之努力争光。

胡思得还亲自参与起草了战研中心的很多科研规划，目前战略研究中心的学科研究工作依然聚焦在当年他所构建的框架之下，主要集中在以下三个方面：

第一，核政策、核战略研究：国外核武器技术研究及其综合体发展跟踪研究，国际核态势研究，主要核国家核战略、核态势跟踪研究；核军控、核裁军进程分析与影响研究，提出对策建议；核战略问题研究；核扩散问题研究；其他专题研究。这部分是从原军控室的任务中扩充出来，其研究成果能更好地为国家有关核战略的问题提出建议和对策方案，这是战研中心作为智库的核心价值体现。

第二，核军控核查与监测技术研究：从国家的安全需求出发，与技术研究相结合，具体为核裁军核查技术研究、核军控监测技术研究（如核法证技术、应急监测技术与分析、朝鲜核试验应急监测与分析、周边突发核事件分析等）。中物院的核军控研究，按照当年朱光亚主任的指示，始终坚持从技术切入，这也成为其最大特色之一，这项研究基本延续着过去军控室的研究任务，这是中物院做核军控研究的立身之本。

第三，对外交流方针：在为外交部提供技术支撑上发挥更大作用。中心成立之后，中物院的对外军控交流项目基本都由战研中心承担完成。主要有：跟美国军控和国际安全委员会的交流，相关的事务性工作基本都由战略研究中心承担；跟俄罗斯的双边交流，中俄全球战略稳定性与军控研讨会的具体组织落实工作近些年也是由战略研究中心承担完成的；PIIC国际会议（即早期 ISODARCO 北京军控研讨会）的组织承办工作。另外每年还有若干国外军控学者前来访问，外事交流任务也已经成为中心特色工作了。

正如孙向丽所说："从某种意义上说，没有胡思得的带领，没有提前打下的基础，就没有现在战研中心在核战略领域、核军控外交对策领域的这些成果。"[①]

---

① 孙向丽访谈，2021 年 3 月 19 日，北京。资料存于采集工程数据库。

硕 果 累 累

作为国内专职做军控研究的"国家队"，经过胡思得的带领与老中青三代军控人共同努力，战研中心收获了累累硕果。

中物院的军控研究在技术方面的重点之一是对未来深度核裁军核查中可能的监护链相关技术开展研究，主要有核弹头及其部件的识别、认证技术，核材料库房监控技术，核材料及部件运输系统的监控、安保技术、信息屏障技术、数值模拟技术及相关的数据库建立，等等。战略研究中心承担了其中大部分的军控核查技术课题，取得了几个比较显著的成果：一是核裁军核查技术的数值模拟研究中，开发了多种专用数值模拟软件，建立了核弹头认证数值模拟平台 Nuver，实现了弹头认证流程中主要物理过程的数值模拟和分析；二是周边核事件的综合分析技术研究，利用中心自主研发的 RATRANS 程序，对周边未知核事件做综合分析判断；三是高水平大气输运模拟方法研究及先进软件的建立。中心开发的 RATRANS 程序，提高了我国在放射性核素监测和放射性核素的大气输运模拟的技术能力，达到了国际同类研究成果的先进水平。基于 RATRANS 程序及相应的技术分析能力，近几年在周边突发核事故、核试验应急监测方面，为相关上级部门的应急监测提供了及时的技术支撑，该项目曾获军队科技进步二等奖。

《英汉汉英核安全术语》一书，于 2008 年由中国原子能出版社和美国国家科学院出版社共同正式出版，中英文对照各一版，收录术语近 1000 条；胡思得在百忙中还与刘成安一起编辑出版了《核技术的军事应用：核武器》①一书，该书已由上海交通大学出版社出版发行；中心副主任伍钧与刘成安研究员一起完成了《核军备控制核查技术概论》一书的撰写，已

---

① 胡思得、刘成安：《核技术的军事应用：核武器》，上海交通大学出版社，2016。该书是"十二五"国家重点图书出版规划项目"核能与核技术出版工程"之一。

图 7-20　胡思得、刘成安著《核技术的军事运用：核武器》

在国防工业出版社印刷出版。战研中心每年还有若干文章发表在国际、国内一流的期刊上。2011 年，胡思得与伍钧、朱剑钰、张松柏一起又撰写了《一门与核走私、核扩散、核恐怖作斗争的技术——核取证学》文章，并在全国危险物质与安全应急技术研讨会上做大会报告。文中特别指出了在中国开展核取证学的重要意义和作用。虽已届耄耋之年，胡思得依然对与军备控制相关、与核武器事业相关的新生学科充满兴趣并深入学习和研究。核取证学当时是一门新兴的学科，他率先早早开始研究；作为战研中心领头人，他乐于在新领域添砖加瓦。

　　中物院的军控研究在社会科学方面的重点之一，是对国际核态势的调研分析，结合科研成果，战研中心出版了若干专业书籍。多次参加联合国核不扩散审议大会的田景梅研究员，撰写了《国际核不扩散机制》一书。

图 7-21　田景梅著《国际核不扩散机制》

战研中心许多专家共同合作撰写了《周边国家和地区核能力》一书，书中数据、观点被各文献高频次引用，该书稿的撰写得到了胡思得的很多帮助，胡思得不仅组织了相关专家、学者审议，他自己也亲自一遍遍审阅书稿，从文章结构到具体内容都提出了很多修改意见；孙向丽撰写的《核时代的战略选择：中国核战略问题研究》一书，是目前有关中国核战略比较系统的理论著述，由中国原子能出版社出版。

战研中心参与了若干涉核外交（涉及核军备控制及防止核扩散）活动。中国"涉核外交"的根本目的是宣扬我国核武器的政策、理念，确保我国国家安全利益及核威慑能力的有效性不受减损。战研中心参与了很多相关工作，并获得上级领导部门的肯定和表扬：作为五核国合作的一项重要成果，中方牵头成立了五核国核术语问题工作组。这一术语任务之所以邀请中国牵头，与先期中国科学家军控小组 CSGAC 与美国国家科学院 CISAC 共同编纂核安全术语赢得广泛赞誉有关。战研中心在编纂核安全术语过程中一直发挥着重要作用，伍钧作为中国专家之一，在 2015 年联合国《不扩散核武器条约》（NPT）审议大会期间向各国代表和媒体做了介绍。

战研中心曾多次派员作为政府专家参加了联合国《不扩散核武器条约》审议大会，支援外交部工作。对核裁军问题持续跟踪并做对策研究，中心还多次承担编写我国政府在《不扩散核武器条约》审议大会上散发的材料，宣传我国的核军控主张和在核不扩散方面所做的贡献，如《中国对核裁军的贡献》宣传画册曾在联合国广为散发；另外给联合国《不扩散核武器条约》审议大会所提交的国家报告中，核裁军部分基本都是由战略研究中心撰写完成。

根据外交部等上级单位的要求，完成了关于《全面禁止核试验条约》（CTBT）批约、美国核态势评估报告分析等相关的对策建议报告，以及多项临时性热点问题的分析研究报告。所递交的每一份重要报告，胡思得都会亲自认真审阅，参与讨论，一遍一遍修改直到他满意为止。所有这些涉核外交任务他都参与、完成，从另一个角度为中物院事业的持续发展做出了贡献。

军控人一步一脚印，走出了今天的局面。目前战略研究中心也已成为核事业发展提供相关咨询的专业研究智库，作为对外交流与内部决策间的桥梁，为军控外交提供部分支撑力量，并成为核军控人才培养的基地。

未来之路，依然任重而道远。

胡思得曾再三强调："战研中心不一定要深入到核武器专业里去，但是大致情况应该了解，另外还应该跟信息中心联合起来，研究美国核武器实验室的动态，这方面我们做得更好。"在这件事上，胡思得起到了非常重要的开创性贡献。

20世纪90年代，胡思得任院领导期间，一方面亲自组织落实加快核试验进程，完成最后几次重要试验；另一方面他时时关注国际动态，特别是联合国《全面禁止核试验条约》的谈判进程情况，因为该条约攸关中物院事业，对未来发展起到非常直接的影响作用。为配合外交部在前方完成该谈判任务，中物院当年派出了陈学印、刘恭梁、田东风等人参与到外交部团队并亲赴谈判前线，胡思得会经常向他们询问谈判进程情况。与此同时，他在内心里已经开始思考中物院在禁核试之后研究工作该如何持续发展。

中物院从建立伊始，虽历经种种坎坷波折，却始终能走在持续发展的道路上，有一个重要原因就是以胡思得为代表的学者们始终站在国家层面，立足国家安全需要，在每一个关键时刻，能够高屋建瓴，做出正确决策。当年胡思得在中物院核武器战略转型研究上起到了非常重要的作用，他在院里主持召开的相关会议，达成了"两个转变"的重大战略方针调整策略，其高瞻远瞩和提前战略布局的决策，使中物院的事业得以为继，并最终有了今天的高度和成就，历史清晰地记录着这一步步向前发展的印迹。

胡思得常年在工作中形成的职业敏感，让他非常善于捕捉点滴信息，抽丝剥茧，见微知著，不仅为中物院的军控研究开辟了新领域，也为中物院事业本身创建了相适宜的新研究项目。比如在阅读文献过程中，看到一个QMU（Quantification of Margins and Uncertainties），翻译过来为"裕量及不确定性量化"。就是用数值模拟的方法去计算各种因素离产品失效还有多少距离及模拟中的不确定性。他敏锐地察觉到这个方法很重要，应该对中物院在禁核试后的相关研究很有裨益。胡思得是雷厉风行的行动派，每当获知有用信息，总会在最短时间内，安排相关人员去做进一步信息调研，之后在此调研基础上推动中物院相关单位开展相关研究工作。

还有 V&V（Verification and validation），即"数值模拟过程中的验证与确认"。所谓"验证"过程就是要确保物理模型的数值求解正确；所谓"确认"过程，就是要确保求解的物理模型正确。简而言之，验证就是要求解方程正确，确认就是要解的方程正确。以上检验武器物理过程数值模拟置信度的方法都是在禁核试后，核武器发展及可靠性验证的基本途径。V&V 这项工作对禁核试后的中物院意义十分重大，关系到禁核试以后的核武器发展以及核武器维护，涉及中物院的立身之本。目前，在胡思得的积极推动与组织之下，中物院已经形成有中国特色的 QMU 及 V&V 课题研究。

长期以来，战研中心多次与中物院科技信息中心及其他相关单位，对美国核武器研究的重要发展动向（如美国的核态势报告，每年的 SSMP 报告）进行研讨，对技术性文件（如 QMU、V&V）进行调研并做专题研究，这些研究工作为中物院制定核武器持续发展计划以及核武器的库存管理提供了重要的参考依据。依据调研与分析预判，战略研究中心给院里提供了在核武器发展及核力量发展态势方面非常多的建议，为中物院的事业发展从另一个维度做出积极贡献。

战略研究中心这支军控队伍，里面有胡思得多年的心血与付出，在组建队伍、建立军控研究学科及培养人才这三个方面，胡思得功不可没。正如钱绍钧院士在为胡思得《为国家安全而奋斗：胡思得院士文集》一书序言中所言：

> 胡思得不仅是一位优秀的核武器科学家，而且也是一位有大局观的，有大视野的战略科学家。他在战略研究中心这个新阵地再一次成就了其新的辉煌。[1]

---

① 胡思得：《为国家安全而奋斗：胡思得院士文集》，原子能出版社，2018，第 1 页。

"老骥伏枥，志在千里；烈士暮年，壮心不已。"（曹操《龟虽寿》）立命于为国家的安全而奋进不息的胡思得院士，虽已年过八旬，依然勤勉地在核军备控制研究领域耕耘。他一直坚持每天到办公室工作，有重要会议，有相关课题的讨论，他一定参加。真正做到"献了青春献终生"，毕生为中物院的事业奋斗不息。

军控研究需要知己知彼，才能有的放矢。广泛而有效的军控交流就成为必不可少之手段。梳理胡思得曾经参加过的多种渠道的军控交流活动，可以发现，通过军控交流，不仅可以更好地了解对手，还能更好地宣传自己，从而更有针对性地服务于军控外交及国防建设。

在意大利还有一个比较著名的国际会议——AMALDI 会议，是由意大利著名核物理学家、曾任意大利科学院院长的爱德华多·阿马尔迪（Edoardo Amaldi）在 20 世纪 70 年代发起的国际会议，该会议与美国军控和国际安全委员会还有着深厚密切的关联。1987 年著名物理学家潘诺夫斯基教授到欧洲宣传提倡成立欧洲军控和国际安全委员会，还得到了理查德·伽文等多个 CISAC 成员的支持，直到现在，许多 AMALDI 会议成员仍认为它是 CISAC 的欧洲分委员会。作为欧洲高水平的关于国际安全和军控的论坛，该会议对欧洲各国和欧盟都有重要的影响。会议邀请全球杰出物理学家以及国际战略学界重要学者，包括欧洲各国科学院院士，共同讨论当今国际战略安全以及核军控领域重点、热点问题。意大利政府也非常重视这个会议。AMALDI 会议从 1988 年开始，截至 2019 年，已举办了 21 届。每届会议的主要议题是当时重要的与核相关的国际安全问题。中物院专家从 20 世纪 90 年代开始经常参加该会议。

胡思得分别在 2002 年 4 月、2003 年 9 月及 2010 年 11 月三次参加了该会议，这三次都由伍钧研究员陪同。2010 年会议讨论的主题为：无核世界、替代能源，核能的经济和生态、核武器扩散和武器级裂变材料对恐怖主义危险的影响，等等。胡思得和伍钧都在会上做了发言，重点阐述中国的"不首先使用核武器"政策以及和平外交政策的内涵，指出：在实现无核世界的过程中，深度核裁军是重要的步骤；但要实现深度核裁军，则必须降低核武器的作用，采用"不首先使用核武器"政策就能很好地服务于该目的；此外还需要建立和平的安全环境，核裁军必须考虑导弹防御，还要发展有效防止入侵相平衡的核查技术。参加该会议有助于战略研究中心更好地了解欧洲国家对核裁军及当前国际关注热点问题的态度和措施，有助于战略研究中心的对策研究项目的深入开展。

图 7-22　与伍钧（左 3）、孙向丽（左 1）
一起参加 AMALDI 国际会议

作为意大利 ISODARCO 组织的老朋友，胡思得还分别在 1990 年及 2007 年，两次奔赴意大利参加该会议。

1989 年 1 月 20 日，胡思得出访美国，途经洛杉矶、华盛顿和纽约，访问了美国科学家联盟（FAS）、美国自然资源保护协会（NRDC）、美国忧思科学家联盟（UCS[①]）、麻省理工学院、普林斯顿大学的军控研究组织，同行者有陈学印和杜祥琬。此行让胡思得等人很好地了解到国外军控组织、非政府组织等机构是如何开展军控相关研究工作的。

1994 年 2 月，他与胡仁宇等一行六人出访美国，除了访问美国著名的三个核武器研制实验室：劳伦斯利弗莫尔、洛斯阿拉莫斯、桑迪亚实验室，之后他们还走访了杜克大学、范德比尔特大学、罗切斯特大学、斯坦福大学，并应潘诺夫斯基教授邀请参观了斯坦福大学加速器实验室。

1996 年 11 月 29 日—12 月 8 日，他与胡仁宇、钱绍钧、宋家树等一起访问了法国巴黎原子能部核武器实验室。当时有法国专家认为应该与中

---

① 指的是 The Union of Concerned Scientists，忧思科学家联盟。成立于 1969 年，是一个非营利性质的非政府组织，由全球 10 万多名科学家组成。该组织最初由美国麻省理工学院的教授们倡议组建，主要目的是提出一些报告和忠告，避免科学技术遭到滥用。参见宋鸿《战略联盟的实证研究》（上海人民出版社，2013，第 188 页）。

国建立合作交流，有的则坚决反对，法国人之间的争论比较激烈，最后投票决定是否与中国进行实验室间合作，结果反对票占多数，导致他们此行没有什么收获。12月8日，他们直接从巴黎转机赴俄罗斯，访问俄罗斯核武器实验室，于13日返回北京。

胡思得还以外交部使团技术专家的身份，多次出席了联合国《不扩散核武器条约》审议大会；2000年4月25日—5月24日，与外交部军控司沙祖康司长一起，出席在美国纽约的第六次审议大会；2005年5月1日—30日，又与外交部新一任军控司司长张炎等一起，出席了在美国纽约的第七次审议大会，本届会议上中国代表还发表了《中国的军控、裁军和防扩散努力》白皮书，这是继1995年发表《中国的军备控制与裁军》及2003年《中国的防扩散政策和措施》之后，中国政府再次发表的军控白皮书，时值中国人民抗日战争暨世界反法西斯战争胜利60周年，也是联合国成立60周年之际。每一本白皮书的出炉，都有战研中心人员参与修改、提供建议。

胡思得不仅积极推动中物院的军控交流活动，同时也积极参加国内其他单位组织的军控交流活动。即便是年逾八十，只要身体条件允许都会到会并参与研讨，积极献计献策。

中国国际战略研究基金会与美国战略与国际研究中心太平洋论坛在北京举行的"中美战略研讨会"，是一个国内知名且形成机制的重要军控会议。因双方参会人员身份特殊，该会议受到双方政府的关注。胡思得多次应邀参加

图 7-23　2010 年 5 月 22—31 日，胡思得与成竞业司长一起参加联合国 NPT 审议大会

该会议并在会上做报告发言。在 2013 年第八次会议上，胡思得在报告中说："回想 60 年前，中美在朝鲜战场上兵戎相见；50 年前美国想用核武器把中国扼杀在核摇篮之中，而中国到处都可听到'打倒美帝国主义'的口号；40 年前中美两国领导人以战略家的勇气和智慧，打开了中美交往的大门。这 40 年来，虽然也发生一些摩擦和麻烦，但与 40 年之前的形势相比有了巨大的变化。习近平主席指出，当前中美关系又站在一个新的历史起点上，指出无论是各自国家经济发展到促进全球经济稳定复苏，从处理国际和地区热点问题到应对各种全球性挑战，两国都拥有重要的利益汇点，都需要加强交流合作。"此段发言对中美战略关系和战略环境做了历史性的中肯且积极的总结。

胡思得还出席过清华大学主办的世界和平论坛，中国国际问题研究院组织的中美核战略问题研讨会等。

通过参与国际国内各种研讨会，胡思得常年不懈地宣讲中国的核政策，特别是不首先使用核武器政策，以及中国历来为防止核扩散，促进国际和平所做的积极贡献，还有与国家安全相关的政策、技术等的新思考、新发现。他渊博的学识、诚恳而友好的态度，让他在国际国内军控界赢得了众多的赞誉和友谊。

作为与我国核武器同成长的核物理学家，他曾经对记者说："回顾自己走过的路，从大学毕业后参加国家核武器的研制，一直到今天，能为我国国防事业做一点事情、尽一点力，这一生不仅无怨无悔，而且非常值得并引以为豪。"[1]

胡思得为自己的文集取名为"为国家安全而奋斗"，从中可以寻觅到其为国防事业勤勉奋斗的人生轨迹。

---

[1]　胡思得:《为国家安全而奋斗：胡思得院士文集》，中国原子能出版社，2018，第 24 页。

第八章
君子之风

温严并济的导师

胡思得温谦平和，与他接触过的人无不觉得他性格随和友好，他对学生和晚辈悉心指导、关怀备至、待人颇有耐心，小辈们更觉得他和蔼可亲。即使后来担任九所副所长、九院院长，当选中国工程院院士，各种荣誉加身，他待人接物依然平易如故，令人如沐春风。他当得人赞一声谦谦君子、温润如玉。

1984 年，为解决人才培养的问题，九所开始创办研究生教育，这在当时的九院是领风气之先[①]。作为副所长的胡思得，于 1986 年招收了第一位硕士研究生应阳君，2001 年开始招收少量博士生。他招收的学生不多，往往是上一个毕业或者即将毕业，再招收下一个。他秉持着宁缺毋滥的原则，尽管门下弟子数量不算多，但在他言传身教的精心栽培下，无一例外地都成长为相关领域的专家和科研带头人。

他做科研的态度严谨严格，对学生因材施教，主张"入门须正，立志

①　最初九所以核工业部第二研究生部的名义招生。

须高"（严羽《沧浪诗话·诗辩》）。

应阳君是他和孙清和联合培养的学生，研究方向是辐射输运。应阳君性格沉稳刻苦，胡思得除了自己指导外，根据应阳君的科研经历，给他安排了另外两位辅导老师王顺兴、雷广玉，从理论分析和数值模拟两方面给予更有针对性的指导。应阳君很快就进入具体课题，胡思得对他比较放心，平时多以鼓励为主。

在课题研究过程中应阳君提出了一些不成熟的想法，胡思得鼓励学生仔细研究，通过考证分析把工作做深、做细。在论文起草阶段，应阳君与老师的分析结论不一致，胡思得也没有简单地否决，而是进一步提出改进方案。

学习时，除了必修课，他还指定了一些自学参考书目，希望学生关注物理学实际难题。

回顾师从胡思得经历时，应阳君认为老师学识渊博、思路比较开阔，关注的问题紧跟行业前沿。

伍钧是他招收的第一位博士研究生，课题选择的是军控相关的"核弹头探测数值模拟研究"。胡思得观察伍钧的性格，疏阔自在，和第一位学生应阳君不太一样，对伍钧的学习他就抓得非常紧。他经常会将自己近期阅读过的某篇文章拿给伍钧，让伍钧再去解读，而且要求每周汇报一次。伍钧是在职攻读学位，当时他所在的军控研究室调离了一些骨干，研究人员只剩下伍钧一人，室里的众多事务难免要落在伍钧身上。他手忙脚乱的，老师交代的任务有时完成得好，有时完成得就不好，完成不好的时候就会挨批评。

但胡思得批评人从来也是很谦和的。伍钧回忆说：

> 胡院长很客气地跟我说："你杂事多，我的杂事比你多多了，但是我也坚持做（科研）啊。"他也不发脾气，就是教我该怎样抓紧时间学习哪些东西。[1]

---

[1] 伍钧访谈，2018 年 6 月 26 日，北京。资料存于采集工程数据库。

就这样，伍钧不得不"被迫"地看了相当多的资料，一步步完成了导师给他安排的任务。

伍钧还记得自己的博士论文是胡思得老师一个字一个字、一个段落一个段落地修改的，几乎每一段都有修改的痕迹，错别字、用错的标点符号都一一给改正了。

更令伍钧铭记在心的是，完善博士论文最关键的时期，恰是 2003 年春天，非典（非典型性肺炎）在北京城蔓延，海淀区是重灾区，许多单位放假，居民小区封闭管理，连商业场所也暂停营业。胡老师却坚持面对面讨论。伍钧开着自己的家用小轿车去找胡老师，春寒料峭，两人却无处可去，单位、学校、图书馆都谢绝进入，连咖啡厅都关门了，师生俩只能窝在空调暖风还不太顶用的小车里，一页页地翻阅和讨论。伍钧永远也无法忘记，那时胡老师的膝盖已经很不好了，他等候在小区门外，看着胡老师缓慢又艰难地一步步走向自己，脸上笑容温煦。

在培养学生的过程中，胡思得更注重科学思维方法的培养，在许多时候，胡思得非常愿意将自己的成长经历拿来与学生分享。

龚建是胡思得 2003 年招收的博士研究生，当时他是中物院二所的一名科研人员，在跟随胡思得学习的三年里，胡思得的学风对他的影响很深。龚建认为胡思得从科研思维培养上为学生树立了很高的标准，自己最大的收获就是养成了将理论研究与实际工作紧密结合的学术风格：

> 胡院长在于敏等老一辈科学家指导下形成了自己的学术风范，他也这样要求我。
>
> 他要求我们从事实验研究工作一定要实事求是，数据一定要翔实。我们做的每一次实验，每一个数据的分析，一定要认真，不要产生差错。因为从测试这个角度讲，如果任何一个数据做错了，就可能会对理论产生误导，这样就会导致我们在理论分析上出现一些困惑，有可能会导致我们在理论方面的选择上出现一些问题。这是他对我的要求，我也形成了这个理念：实验工作一定要认真。这是从学风方面对我非常深刻的指导，对我后来的工作影响非常大。

胡院长还指导我一定要对物理过程有一个整体的理解，对这个过程的物理量要能有粗估，一定要有比较明晰的概念，而不能稀里糊涂地去做实验。所以说，从研究方法上，胡老师也做出了很多让我受益一生的指导。①

　　郝樊华也有类似的受教经历。当学生遇到困难而不知所措时，经过岁月洗礼的胡思得便会气定神闲地跟郝樊华说："碰到困难了，一时找不到解决的办法，那就去查查方案和方法，查查科研思路有没有什么错误的地方，找到错了，就找到突破口了。"他还诙谐地告诉学生："我的院士就是找错找出来的。"

　　郝樊华记得胡思得指导他：

　　有时候找错可能比解决问题更重要。理论要跟实验结合，而且在这个过程中一定要找可能的错误在哪儿，问题可能会怎么出现。因为理论是解决问题的一种方法，提供预测、提供一些方向性的东西，但是正确性要靠实验来检验和阐明。如果理论分析预测和最后的实验结果有很大的差别，就说明理论预测的某个环节没有考虑全面，造成在实验布局上可能也就没有考虑到。结果差异大，必然有原因，这个原因又要回到理论模型上去分析，最后找到合理的解释，这才是圆满。②

　　郝樊华受教极深："虽然毕业好久了，但他的教诲一直在指导自己的工作。"

　　七所的韦孟伏在决定读书深造时，已经评上研究员职称了，但他觉得自己的知识体系还有缺漏，需要进一步学习。他对胡思得很仰慕，想报考胡思得的研究生，又怕院长拒绝一位不认识的普通科研人员，他就先拜托一位所领导给胡思得打电话咨询。对这位追求上进的科研人员，胡思得热

---

① 龚建访谈，2019 年 7 月 6 日，四川绵阳。资料存于中物院档案馆。
② 郝樊华访谈，2019 年 7 月 5 日，四川绵阳。资料存于采集工程数据库。

情又亲切地表示欢迎，但是提了个要求，因为韦孟伏长期做的是实验工作，所以不能像招收一般的在职博士生一样直接考试，得先脱产学一年的理论课，然后再参加考试，考上再读。

于是，2000年，韦孟伏从四川来到北京，胡思得给他安排了满满一年的基础课学习。韦孟伏顶住了压力，终于在一年后完成了既定的学业并顺利通过考试，正式成为胡思得的博士研究生。

在课题开展的过程中，韦孟伏也遭遇过很多问题。因为在原单位是搞实验研究的，理论方面虽然有一年多的专业学习，但是在做研究的过程中还是感到有些地方认识不到位。胡思得给他讲如何抓主要矛盾，举彭桓武先生说的"3就是无穷大"的例子[1]。韦孟伏回忆说：

> 胡老师告诉我：我们做武器研究的时候，1跟3之比，3都可以算作无穷大。你这个课题最多到1比7就行了，你要学会先把最关键的抓出来做研究。实际上就是教我宏观性地把控问题、分析问题，他教我这种思路，这是他的科学思维的一个重要方面。[2]

韦孟伏的课题设计了很多实验，做起来工作量非常大，完成过程中动用了四个研究室的力量。实验台子搭起来后，胡思得不放心，一定要到现场去看。其实，实验环境是比较恶劣的，胡思得那时已经六十多岁了，韦孟伏劝他，自己已经在单位工作多年，人和事都熟悉，组织这次实验没问题。但是，胡思得坚持亲临现场指导，还先后去了两次，做了专门的理论指导和实验指导，共同把课题研究中的难题给解决了。

赵武文是一位比较特别的学生，他曾当过胡思得的院长秘书，也是唯一一位惹得胡思得"发火"的学生。

---

[1] 在第一颗原子弹理论攻关时期，彭桓武先生曾指导年轻科研人员如何抓物理本质——"3与1之比，3就是无穷大。"在解复杂微分方程时，先估计方程各项的量级，如果一项是1，另一项是3，可以把1的那项去掉，方程就容易解出来，虽然数值会差一点，结果是近似的，但是把主要物理图像给抓住了，对深入分析物理规律有重要作用。

[2] 韦孟伏访谈，2019年7月5日，四川绵阳。资料存于采集工程数据库。

赵武文想读博士时，胡思得已经卸任院长，赵武文又担任朱祖良院长秘书，为此，胡思得专门去找朱祖良院长打招呼：小赵学业上还想继续进步。于是，在朱祖良院长支持下，赵武文考上了胡思得的在职博士研究生。

即使是当过自己秘书，胡思得对赵武文要求依然十分严格，每个季度汇报一次工作进展，雷打不动，报告中必须要有新东西。在做研究的过程中，除了课题中的困难，因为在职学习，家里孩子又小，赵武文不能全身心地投入，那时候他特别不愿意去北京出差，更害怕胡思得从北京到四川来出差。胡思得的习惯是，白天开完会，晚上就把学生召集到一起，挨个询问工作进展，他喜欢把学生们叫到一起，共同讨论，赵武文最怕被他揪住问学习进度。

2006年底，赵武文调整工作到院信息中心任职，正好该写毕业论文了，赵武文到了新单位还在适应期，论文进展很艰难，"心里没底儿。"一次，在讨论中，他试探着问："胡院长，（博士答辩）能不能延一年啊？"

胡思得一听，站起来说："小赵你别读了！"

赵武文回忆说：

> 当时就在院第二招待所，在场的有龚建、韦孟伏、伍钧。我给他当过好几年秘书，他从没对我发过火，他平时对我工作上的指导也很耐心，即便是批评也都是和颜悦色的，有时候还涮我两句，所以我不怕他。那次我是真怕了，唯一的一次害怕了，因为他是真生气了！他站起来说，小赵你别读了！就这几个字，我现在都还记得他当时的神情。吓得我赶紧表态说："胡院长我一定再加加油，明年六月份按时答辩。"这是唯一的一次惹他生气。
>
> 回过头来看，最后论文做得还是比较扎实，从理论文献调研到理论模型，到最后的实验验证，整个一条路是走通了的。其实逼一逼自己也就逼出来了。①

---

① 赵武文访谈，2019年7月5日，四川绵阳。资料存于采集工程数据库。

这次"发火"是学生们共同记忆中胡老师态度最严厉的一次。

胡思得后来对赵武文的博士论文"揪"得很紧，一直揪到毕业答辩后很久。赵武文在论文里提出了三个创新点，他自己觉得足以"交差"了，胡思得却不同意，说有两个创新点只是从不同角度谈一个问题，所以不能算三个只能算两个。"勉强"让他毕业了，但还要求他进一步工作。答辩后很长一段时间，他每次遇到赵武文还都要询问工作接下去做了没？怎么做的？进展如何？

苏佳杭是胡思得的关门弟子。他在清华大学取得硕士学位后，在中物院战略研究中心工作了三年，意欲申请在职博士。多位同事给他建议，他也想读胡思得的博士研究生，但是，考虑到胡老师年事已高，他并没有把握。不承想，年近八旬的胡思得欣然同意给年轻人机会，让他报名去考试，并表示若通过考试就愿意教他。

2015年考博成绩揭晓，苏佳杭笔试名列第二。胡思得拿着考试成绩，郑重问他："考试是否尽力？"苏佳杭深深记得胡老师当时严厉又不失温和的语气，明白"胡老师是在确认我是否严肃对待考博一事"。由此，苏佳杭开始感受到胡思得的严谨学风。

因在职读博，要兼顾学业和工作，苏佳杭难免疲累，胡思得却丝毫不放松，要求他"如果要做，就尽量往好里做"。

在开展研究时，胡思得要他多做调研，把前因后果都弄清楚、想明白，严谨治学的作风令苏佳杭印象深刻：

> 胡院长对我的要求是：不要说什么"差不多""差不多了"，或者"好像"，这样的词，尽量是不要用的。是就是是，行就是行。
>
> 胡院长平时是很和蔼的人，但是在做学问，在工作时，他还是很严肃的。无论我去做什么，都要我做到最好，要尽力去做。[1]

胡思得给苏佳杭的第一个课题就是解放思想。因苏佳杭在职深造，习

---

[1] 苏佳杭访谈，2021年2月10日，北京。资料存于采集工程数据库。

惯性地想做和自己工作相关的课题。胡思得就鼓励他，不要拘泥于自身工作，要发散思维，多做调研，综合考虑，即使做的内容和现在从事工作不一致，只要有用、值得去做也可以去做。他还联系自己的几位学生和相关专家作为导师团成员，具体指导苏佳杭，经常组织开展讨论。这种开放式思维潜移默化地影响了苏佳杭。

胡思得曾多次在讨论会上，坦然地和其他弟子说，他不清楚小苏这个项目某些具体技术层面的内容，委托他们几人把好技术关，要求他们实事求是地去看、处理问题。在指导研究过程中，胡思得非常看重实验的重要性，要求苏佳杭做出的东西，必须用实验去验证，跟实际情况挂钩，具有实际的可行性，要具备真正的说服力。

博士毕业有发表论文要求，胡思得的要求更进一步，他要苏佳杭不能拿毕业的要求做标准，不能做了一点工作就随便写一篇文章发了，要提升质量，把工作做得全闭环了，再考虑发文章的事。苏佳杭听从建议，耐心积累沉淀了两三年，临近毕业时陆续发了四篇 SCI 文章。研究期间，胡思得不断提出新问题，给苏佳杭增加了不少难度，也挖掘了深度。待毕业时，苏佳杭发现，自己的论文已然比开题时丰厚许多。

除了严谨细致、精益求精的学风与理论联系实际的科研思维，胡思得高瞻远瞩的大格局也令学生们印象深刻，他很注意将自己的思考传递给学生，韦孟伏称"他使劲儿把我们往高处带"：

> 他跟我讲过，他说军控这件事儿非常重要，但不要投入过多的精力，保持一支完整的持续工作的队伍就行了，不用投入非常多的人力。[①]

虽然战略研究中心是他一手创立的，他的好几位学生都是在军控背景下开展课题研究，但他并不主张把太多的核武器科研力量放到军控中来。他认为做好战略储备就可以了，平时保持适当的规模，当国家需要的时候这支队伍能快速拉出来，就行了。他当时还对韦孟伏说：在我退休的时

---

① 韦孟伏访谈，2019 年 7 月 5 日，四川绵阳。资料存于采集工程数据库。

候，把这个队伍维持好就可以了，到你退休的时候，可能还看不到这支队伍需要全面地铺开呢。

他有这种能够超越十几、二十年光阴洞察现实的能力。

胡思得高远的视野、明晰的思路和科学的思维方法，令他的学生们受益无穷。

慈爱宽和的长者

胡思得在工作和科研上严谨严格，在平时生活中却是一位慈爱的长者。他对事严格，待人宽和。对学生和后辈像对待自己的孩子一样，非常宽容和爱护，给予无私的关心和指导。

作为胡思得的秘书和学生，赵武文在生活、职业发展、为人处世等方面都得到胡思得的耐心指导和帮助。赵武文曾讲起过许多与胡思得相处的故事：

> 在工作上的要求，他是非常严格的，但是在生活上不一样了。跟他一块出差，那时我年轻，睡不醒，经常是胡院长早上敲门叫我："小赵起床了，去吃饭。"有时候我想多睡会，就说不吃了，他说："那不行，早上这一顿必须得吃。"有时候还往我屋里打电话："小赵起来没有？走，下去吃饭去。"他也不需要我帮他拿什么东西，自己的事儿他自己来。从生活上很关心我，还叫我晚上别熬夜，早点睡觉。我记得有一次，跟他一块到九所出差，有点小感冒。我想挺一挺就算啦，结果，胡院长让前台帮我买了感冒药。他就这样关心我，所以有时候觉得跟着他还是蛮幸福的。①

---

① 赵武文访谈，2019 年 7 月 5 日，四川绵阳。资料存于采集工程数据库。

胡思得的平易近人令韦孟伏印象深刻，也对他影响极深。在他通过博士论文答辩当天，大家一起聚餐，胡思得让他把妻子也叫上。他妻子因故未能到场，饭后胡思得便提出去他家中探望，令他们夫妇非常意外和感动。"从此，我们把胡老师和刘阿姨当亲生父母一样看待。"

龚建也直言，胡思得简直像父亲般关爱学生们。胡思得每次与他见面，都会问起家里情况。因为见过他女儿一面，也关心他女儿的工作情况，非常和蔼。

胡思得在三亚等地疗养时，都会自己买些礼物不远千里带给学生们。女儿从国外回来，给他买点东西，他也会给学生们带过来一部分。他考虑细致周到，甚至会提醒学生们天凉加衣。于细微之处现心意，些许平凡小事，也让学生们真切地感受到被老师关心和惦记的温暖。

苏佳杭作为最年轻的弟子，更是备受关照。胡思得像爷爷一样慈祥，教他从细小处着手，严谨求实做科研，脚踏实地做人，不要好高骛远。苏佳杭在访谈中提及：

> 修改论文时，胡院长很严谨，看得非常细致，标点符号、错字什么的，胡院长都会挑出来。胡院长说，如果小的方面都做不好，那大的方面就更容易出问题了。他跟我说，做人要踏实，对任何一件事，无论是轻还是重，只要去做，就要踏踏实实做好。①

苏佳杭博士论文答辩前夕，适逢胡思得参加第十九届院士大会，他每天都会抽空与苏佳杭通电话，给报告提修改意见。答辩的前一天，苏佳杭接到胡思得打来的电话，特意交代他答辩现场着装、仪态以及问题应对等细节。时至今日，回想起胡老师在为人处事方面无微不至的教导，苏佳杭依然觉得十分温暖和感动。

赵武文记得 1998 年他作为秘书陪同胡思得到美国参加 DTRA② 国际会议的一件小事。当时，美方非常重视胡思得的来访，专门为他请了一位会

---

① 苏佳杭访谈，2021 年 2 月 10 日，北京。资料存于采集工程数据库。
② Defense Threat Reduction Agency，指美国国防威胁降低局，美国国防部的下属机构。

议专业翻译。其他的访问项目就由赵武文当翻译了，由于在美国日程安排得非常紧凑，人也疲累，有一次，赵武文翻译到最后有点糊涂了，美方说一大段，他却只记得最后一句。胡思得就笑着安慰他："反正都是闲聊，不是什么重要的事情，把重点翻出来就好，比如他们讲笑话了，你就告诉我笑一下就行。"赵武文很感激他的体谅。

田东风研究员也真真切切地感受过胡思得对学生辈年轻人的鼓励、支持和宽容。在 20 世纪 90 年代，院所外语人才比较短缺，英语水平突出的年轻人经常被临时抓差，叫来充当大会翻译。有一次，院里举办国际会议，胡思得做大会主席，田东风也被临时安排去做翻译。非常不凑巧的是，由于前一晚未能好好休息，精神状态不佳，第二天，会场翻译时发挥不好，卡壳得厉害。下台后，田东风觉得"丢脸"，胡思得在他背后轻轻地拍了两下，以示安慰和鼓励。很多长者对年轻人被"赶鸭子上架"的难处都有理解与体谅，但胡思得选择这种无言的关心和鼓励，让田东风觉得胜过所有言语，令他印象特别深刻，也激励他今后做工作提前做足准备、争取圆满。

战研中心田景梅研究员，1999 年博士毕业后来到当时的九所十室，1999 年下半年随胡思得出访俄罗斯，她至今还记得当时的一个小插曲：会议中间休息，大家纷纷互相合影留念，很多人围着胡思得院士与之合影。刚参加工作不久的田景梅，因为跟大家都不熟识，尴尬地在一旁看着。胡思得看到这一幕，便主动对她说："景梅，来，咱俩合个影。"时隔多年，回忆起这一幕，田景梅依然能记得当时心里的暖意，对胡思得善解人意、平易近人的性格与高情商赞叹不已。

在私下接触中，胡思得是一个不愿麻烦别人的人。虽然身为院士，年事已高，却始终不愿小辈们分散精力关照他，他总是觉得不太好意思。伍钧陪同他出国，考虑胡老师腿部有疾行走不便，便要帮他拿东西，但胡思得总是做力所能及的事，绝不麻烦别人。

他非常体贴我们，他从来不会说："你们来拿一下东西。"记得有一次我跟胡院长一起出差，他说因为腿不好，所以要自己推行李车，靠着行李车借点力，而我就在前面走。走到 VIP 贵宾休息室，服务员问：你们到底谁是领导啊？①

同事和他一起出差，他会让年轻人去忙自己的事，不要过多地考虑照顾自己。直到后来，他膝部软骨发炎日益严重，行走实在艰难，才不拒绝小辈们的搀扶。在苏佳杭记忆中，无论何时见到胡思得，他都笑容灿烂。待了解后才知晓，他膝部因软骨严重磨损，走动时骨头相碰作响，承受着常人难以忍受的疼痛。可他始终对大家报以笑容，不愿麻烦人，也不想让人为他担忧。

不遗余力育人才

作为一名智慧的领导者，胡思得善于发现和培育年轻人才，他从不自矜功高，有机会就向专家领导介绍青年人才，扶植和激励年轻人才成长。

对年轻人，无论是不是自己的学生，他都要求甚严，竭力培养他们，引导他们形成严谨细致的科研作风和理论联系实际、实事求是的科学思维，悉心指引他们成长成才。

刚到胡思得身边当院长秘书时，赵武文是个刚出校门不久的大学生，也不太会当秘书。胡思得把他当孩子一样看待，从怎么认识人、怎么打电话开始教起，事无巨细。他要求赵武文继续学习，考取在职硕士研究生，再去攻读博士。在他的引领下，赵武文慢慢知道自己应该怎么去努力和进步。

胡思得能充分集中智慧，学生们跟随他学习，如果遇到他自己涉猎不深而学生研究需要的领域，他就想方设法通过各种机会，亲自联系和邀请相关方面专家指导学习，为学生们答疑解惑，丰富和深化他们的知识库，

---

① 伍钧访谈，2018 年 6 月 26 日，北京，存于馆藏基地馆。

帮助他们解决拦路难题。他的学生们由此受益非常。

胡思得很重视对外交流，他认为做学问不能闭门造车，鼓励学生出国增长见识，开阔视野。赵武文、韦孟伏都曾在胡思得支持下，通过忧思科学家联盟去美国马里兰大学做过一年的访问学者。

如今，当年不谙世事的大学毕业生赵武文，在胡思得的悉心指导、长期影响和不断鞭策下，早已独当一面，龚建、伍钧、韦孟伏、郝樊华……他亲自培养的学生们崭露头角，逐渐成为行业专家和单位的中流砥柱，开始带自己的硕士生、博士生，培养下一代人才。

胡思得培养人才向来细心。中国科学院院士、杰出专家蒙大桥记得，二十多年前，自己刚被提拔到所领导岗位上，胡思得特地打电话叮嘱他要把在职博士攻读下来，因为他领导的研究所不仅要做生产加工，还要向科学研究和工程设计方向拓展，要为今后的发展做好储备。

他不遗余力地不断把有能力的年轻人推到合适的岗位上。目前已经担任国家某重大专项工程办公室负责人的陈晓东研究员，20世纪90年代中期只是院计划部一名副处长，胡思得看中他的才能，将其提拔为计划部部长。这种越级提拔的事情，让陈晓东自己都惊讶不已。因为他觉得自己平时和胡院长接触机会不多，又经常因撰写的公文被胡院长批评，还被胡院长逐字逐句修改，他觉得胡院长严厉，素日里敬畏有加。但是通过这件事，他深深感觉到"即使你是个小人物，胡院长也冷静客观地观察你、评价你。也说明他考虑事情，完全是出自公心，完全是出于更好开展工作的目的"。

刘建军研究员记得，1989年的一次核试验圆满结束，回京后参加上级部门安排的座谈会。在会上，胡思得把他及一批年轻科研人员挨个介绍给二机部部长，宣传他们的工作，并且说："未来就要看他们的了。"在另外一次重要的核试验结束后，在北京举办的庆功宴上，胡思得特地向参加宴会的中央领导介绍刘建军，说这是核武器科技队伍的年轻一代，这让刘建军感动不已，原来以为自己只是去庆功宴上开开眼，没想到胡思得院长对下属如此体贴、处处提携。

20世纪90年代初，应阳君硕士毕业后，胡思得觉得他有在一所参加实验的工作经历，又打牢了理论基础，便建议他离开熟悉的工作领域和环境，调到测试组，说可以亲临热试验现场深入开展学习研究。近三十年后，已担任九所科技委主任的应阳君，回顾这一工作转折，感叹胡思得老师眼界开阔，总能在人生的重要成长阶段给予关键的指点，把年轻人指向了更为广阔的世界。

田东风研究员当年作为一名年轻学者，跟着胡思得等第一批开拓者、先行者走进核军控领域，他视胡思得为师长，认为胡思得不仅是自己学习、工作上的老师，更是漫漫人生路上的领路人。以田东风为代表的初入行的一批年轻学生跟随胡思得老师，一路学习、慢慢积累、逐渐成长，已然成为国内核军控领域的专家。

胡思得担任战略研究中心的主任，在十七年间组建和培养了一支核军控队伍，将战略研究中心发展成为国内涉核战略问题研究的重要智囊。他也以宽广的胸怀理解年轻人不同的选择。他培养的军控人才中，有的成为国内军控研究骨干，也有人因为种种原因退出军控领域，但胡思得都能尊重他们的选择，从容淡然地和他们相处。

胡思得对培养人才有自己的想法：

> 第一，光靠自己不行。得有更多的人参与进来，培养人也好，搞别的也好，这条很重要，要让更多的人参与。第二，要把最合适的人放在最合适的岗位上去，可能某个人才要适应岗位还需要在种种方面提高，那么该提高的就去提高，但最重要的是能够在工作中发现问题、解决问题。一定要在工作过程中体现出有解决某方面问题的能力，当领导就得把解决问题的能力和特长发挥得更出色。[1]

所以，他在工作中注意留心观察年轻人，同时考虑每个人的特长到底适合什么，把相关的工作任务交给他，来锻炼提高他们，助其更好发挥特长，从而发挥更大作用。他多次说：

---

[1] 胡思得访谈，2018 年 7 月 28 日，北京。资料存于采集工程数据库。

作为领导，观察人才是比较重要的，要把最合适的人放在最合适的岗位上去，这是领导责任。[①]

赵武文曾经感叹：只让一位同志当他的秘书"太浪费"，应该让更多的年轻人轮流来他身边受教育、受感染。

陈晓东认为，胡思得是一位真正睿智的人。他坦诚地说："回过头想想胡院长这些年为事业发展、为年轻人成长所付出的心血，愈发觉得他值得每个人尊重。"

"两弹一星"精神的传承者

胡思得师从邓稼先、于敏、周光召、黄祖洽等前辈科学家，在和他们结下深厚友谊同时，也耳濡目染了"两弹"精神，将其融合为自身的一部分。他不但大力倡导"两弹"精神，更是身体力行，将前辈科学家严谨求实、科学民主的作风不断发扬光大。

大学毕业时，他的工作志愿是：什么地方需要就到哪里去。他用一生来躬行践履。从分配到九所至今，胡思得为国家核武器事业奋斗了六十余年，他的奋斗历程也是践行"两弹"精神的写照。

他曾经对记者说过："回顾自己走过的路，大学毕业后能参加国家核武器的研制，一直到今天，觉得能为我国国防事业做一点事情、尽一点力，这一生不仅仅是无怨无悔，而且是非常值得和引以为豪的。"

他治学严谨。1998年，赵武文参加忧思科学家联盟的夏季班做报告时，引用了他一篇论文中提到的美俄核弹头数量，有位俄罗斯外交学院的专家当场对数据提出质疑。因之前未深究数据来源，赵武文在报告台上无据反驳，尴尬不已。胡思得随即在台下替他答复："赵武文先生的这组数据是美

---

① 胡思得访谈，2018年7月28日，北京。资料存于采集工程数据库。

国 NRDC^① 的，相信 NRDC 的数据在国际上是比较权威的，得到公认的。"这说明所引用的东西来源可靠。胡思得一贯的严谨给赵武文救了场，令赵武文肃然起敬，从此他在科研中也谨记引用可靠数据，考证充实可信，做事留有裕度。赵武文还沿袭了胡思得善于提问、善于启发的优点，发动大家深入思考、充分讨论、汇集意见做决定，他渐渐发现，如此坚持下去，不少难题迎刃而解。

胡思得向来不惧艰苦，紧跟工作任务走，哪里需要就去哪里。由江南水乡到首都北京，克服种种不适，参加建所劳动，挖沟、搬砖、和泥、刷灰，样样不落。新婚即离家，按组织要求奔赴青海 221 开展理论联系实际。多地奔波，一家四口分居三地，被迫"上楼"，到青海互助最贫苦的红崖子沟搞"四清"……走上领导岗位后，更是如履薄冰，如临深渊，废寝忘食，夙夜在公……

他目光高远，富有战略性。他从全国核武器事业发展前景考虑，审时度势、未雨绸缪，提早谋划军控行业，成为我国核军控领域的先行者，组织和培养了第一支专业队伍，开创了良好局面。

他不眷恋权力，善于团结各方力量，维护群体的和谐和战斗力，认为这一点对于核武器研究这样集体性很强的工作至关重要。他曾担任过研究组、室、所、院的领导，认为领导的一项重要工作就是发现每位共事者的优点，看到他们的特点和才能，然后妥当安排工作。他尊重同事，尊重诚实的劳动和应得的荣誉，而同事们和他的合作也很愉快，愿意跟随他一起干事创业。

他更为突出的风格是学术民主。他亲历"九次计算"和氢弹突破时期的民主氛围，也自然而然地将"两弹"突破时期的这一重要法宝运用到自己的工作实践中。无论在领导核试验、核武器研制，还是核军备领域，他总是善于启发大家，引导思考讨论，集思广益，发挥和汇聚每个人的聪明才智和力量。指导学生时，他总是组织他们一起讨论和研究，发动他们开动脑筋，拓展思路，解决困难和问题。也常针对具体问题邀请相关专家前

---

① 指自然资源保护协会。是一家国际公益环保组织，成立于 1970 年。致力于保护地球环境，即保护人类、动植物及所有生灵依赖的生态系统。

来指导。他的两位长期合作者田东风和刘建军一致认为：胡思得院士本人的成长经历使他倡导学术民主的优良作风。大家与他长期共事之后，都对他这种道德风范钦佩不已。

他指导的学生苏佳杭，论文研究中需要使用多种数学分析工具，胡思得坦言自己不太明白。特意安排苏佳杭给他及专家组上课，专门讲数学方法，带着众位专家向最年轻的弟子学习。此后，苏佳杭每次汇报讨论之前，便例行先给大家讲一遍数学方法。师生教学相长共进步，上下一心求真理。时光仿佛又重回到六十年前，胡思得大学毕业初到九所，为邓稼先等前辈科学家和同事们讲授状态方程的场景。时光荏苒六十年，教学相长，实事求是的科学作风在一个轮回中传承下来。

作为我国第一代核武器科学家的学生，作为引领国家国防科技事业发展的承前启后的一代人，胡思得接过先辈们的接力棒并将其郑重地交给下一代，使得我国核武器事业薪火相传。历史赋予了他关乎天下苍生的大任，而他亦没有辜负这份使命，始终是"两弹"精神的践行者和传承者。

他经常向学生和后辈们讲述攻克"两弹"过程中的故事，应阳君、伍钧、龚建、苏佳杭等不少学生都曾提到：胡思得多次给他们讲述自己和邓稼先、黄祖洽等老专家们相处时的故事，传授自己的学习心得，希望他们学习老专家们的优良作风。

胡思得认为：时代不同，经历不同，条件有变化，但精神相通，所以一定要做好"两弹一星"精神的代际传承。2002 年，他和钱绍钧院士曾合作撰写了《"两弹"对高科技的启示》[①]，从"确定国家目标，聚集优秀人才""全国一盘棋，大力协同""以先进的哲学思想为指导，促进科技快速发展""发扬学术民主、组织集体攻关""以任务为纲，加强学科和人才培养"等五个方面总结攻克"两弹"的经验，希望能启发高科技事业发展。

他多次通过报告会、座谈会等方式向年轻的一代宣传"两弹一星"精神。在九所纪念原子弹爆炸五十周年座谈会上，胡思得感慨：老一辈科学

---

① 《"两弹"对高科技的启示》一文为胡思得、钱绍钧向中国近现代科学技术回顾与展望国际学术研讨会提交的论文。

家为中华民族的独立富强奉献了毕生精力，现在我们学习发扬"两弹"精神，就是要向老科学家学习，把实现中国梦与个人理想结合起来。他叮嘱九所年轻人：

> 进入新时期，我们国家依然需要核力量的支持，是历史选择你们这一代人，要在更高水平上、更困难的条件下开展与核大国的竞争。……（年轻人）一要热爱祖国，热爱自己的事业，富有担当精神。二要更好地发扬学术民主。要取得事业的长足进步，就要坚定不移地倡导集体主义精神，发扬学术民主。

在 2019 年"不忘初心、牢记使命"主题教育中，胡思得受邀专门在九所举办《弘扬'两弹一星'精神·发扬'学术民主'优良学风》专题讲座，回顾九所人的初心、使命和担当，倡导"两弹"精神。

而更多的传承是在胡思得言传身教中，默默地滋养着年轻的一代。

胡思得经常组织几个学生相互讨论课题，查摆问题，思想交锋，观点碰撞，直面争议。他把这种传统的优良作风传给学生们，希望一代代传承下去。而学生们也确实在自己受益的同时，将其应用到工作中。韦孟伏就受此影响，在所里主持召开的第一个学术讨论会宣布不谈成果，以找问题为主。胡思得的待人周到、平易近人也给韦孟伏以很大的启迪，让他认识到关心他人非常重要，后来他自己带硕士生、博士生，对学生们的学习、生活等各方面也都关怀备至。

应阳君也表示，自己现在带学生也受到胡思得老师影响，在指导学生研究时，涉及某些艰深的具体学科技术领域，他也为学生联系行业专家予以更专业的指导。

伍钧性格直爽，自认带学生时曾经脾气不好，耐性不够，有次改论文时忍不住对学生发脾气："跟你说了那么多次怎么还不改？"胡思得听到，就提醒他说："你回想一下当年我是怎么给你改论文的。"伍钧顿觉惭愧，从此对学生也柔和耐心不少。

正所谓，春风化作雨，润物细无声；弦歌不曾辍，薪火永相传。

淡泊名利

从做小组长起，一路走来，历任到科研室领导、所领导，乃至中物院院领导，胡思得却始终对权力看得很淡，他最热爱、抓得最紧的还是科研工作。

在他眼里，交到手里的权力是责任、是压力、是任务书，自己所担任这些领导职位都是出于核武器事业需要，组织交给自己任务而已。所以，他从不恋权，他的领导风格也是极富民主的。

他习惯分权，自己抓主要矛盾，把控全局，大事集体讨论后分而治之，具体的事情就交给擅长的分管领导去做。姜悦楷回忆说：

> 我们俩从来不去争（谁说了算），不仅是明面上不争，骨子里也不争。该走民主程序的一定走民主程序，行政方面的事情互相通个气。他确实民主，从不压制别人，无论做什么事都要提前广泛听取意见，调查研究，这是搞科研带出来的作风。[①]

胡思得在中物院兢兢业业为我国核武器事业奋斗六十余年，屡获荣誉和奖励。他不追逐名利，各种荣誉是随着他长久的付出、优秀的表现接踵而来，政府特殊津贴、全国先进工作者称号、全国优秀科技工作者称号、全国五一劳动奖章、光华科技基金奖一等奖、院"科技攻关两项重大突破"一等功、四川省"十大杰出劳动模范"、国防科工委"圆满完成加速核试验任务先进个人"以及何梁何利基金科学与技术进步奖、成就奖、四川省科技杰出贡献奖，等等。1995 年他当选为中国工程院院士，1997 年出席中国共产党第十五次全国代表大会，当选为主席团成员。他一直认为，

---

① 姜悦楷访谈，2020 年 9 月 4 日，四川绵阳。资料存于采集工程数据库。

这些荣誉不是属于他个人的，而是党、政府和社会各界对中物院核事业的肯定，是对这个集体的肯定，是对中物院在党的领导下取得工作成绩的肯定。

他谨记自己属于集体的一部分。对于个人和集体的关系，他曾经有过这样的描述：一个人好比是大海中的一滴小水珠，它在大海中可以是滔天巨浪的一分子；而当它离开大海散落在沙滩上，只能慢慢地消失在阳光的照射下。

六十多年来，他就是如此践行的。

1999 年，年满 63 岁的胡思得卸任中物院院长一职。在宣布任免的干部大会上，他的发言出自肺腑，情系九院，感人至深：

> 请允许我代表这次退出院领导岗位的几位同志讲几句话。
>
> 我们拥护中共中央、国务院和国防科工委关于领导班子的任免决定。在此向荣任新的领导职务的同志们，表示衷心的祝贺。希望你们在院党委的领导下，高举邓小平理论的伟大旗帜，沿着十五大指引的方向，带领全院职工把中国工程物理研究院的事业推向新的辉煌。
>
> 中物院正处于一个非常重要的历史时期，充满着机遇和挑战，呼唤和期待一批充满活力的年轻干部，面向新世纪，打开新局面，领导中物院走向新的胜利。
>
> 希望新的领导班子，勇敢地、谨慎地挑起这副重担，记得我们刚走上领导岗位时，老领导提醒我们，在完成中物院的任务时，应该有一种如临深渊、如履薄冰的心情，老领导曾带领我们越过了很多深渊，跨过了许多段薄冰，我们那届领导班子，又摸索着越过了一些深渊，走过了几段薄冰，但是在达到辉煌彼岸之前，这充满深渊和薄冰的路程，还没有走完，要求我们新的领导班子义无反顾地勇敢地去应战，又要非常谨慎地选择最合适的途径去跨过那些深渊和薄冰。希望新的领导班子发扬九院人的五种精神，团结奋斗，以实际行动和丰硕的成果来表明大家无愧于党和国家的重托，无愧于中物院全体职工的殷切期望。
>
> 过去的几年中，我们在院党委的领导下，在各级干部和广大职工

的支持下，做了一些我们应该做的工作，为九院的事业尽了自己的一份努力。我们衷心地感谢在工作和生活中给予我们指导、支持和帮助的所有领导和同志们。限于我们的水平，有些工作没有做好，给大家和院里的工作留下了不少遗憾和教训。在我们退出领导岗位之后，我们将会一如既往地关心爱护中物院，积极支持新的领导班子的工作，在党委分配给我们的新的工作岗位上，继续努力奋斗，真正做到"献了青春献终生"，为中物院的事业鞠躬尽瘁。

他深深热爱这份浩瀚的事业，也甘为大海中的平凡一滴，融入汹涌的波涛之中。他"献了青春献终生"，为此奔腾不息六十余载，鞠躬尽瘁，一心为核，始终与祖国核武器事业同频共振。虽本无意闪耀，却在我国核武器事业发展史上留下了浓重一笔。

他曾经说过："回顾自己走过的路，大学毕业后能参加国家核武器的研制，一直到今天，觉得能为我国国防事业尽其所能地贡献绵薄之力，此生已无怨无悔、了无遗憾，我为自己能在集体中发光发热而自豪。"

他是温文尔雅、宽和谦逊的君子，也是实事求是、精益求精的专家。

他是高瞻远瞩、睿智清醒的战略家，也是胸怀大义、运筹帷幄的领导者。

他是虚怀若谷、不耻下问的智者，也是鞠躬尽瘁、身先士卒的强者。

结 语

核武器事业第二代领军人物的代表之一

胡思得 1958 年 7 月大学毕业，9 月（到二机部）报到，而档案可查，中国工程物理研究院（前身为二机部九所）成立之期为 1958 年 10 月 28 日，胡思得是最早来院的大学应届毕业生之一，他报到甚至比单位成立还早一个月。

他是在中国核武器事业中成长起来的科学家

胡思得长期从事核武器理论研究、设计和试验，从研制第一颗原子弹到最后一次核试验，他亲历了中国核武器从无到有、从小到大、由弱变强的全过程。在彭桓武、朱光亚、邓稼先、周光召、于敏等老一辈科学家指导下，他从一名青年科技人员逐步成长为一名杰出的核武器科学家。他最优秀和最有意义的研究成果，无不紧密围绕国家安全和利益，他是"爱国奉献、艰苦奋斗、协同攻关、求实创新、永攀高峰"的两弹精神的亲历者、践行者和传承者，是中国特色核武器事业的优秀代表之一。

他为我国原子弹与氢弹的突破，以及小型化和武器化工作，做出了重要贡献。

在第一颗原子弹理论设计时期，他负责的一项工作是研究核材料力学压缩性能参数。物态方程给出物质在不同压力下所处的温度、密度状态，是原子弹原理探索和理论设计的关键参数。那时，所需核材料的高压数据在国际上严格保密，国内还不具备冲击压缩实验的条件。作为物态方程课题负责人，胡思得带领一群刚出校门的大学生，认真学习钻研，在彭桓武、邓稼先、程开甲等的支持下大胆工作，探索了不同金属压缩性质的外推关系，并创造性地设计了过渡段的物理建模，建立了跨几千万大气压范围的核材料物态方程，为我国第一颗原子弹的原理突破扫除一只拦路虎。后来，他还在某项新型武器研究中，完成金属材料物态方程的进一步精细化修正，相关成果获 1983 年国防重大科技成果奖。

原子弹理论设计获得突破后，如何解决工程化问题则成为另一关键。1963 年底，胡思得作为理论联系实际专门小组组长，带队到青海高原联系第一颗原子弹试验相关的工程设计、加工生产、科学实验各项工作，负责原子弹的"部件公差对爆轰动力学过程影响"的研究。他结合当时的工艺水平，研究发现了内爆波形传播过程中的发展规律，并依此建立了一套科学方法，既保障武器性能，又兼顾可加工性，在理论设计与实际产品之间架起了桥梁。此方法为第一颗原子弹试验产品的加工以及试验后的武器化发挥了关键作用，也为后续核武器装备和小型化奠定了重要基础。

在核武器发展历程中，胡思得有一项很重要的贡献是主持完成了早期小型化氢弹引爆弹的理论设计，在已有原理和构型基础上大幅缩小尺寸、减轻重量，实现了我国核威慑力量从陆基到海基的跨越式进步。小型化武器理论设计难度很大，研究过程中曾出现过三次关键性能实验不理想的波折。他在于敏的带领下，深入加工车间和实验现场，理论紧密联系工程，深入分析实验过程中的物理图像，发现问题，进而提出优化方案，并通过分解实验和核试验的综合验证，使该型装置顺利定型、服役。

此外，在某类新型号试验中，他负责引爆弹设计，论证了一项关键技术的试验可行性，设计了在特定部位测量、检验特定因素的附加装置，为了解武器动作过程提供重要信息。该项测试技术还成功应用于其他氢弹试验。此项发明获 1985 年国家科学技术进步二等奖，胡思得是第一完成人。

爆轰力学实验是检验新设计的关键实验，在针对结构设计的力学检验实验测试信号显著偏离理论预计值的原因分析中，基于对理论设计和实验技术的全面把握，他创造性地提出新实验方式，解决了核心指标提炼等多项关键技术问题。在核试验技术目标决策中，他统筹谋划，把握技术创新与必要保险系数的综合平衡，使得每一次核试验圆满成功并实现显著技术跨度。在有限次数核试验中，安排完成了系列关键工程因素的检验，圆满突破了小型化先进核装置的系列关键技术。1995 年他以第一完成人获得国家科技进步特等奖。

他接棒完成第一代科学家的战略构想

他最卓越的成就，是领导并完成了我国最后几次核试验，使我国核威慑力量的有效性得到了跨越式增强。

1986 年，面对国际上核军控形势的严峻变化，邓稼先和于敏敏锐地察觉到山雨欲来风满楼，美苏可能要推动全面禁止核试验了，这对尚在爬坡中的中国核武器研制是一个严峻的考验。在邓、于的安排下，胡思得带领研究团队针对世界核武器研制水平和发展趋势进行了深入的调研分析，在此基础上，他协助邓稼先、于敏起草了致上级的关于加快核试验进程的建议书。建议书很快得到了中央的批复，后来，中国工程物理研究院的科研工作一直按照建议书上的内容进行安排。1990 年，胡思得从九所副所长的位置上"越级"担任中物院领导，按照分工，他负责核试验，从那时起，他和胡仁宇等院领导密切配合，一边加快核试验，一边考虑禁核试后核武器科技事业的发展。

邓稼先和于敏忧虑的中国核武器研制技术的爬坡问题，关键就是新型核武器的研制。胡思得在任九所副所长时，做出科学判断，勉力支持新构型原理探索，这一决策为最终攻克先核战斗部设计起到了孵化育苗的作用。

20 世纪 90 年代，他先后担任中物院副院长和院长，组织策划和具体领导了我国最后阶段的核试验，按照朱光亚主任"全力以赴"的嘱托，他负责并参与每一次试验任务的试验目的确定、理论方案优化、关键技术攻关和试验工程实施的部署与决策，领导完成了我国先进核武器从原理突破到武器化工程因素考核的系列试验，使我国的核武器在暂停核试验前迈上了关键一步新台阶。

此外，他面向战略装备未来可能面临的安全性问题，果断提出更高安全性核装置发展需求。他亲自带领研究队伍争分夺秒地工作，按时限要求实现了更高安全型号的原理突破，为提升我国核武库的安全性奠定了坚实基础。

尽管有核国家的核武器已经发展到相当高的水平，但库存核武器的可靠性和安全性等尚有许多问题需要深入研究和加深认识。为此，胡思得作为主要策划者之一，参与谋划了禁核试后我国核力量建设的后续发展，提出禁核试后我国核武器发展的总体战略，制定发展路线图并启动实施。这些建议很快得到中央批复，使我国的核武器科技事业快速实现了战略转型。经过二十多年的艰苦努力，建议中的阶段性发展目标已经一一实现，建成了一批大型科研设施，培养了研究队伍，使我国的核武器科技能力迈上了一个崭新的台阶，逐步形成了禁核试后具有中国特色的核武器科技可持续发展新路。

在协助起草邓、于建议书的过程中，他深深体会到核军控与核力量建设的有机联系，意识到核军控是国家核战略的重要组成部分。此后，他在朱光亚的领导下，成为国内第一批进入军备控制领域的武器科学家之一。他领导和建立了"科学与国家安全研究项目"，在国内开启了核军控科技研究这一新兴学科，他担任首任核军控控制科学技术专业组组长，创建中物院战略研究中心，组建了我国第一支核军控核查技术方面的专职研究队伍，开展关键技术研究并提出了一系列技术决策建议，有效支撑了我国核军控外交斗争，为维护我国战略核威慑有效性做出了突出贡献。

在半个多世纪的征途中，他和无数科技精英一起，协同努力，并肩战斗，共同完成了第一代科学家和第二代之间的交接，忠实实现了邓稼先、于敏、周光召等人的战略构想。他堪称第二代战略核武器科学家中杰出代表。

科学思维方式的形成

他在参与中国核武器的突破与发展中，注意向邓稼先、周光召、于敏、黄祖洽等学习，按照他们的指点，扎扎实实将理论与实验结合，逐渐形成了自己的独特的科学思维方式。

这套科学思维方法的核心：抓主要矛盾，化繁就简；立足工程物理的真实需求，从理论中来，到实际中去。

这套科学思维形成于为国家铸器的过程，形成于白手起家、教学相长的那段光辉岁月，形成于从北京到青海、从鸣放会到爆轰实验场、从理论方案到试验方案的八千里路云和月。

胡思得曾多次感叹，九院是一个很好的集体，集中了全国许多科技精英（王淦昌、彭桓武、郭永怀、朱光亚、程开甲、邓稼先、陈能宽、于敏、周光召等），他们才华横溢、责任感极强，他为能有机会和他们一起工作，接受他们的指导和帮助感到非常荣幸。他的思维方式有着继承这些前辈科学家的清晰痕迹。

1958 年胡思得向邓稼先主任报到时，工作、生活条件很差。柯朗和弗里德里克斯合著的《超声速流和冲击波》是理论工作者必读的经典著作，但当时全国只有一本俄译本，是钱三强先生从苏联带回国的，他和年轻同事自己动手，把这本书打印出来，分发给大家学习。他们这一届大学生，外语水平普遍较低，阅读文献有较大困难。为了尽快了解文献的内容，邓稼先带领大家围坐在一起，把文献中每一段生字划出来，分头去查字典，再凑起来，一起琢磨全句的意思。就这样，他们齐心协力攻下了一篇篇文献，内容掌握了，英语水平也提高了。

"九次计算"最紧张的时候，有一天晚饭后，胡思得陪同黄祖洽散步，谈起了几个月来专家们民主讨论的情形。胡思得说很佩服专家们渊博的知识和精彩的辩论发言。黄祖洽语重心长地告诉他："参加讨论会，不能光看热闹，不仅要注意各人发言的内容，还得从他们的发言中悟出各人的思维特点和学术技巧。"为了加深理解，黄先生以彭桓武、程开甲、周光召等各位专家不同的特点做了说明。黄祖洽更告诉胡思得，要特别细心去观察，思考各人的特长，把这些本事都学到手了，你就可以成为了不起的科学家。

黄祖洽的这席话，对胡思得触动很大，意识到这是在给他指点一条通向科学殿堂的明路，令他终生难忘。从此他在与专家和同事相处共事时，能比较自觉地注意并去发现他们身上的特点，分析他们的思维方式和科研方法，并试着在自己的科技实践中创造性模仿，慢慢地他也形成了有自己特色的思维方式。

1962 年，第一颗原子弹的理论方案已接近完成，胡思得被任命为理论联系实际专门小组组长，由邓稼先和周光召亲自指导。从此，他与周光召有了较多接触。周光召比他年长六七岁，像他的兄长。周光召鼓励他去青海 221，语重心长地说："一个有作为的科学家，不仅要重视理论，而且一定要重视实验；理论和实验结果一致当然值得高兴；但有作为的科学家特别要抓住理论与实验结果不一致的地方，因为从这种地方会发现理论或实验的不足，有可能产生新的突破。"周光召的这一席话，胡思得一直牢记在心。在此后将近四年多的时间里，他深入实验和生产现场，了解到许多第一手资料，接触到很多实验科学家、工艺专家和生产人员，听到他们对理论方案的各种意见。每当实验结果出现与理论不一致的地方，他既不沮丧也绝不轻易放过，既思考理论上可能存在的毛病，也仔细推敲实验数据的真伪和精度，努力寻找产生问题的原因。在科学的征途上经常出现"山重水复疑无路，柳暗花明又一村"的曲折，每当他揭开一个又一个疑团，越来越多的现象被探明和理解，他的心情是非常兴奋和喜悦的。

在科研工作遭遇困难时，他有幸跟从于敏先生学习。那是 20 世纪 70 年代初，在主持设计一个小型化型号时，为了提高性能，引入了许多重大的改进，由于从理论到实验改进的步子都过大，以致给内爆过程带来了其他问题，结果一个关键动作出了毛病。当时处在"文化大革命"时期，整个试验基地笼罩在极不正常的政治气氛之中。军管会领导蓄意把技术问题上升为政治问题，说是阶级斗争的新动向，为此还搞了"学习班"。于敏也被请进了学习班，军管领导要于敏按军管领导意图说话，但于敏坚决拒绝："如果我说假话，我现在可以轻松过关，但我经受不了历史和真理的考验。我宁愿现在挨整，决不说对不起历史的话，不说违背真理的话。"于敏这种大义凛然的态度，在当时的政治环境下，对胡思得是极大的教育和鼓舞。胡思得从此把于敏当作自己处世立业的学习榜样。学习班结束之后，他随于敏参加实验工作队，深入到加工车间和实验现场，这使他们对结构设计与加工过程中各个环节和零部件加工的难易程度有了第一手的了解，他们和实验、设计、加工人员一起，在困难的条件下，团结一致、实事求是、加强分析、尊重实践，终于澄清了技术问题，并且找到了改进的设计方案，经过几轮爆轰实验的考核，最后顺利地完成了核试验。

经过多年的体察、感悟和学习，他的科研思维方法就这样形成了。

胡思得曾是核武器理论研究所最年轻的科研小组长。从小组长到科研室领导，再到研究所领导、研究院领导，他在承担一系列国家重大任务中，摸索出了一套有效的组织管理方法：善于发现共事者的优点，尽量按照个人特点安排具体工作。这套组织管理方法同样源于他自己的成长经历。

他体会到，在与同事共处中主动去发现和学习别人的优点，不仅有利于自己的成长，更对形成一个和谐而有战斗力的群体有很大意义，这一点对于从事核武器这样集体性很强的研究至关重要。他牢记邓稼先的话，核武器事业是千千万万人共同奋斗的事业，更以彭桓武的"集体集体集集体，日新日新日日新"来鞭策自己和同事。他倡导在一个集体里互相学习、互相尊重、取长补短，为了共同的目标，劲往一处使。他在领导岗位上的一项重要工作就是去发现与他共事的每个人的优点，然后合理安排工作，尽量让同事们在合适的场合、合适的机会去充分施展自己的才能，充分发挥积极性。他尊重同事，尊重他们的劳动成就和应得的荣誉，绝不跟他们去争名利，这样就把大家的积极性调动起来了。

这套良好的思维方式和行之有效的组织管理方法帮助他迅速了解和进入具体工作，在随后半个多世纪的科研生涯中，他的科学思维方式和管理方式逐渐丰满、坚实、定型。后来因为国家任务需要，他也几次改变自己的工作内容，转变研究方向，每一次他都能灵活运用科学思维方式，团结带领同事，准确把握研究方向，圆满完成国家交予的重要任务。

学术风范：人格平等，思想独立，学术民主

胡思得八十华诞时，他的老同事、老搭档，中物院院党委书记姜悦楷曾以"道似行云流水，德如甘露和风"来形容他的坦荡胸怀和温润品格。他和人交往，别人最直接的感受就是真诚友善。

曾有人为胡思得的学养人品总结出十二个字："人格平等，思想独立，学术民主。"这是他在科研工作中、学术研究交流中展现出来的鲜明特点。

人格平等。他对待所有人、对待国内国外学者一律平等，他能让对方体会到他的坦荡与真诚。不论国籍、性格、文化背景、政治立场有什么不同，在他那里，人格就是平等的。他以非常平等而耐心的态度，赢得了所有人的尊重，所以他的亲和力极强，人们都愿意和他交流。即便是意见不同者，建立在平等基础上的交流，也都能化解原有的拘谨和隔阂，令大家敞开心扉。

思想独立。胡思得特别提倡独立精神。在许多会议和学术交流中，只要事关国家重要的战略利益，他一定会温和坦诚但坚决地把自己的观点明确说出来，并且把理由清楚地列举出来。他受自己成长经历的影响，也特别鼓励年轻人发表独立意见，年轻人越大胆地站出来，他就越高兴。

学术民主。他也难免和人产生争论，甚至会有很激烈的争辩和分歧。如何统一意见、团结带领大家把工作往前推进？这就体现了领导人的学术水平和学术胸怀。在学术上，胡思得坚持开放和民主，他会尽量把不同意见吸收进来。他有一种观点：意见本身或许有不对，但是提供的数据可能有参考意义，提出的角度也值得重视，或问题本身是值得关注的。他对人的尊重就体现在对异见的重视和关注上，他会自己或组织人进一步去做全面分析。正因为有这样的姿态才真正倡导了学术民主，鼓励大家尽情发表独立见解。

一大批学者受到他的影响和感召，他是很多学者尊敬的老师。

孔子曰："君子有九思：视思明，听思聪，色思温，貌思恭，言思忠，事思敬，疑思问，忿思难，见得思义。"（《论语·季氏》）胡思得取名于此。人如其名，而他真正做到了善于体察、明于判断，谦和公正，忠诚事业。

他曾经以大海里的一滴小水滴自喻，乐于徜徉在汪洋大海中，与集体紧密结合、无法分离。

从容淡定的心态，朴素谦和的外表，在人们的心目中，他不是远在云端的大专家，更不是高深莫测的大领导。他就是亲切的师长。

大美不言，大音希声。

"干惊天动地事，做隐姓埋名人。"一代又一代国防科技工作者无怨无悔地俯下身子，弓起脊梁，用自己所有的生命和智慧，接下一棒，再传递给下一棒。

有人弓下身体，中华民族就傲然挺立，有人负重前行，文明当传承不绝。经济发展、社会稳定、文化繁荣的基石是国家安全，而国家安全的基石就是由胡思得这样的一群人铸就的。

附录一　胡思得年表

1936 年

3 月 31 日，胡思得出生于浙江省宁波市西郊路胡家弄 8 号。父亲胡圣宝，小业主，母亲金阿大，家庭主妇。有兄二人——胡思明、胡思聪，姐一人——胡剑云。幼年身体瘦弱，患淋巴结核，至五六岁时病愈。

1940 年

10 月，日本军队飞机轰炸宁波，造成惨重死伤，又投下藏有鼠疫病菌的麦粒和棉絮，制造严重疫情。随父母到乡下避难半年。

1942 年

9 月入宁波市郧西小学，至 1948 年 8 月毕业。调皮，成绩不理想。

1948 年

9 月入宁波市效实中学，至 1954 年 8 月毕业。初中二年级之前，学习成绩一直比较落后。

1949 年

留级半年，从"初秋一"班换至"初春一"班。

1950 年

受抗美援朝运动影响，报名考军事干校，未通过体检，开始有上进觉悟。

1951 年

暑期，因教育改革取消春季班，参加补习班后直接升入本校高一年级。

9 月，升入效实中学高中部。为班级同学读报纸，提升了语文写作能力。

1952 年

3 月，加入共产主义青年团。

数学老师蔡曾祐的一次鼓励提升了学习兴趣，数学成绩突飞猛进，带动了其他功课成绩的提升。

被选为效实中学中苏友好协会副会长，锻炼了组织能力。

1953 年

下半年，升入高三，当选校学生会副主席。

被选为数学课代表，与蔡老师交流增多，深受影响。

获"三好学生"表彰。

喜欢数学，立志上大学要学数学。

1954 年

9 月，考入上海复旦大学物理系，至 1958 年 7 月毕业。大学期间兴趣爱好广泛，参加舞蹈队和民乐队等社团。

1956 年

3 月，加入中国共产党。获复旦大学团委"三好积极分子"表彰。

6月，物理系分专业，和杨福家、陈式刚等一起被指定分进"理论物理"专业。

1957 年

继续在复旦大学物理系学习。

1958 年

春，在学校统一组织下参加"大跃进"运动。

上半年，物理系筹建核物理实验室，自己动手设计实验。在卢鹤绂先生指点下，设计记录宇宙射线粒子用的小气泡室，对自己动手做研究兴趣很大。

在毕业前的"体育大跃进"活动中，获劳卫制体操三级运动员资格。

7月，毕业。在毕业生登记表的"工作志愿"栏填写：什么地方需要就到哪里去，地区志愿：福建、内蒙古、云南。

9月29日，到北京二机部报到。

10月1日，参加国庆游行。

10月下旬，任二机部九局九所一室研究实习员。一室主任是邓稼先。在党小组会上，得知九所是从事原子弹研制工作的。

11月，从三里河的二机部大楼搬到北太平庄，工作生活在一栋新落成的楼里，二楼是办公室，四楼是集体宿舍。因为是还未交付使用的新楼，没有暖气和厕所，克服很多生活上的困难开展学习和调研。

在邓稼先的带领下从"三本书"（柯朗和弗里德里克斯《超声速流和冲击波》，泽尔道维奇《爆震原理》、戴维逊《中子迁移理论》）开展学习和调研。自己动手打印文献，互教互学、教学相长。学习任务安排得很紧，一周七天，从早到晚，唯一可以自由支配的休息时间是周六晚上。

1959 年

年初，任力学组和状态方程组的副组长，主要任务是制定学习计划、组织讨论、协调邓稼先给大家讲课的安排。

继续在邓稼先的带领下开展学习和调研。

年初，参加建所劳动。参加了建北红楼、模型厅、食堂、整修马路等义务劳动，任务是挖沟、搬砖、和泥、给办公楼墙面刷灰浆。

年初，研究所在花园路3号院的第一栋办公楼北红楼落成。

年底参加九所的反右倾政治运动。

1960 年

元旦，参加二机部组织的参观人民大会堂活动。听宋任穷部长做动员报告，意识到中央下定决心要研制原子弹。

年初，开始率领小组成员研究"铀在高压下的状态方程"，这是原子弹理论研究和设计工作所必需的重要参数。在国外文献没有记载、国内尚无实验条件的情况下，巧妙地从其他金属的雨贡纽曲线状态方程入手，将它们汇总在一起寻求其间的规律性联系，推导出了铀的雨贡纽曲线；在极高压端采用托马斯－费米理论加修正结果，在过渡段，巧妙地将其和动力学压缩曲线平滑地相连接，建立了在很大的压力范围内能满足数值计算要求的铀的状态方程，满足了第一颗原子弹理论设计的需要。

春，二机部部长宋任穷到九所视察，在北红楼的办公室，回答宋任穷部长的垂询，并聆听宋部长借用"空气动力学"的号召："别人看不起我们，我们就是要把这股了'气'化作'动力'，一定要把中国的原子弹造出来。"

3—4月，参加领导骨干会，朱光亚副所长讲解苏联专家介绍的原子弹教学模型。

6月下旬，二机部领导到九所做报告，正式向科研人员传达苏联撕毁协议，中央要自力更生搞原子弹的决定。

夏，为提高自行设计的第一颗原子弹的理论设计的可信度，一室决定先计算苏联专家介绍的教学模型，科研人员用特征线方法进行总体力学计算。计算工具先后是手摇计算器、半自动和全自动计算器。按照工作安排，力学组等全室年轻人"三班倒"加班加点工作。

下半年，总体力学计算遇到与苏联专家给的数据有一处对不上的难题。经常参加讨论会。科研人员根据讨论结果重新计算，先后共计九次。

1961 年

年初,"九次计算"继续进行。多次参加讨论会。在黄祖洽的指点下,观察和学习彭桓武、程开甲等大专家的思维方式和治学特点,在建立科学思维方式上有所领悟。

5 月,周光召调到九所工作。9 月,周光召仔细考察前面九次计算的结果,运用热力学最大功原理,判定苏联专家提供的数据有误,间接肯定了九所人自己的计算结果,结束了长达几个月的争论和徘徊,扫清了理论设计的障碍。通过"九次计算"的磨练,科研人员对原子弹的力学过程有了清晰的了解,也掌握了相关的设计和计算技术。

1962 年

11 月,第一颗原子弹理论设计方案即将完成,被任命为理论联系实际小组组长。负责联系爆轰实验、设计和生产,在邓稼先、周光召的指导下,进行原子弹的公差设计以及公差与聚焦的理论研究,这是影响原子弹成败的关键技术之一。

1963 年

3 月 2 日,和刘玉清在北京结婚。

3 月,第一批理论联系实际小组成员去青海 221 基地。暂留北京继续开展研究学习。

11 月,和刘嘉树、王明锐等人赴青海 221 基地理论联系实际。被任命为二室五组组长。

1964 年

2 月 25 日,二机部党组决定,九局、九所机构撤销,总院名称定为"二机部第九研究设计院",221 基地为"221 研究设计分院"。二室改称实验部,五组扩为 24 室。在北京的一室改称理论部。

10 月上中旬,为预防美国对核试验基地突然袭击,基地大部分科研人员疏散,理论联系实际小组疏散到湟源县。未随小组撤离,在实验部主任张兴钤指导下做相关研究。

10 月 16 日，在青海 221 基地得知第一颗原子弹成功爆炸的消息。

1965 年

1—9 月，出差北京参加为探索氢弹热核材料性能的核试验装置设计，感受到氢弹理论突破时学术民主风气。

5 月，任二机部九院实验部 24 室副主任。

11—12 月，在 221 基地的"社会主义教育活动"中被迫"上楼"思过。氢弹理论突破后，"教育活动"加速收场，和众多技术骨干一起"下楼"参加工作。

1966 年

2—6 月，在青海省互助县红崖子沟公社参加"四清"。结束"四清"后回青海 221 基地。

3 月 7 日，女儿胡蕾芳在北京出生，9 个月后才见到父亲。

1967 年

3 月 5 日，国务院、中央军委决定对 221 厂实行军事管理。

5 月，在青海草原亲历"文化大革命"，大鸣、大放、大辩论、大字报愈演愈烈，严重破坏生产。

6 月 17 日，第一颗氢弹试验成功，参加庆祝游行。

7 月，理论联系实际小组大部分同志调回理论部（后改称九所）工作。自此后九所改派临时性小组去 221 基地联系实验。

1968 年

任九所三室副主任。

承担第一代核武器的型号工作。

1969 年

承担一代武器的型号工作。

11 月底，九所整体搬迁至四川省梓潼县曹家沟，因承担一项紧急任务，暂留北京。

12 月 1 日，九院院部迁至四川省 902 基地。

1970 年

3 月，被军管人员勒令带着怀孕的妻子和四岁的女儿迁往曹家沟。旋即到上海出差，妻子和女儿留在曹家沟。

5 月底，因曹家沟物资匮乏，不具备医疗条件，临产前的妻子刘玉清独自带女儿坐火车辗转去宁波待产。

6 月 6 日，儿子胡宁在宁波出生，寄养在宁波乡下直到两岁。

年中，参加氢弹"初级"小型化工作。主要合作者有王伟（科研组长）、陈绍华、曹菊珍、钟源忠、魏振典、胡锦、徐南仙、张世平、周德忠等。

11 月，因为负责的型号三次爆轰试验结果不理想，被勒令在青海 221 基地参加学习班。

1971 年

1—5 月，在青海 221 基地，与于敏一起深入工程与实验，改进理论设计，专门解决氢弹"初级"小型化问题。

10 月底，随朱光亚、邓稼先等去人民大会堂向周总理汇报核试验准备情况。

1972 年

多次去青海基地、新疆核试验场出差联系工作。

1973 年

6 月，作为理论设计科技人员的代表，与薛铁辕、徐迺新等去人民大会堂新疆厅向周总理汇报核试验准备情况。

6月27日，在新疆参加核试验，这是第一次亲临核试验现场。试验获得圆满成功。爆后随队进入爆心区附近观察。

1974 年

6月，参加某次核试验，获得圆满成功。

1975 年

春，参加香山学习班，讨论九所搬迁三线事宜。

9月底，在新疆核试验基地工作。与同事宋大本参观地下核试验用的平洞。

10月初，在人民大会堂向叶剑英元帅汇报地下核试验准备情况。

10月下旬，在新疆参加核试验，试验获圆满成功。

1976 年

年中，配合张信威关于聚变物理的一个创想，与实验科研人员共同设计众多创新测试项目。

1977 年

按照所里安排，参加新型号武器"初级"设计。

1978 年

10月，任助理研究员。

1979 年

9月，在四川出差时感冒发烧，退烧后赶回北京工作，病情发展成"风湿痛"，住院治疗56天。

1980 年

7 月，与李乃璜、吴高超合作，完成论文《关于几个扳机当量和钚的状态方程的讨论》。

12 月 25 日，任副研究员。

1981 年

年中，完成《原子弹的设计原理》（讲义）。

12 月 28 日，当选为九所三室支部优秀党员。

1982 年

1 月 16 日，当选为九所优秀党员。

10 月，参加某次重要的原理性试验。

1983 年

5—11 月，中央军委副秘书长张爱萍在四川省委和国防科工委领导的陪同下多次到四川视察和考察，并向国务院、中央军委提出建议，国务院、中央军委批示同意，九院建设布局调整，相对集中到四川省绵阳市。

年中，与李乃璜、吴高超合作，完成论文《关于钚在高压段的状态方程》。

10 月，参加某次核试验。

1984 年

10 月中旬，随邓稼先、于敏、陈能宽到新疆参加一次重要的原理预备试验。亲历陈能宽、于敏为纾解焦灼心理念诵《后出师表》的场景。

在新疆试验场，看见邓稼先身体虚弱，腹泻不止，行动靠警卫员搀扶支撑，嘱其要住院好好检查治疗。

12 月，任核工业部九院九所副所长，分管型号理论设计和核试验。

1 月 30 日，核工业部同意九院使用"中国工程物理研究院"名称。

工作繁忙，频繁往返北京、四川、新疆。

"某科学试验理论设计"获国家科技进步二等奖，排名第一。

3—4 月，参与起草邓稼先、于敏致中央关于加快核试验的建议书。当时邓稼先已经因直肠癌晚期住进 301 医院。在 301 医院与研究所之间传递整理邓、于二人的修改意见。

7 月 29 日，邓稼先在北京逝世，8 月 4 日，参加在北京八宝山革命公墓举行的追悼仪式。

8 月 15—30 日，第一次出国，去意大利西西里岛出席"核冬天"研讨会、圣米尼托 ISODARCO 研讨会，同行的有陈学印、华欣生。

8 月 30 日—9 月 18 日，从意大利转机到匈牙利布达佩斯以中国人民争取和平与裁军协会代表团成员的身份参加 Pugwash 年会，团长曹小冰。随后应匈牙利和平理事会邀请，访问匈牙利，团长是宗怀德主教。

年中，参加某重要试验。负责主编《原子弹设计理论》，编写热力学、统计物理与状态方程、核物理基础知识、原子弹设计部分。参与组织多次国家热试验理论方案和试验项目的论证。

9 月，与孙清和合作培养两名硕士研究生。分工重点指导应阳君，这是招收的第一名硕士研究生，指导其在辐射输运方面深入研究，王顺兴、雷广玉协助指导。

10 月 30 日，经九院及核工业部审批晋升为研究员。

"核试验诊断理论的重大进展"获国家科技进步奖一等奖，排名第七，主要贡献者有于敏、周国祥、刘恭梁等。

1988 年

4 月 4 日，第一届 ISODARCO 北京军控研讨会在北京召开，担任会议主席。研讨会的主题是：核裁军；核禁试和核查；核战略和星球大战。会议结束后，周培源、周光召在人民大会堂接见并宴请外宾。

5 月 23 日，在高能物理所参加军控学术交流会，与美国国家科学院国际安全与军备控制委员会（CISAC）交流，潘诺夫斯基教授做主题报告《深度裁减核军备的期望，中国的作用》。此为胡思得第一次参与 CISAC 活动，结识斯坦福大学潘诺夫斯基教授。会议由中国科学院院长周光召主持，中方参会的科学家有于敏、陈能宽、吕敏、宋家树等。

9 月，到新疆参加某次重要试验，试验获得圆满成功。作为代表参加核试验总结大会，被党中央、国务院、中央军委领导接见。

10 月 7—8 日，受国防科工委委托，作为中方主持，同 CISAC 美国专家举行核军控议题的研讨会。与 CISAC 约定在空间非武器化、削减下来的核弹头的处置及核查、核查与保密的关系、防止核扩散四个方面继续深入研讨。CISAC 方面出席的专家有潘诺夫斯基、卢·艾伦、约翰·斯坦布伦纳、迈克尔·梅、查尔斯·汤斯、理查德·伽文、林恩·鲁斯滕。中方参会的还有杜祥琬、何祚庥、黄祖蔚、刘华秋、邹云华，张国东任翻译。会议地点在欧美同学会。8 日晚，举行高层次冷餐会，朱光亚、周光召、王淦昌、陈能宽、于敏等中方著名科学家出席，美方出席的还有美国驻华空军武官 Mitchell 上校及其夫人。

10 月 14 日，与杜祥琬一起向国防科工委朱光亚主任、聂力副主任汇报与 CISAC 交流活动的详细情况，参会的有国防科工委机关、情报所、航天部、中国科学院高能物理所、外交部、中国人民争取和平与裁军协会、现代国际问题研究所的领导与专家。

11 月，《首次氢弹地下试验中的诊断理论工作及两项新诊断原理》获军队科技进步三等奖。11 月，《超高压状态方程测量的理论研究及数值模拟》获核工业总公司部级科技进步二等奖。

1989 年

1 月 20 日—2 月 4 日，到美国洛杉矶、华盛顿、纽约等地访问，访问美国科学家联盟、美国自然资源保护委员会、美国忧思科学家联盟、麻省理工学院和普林斯顿大学的军控研究组织，同行者有陈学印、杜祥琬。

5 月，指导的第一位硕士研究生应阳君通过论文答辩，论文题目为《重介质辐射自由程实验测量的理论研究》。

7 月，被授予能源部"全国能源工业劳动模范"称号。

7 月，某型号氢弹主体研究的重大技术突破获国家科技进步奖一等奖。

10 月，某项研究获核工业部部级科技进步二等奖。

11 月 9 日上午，在科学会堂参加潘诺夫斯基教授与中国科学家关于核裁军的非正式会谈。朱光亚主持会议，中方参会的还有陈能宽、庄逢甘、梁思礼、于敏、何祚庥、吕敏、杜祥琬。中午，国防科工委丁衡高主任接见并宴请潘诺夫斯基。下午，与陈能宽、王寿云、杜祥琬一起同潘诺夫斯基教授商谈下一步 CISAC 的交流设想。

1990 年

1 月 23 日—2 月 6 日，到意大利特伦托参加 ISODARCO 会议（ISODARCO 冬季班），刘恭梁同行。

2 月 26 日，国务院、中央军委决定，调整中国工程物理研究院管理体制，由国防科工委归口管理，在国家计划中单列户头。

9 月 11—24 日，到英国伦敦参加 Pugwash 年会，杜祥琬同行。

9 月 27 日，任中国工程物理研究院副院长。

年底，与国内各有关单位就与 CISAC 交流的有关议题做了深入研究和准备。

1991 年

年初，组织并参加军备控制研究。

年初，组织领导若干核装置的理论设计。组织测试方案的论证。

6 月，张爱萍上将视察九院院部，受接见。

7 月，享受政府特殊津贴。

年中，组织起草"八五"核试验规划。

8 月，某国家重大试验项目获国防科工委科技进步奖一等奖。

1992 年

6 月，获光华科技基金奖一等奖。

1993 年

1 月，获中国工程物理研究院"科技攻关两项重大突破"一等功，朱光亚主任亲自颁奖。

1—2 月，赴意大利帕多瓦参加第六届 ISODARCO 冬季会议。

4 月底，获全国优秀科技工作者称号，获全国"五一"劳动奖章。

12 月，"某型号设计原理及关键技术的重大突破"获科技进步奖一等奖。

1994 年

1 月 18 日，任中国工程物理研究院院长。

2 月，随胡仁宇出访美国，访问劳伦斯利弗莫尔实验室、洛斯阿拉莫斯实验室、桑迪亚实验室、杜克大学，范德比尔特大学、罗切斯特大学、斯坦福大学，应潘诺夫斯基教授邀请参观斯坦福大学加速器实验室。

10 月 16 日，出席纪念第一颗原子弹爆炸成功 30 周年纪念大会并讲话。

11 月 17 日至 12 月 8 日，率团赴俄罗斯访问。到访全俄技术物理研究院、全俄实验物理研究院、莫斯科的脉冲技术研究所、自动化研究所、圣彼得堡的电物理研究所，同行有钱绍钧、宋家树、李幼平、杜书华、刘恭梁、万国彦。见到了曾援华的专家涅金。

12 月，获四川省十大杰出劳动模范称号。

1995 年

1 月，参加在人民大会堂举行的颁奖大会，"发展型特种装置及设计原理的突破"获国家科技进步特等奖，排名第一，主要合作者为朱建士、李智伟、武振有、刘光祚等，从国务委员宋健手中接过奖牌。作为获奖代表被江泽民、李鹏等党政领导接见。

4月5日，陪同国务院副总理邹家华视察中国工程物理研究院并做讲解。

4月，获全国先进工作者称号。

4月底，出席四川省庆祝"五一"暨劳动模范先进工作者表彰大会。

5月，当选中国工程院（能源与矿业工程学部）院士。

6月26日，陪同全国政协副主席、国防科工委科技委主任、中国工程院院长朱光亚视察中国工程物理研究院。

兼任中国核学会常务理事直至2002年。

年中，组织编制中国工程物理研究院"九五"计划以及2010年前的规划。

年中，组织制定"核禁试对策工程"。组织两项核试验任务。

1996 年

1月，任四川省政协常务委员，任期至1998年。

1月3日，中央机构编制委员会批准中国工程物理研究院机关机构编制方案，明确院长为副部长级。

4月，获何梁何利基金科技进步奖。

上半年，领导中国最后的三次核试验，均获圆满成功。

7月29日，圆满完成最后一次核试验；与于敏、胡仁宇联名撰写的纪念邓稼先文章《十年，我们时刻怀念》在《光明日报》上刊登。

10月30日，陪同国务院副总理朱镕基视察绵阳科学城。

11月29日—12月8日，出访法国巴黎原子能部核武器实验室，同行的有胡仁宇、钱绍钧、宋家树、杜祥琬、彭翰生、孙锦山、许鸿溥等。

12月8日—12日，从巴黎转机赴俄罗斯，访问核武器实验室，代表团成员还有胡仁宇、钱绍钧、宋家树等。

12月，获国防科工委"圆满加速核试验任务先进个人"表彰。

12月28日，出席中国工程物理研究院召开的纪念氢弹原理突破30周年暨完成加速核试验任务表彰大会。全国政协副主任朱光亚、科工委政委李继耐等莅临大会。

1997 年

1 月 16 日，到中南海向江泽民主席汇报工作。参加汇报的还有曹刚川、李继耐、朱光亚、钱绍钧、康力新、于敏、胡仁宇、李幼平、范如玉、李真富。

1 月，某项重要决策建议获得国家支持。

9 月 11 日，出席中国共产党第十五次全国代表大会，当选为大会主席团成员。

9 月，参加甬籍院士家乡行活动。与陈中伟院士、徐祖耀院士、毛用泽院士、周光耀院士专程访问母校效实中学，与竹之筠、孙佩兰、朱敦礼三位老师合影留念，并去医院探望李贞旋老校长。

1998 年

4 月 4 日，陪同中共中央政治局常委尉健行视察中国工程物理研究院。

5 月 30 日—6 月 19 日，赴美国进行科技和军控技术访问，任中国工程物理研究院代表团团长，同行的还有李彬、赵武文。在斯坦福大学的午餐会上做学术报告，介绍中国的核政策。

10 月 28 日，出席中国工程物理研究院建院 40 周年庆祝大会并发言。出席大会的有全国政协副主席朱光亚及总装备部、国防科工委、中国科协、四川省委省政府领导。

10 月，任四川省科技顾问团顾问。任四川省政协常务委员。

10 月，任四川大学兼职教授。

1999 年

1 月 14—21 日，访问俄罗斯核武器实验室。

1 月 25 日，卸任中国工程物理研究院院长职务。研究重点转移为军控和核查技术学科。

4 月 21 日，在中国工程物理研究院接受中共中央总书记江泽民接见，向江泽民总书记介绍核武器安保系统。

5—11 月，参与驳斥《考克斯报告》和李文和事件对中方的污蔑，参与为《人民日报》撰写专题文章。

7 月，获国家能源部"能源工业劳动模范"称号。

9 月，招收博士研究生伍钧，这是胡思得指导的第一位博士生，研究方向是军控与核查技术。

9 月 11 日，国务院总理朱镕基在中央和四川省有关领导陪同下，视察中国工程物理研究院，接受朱镕基总理接见。

10 月 11—29 日，与朱祖良一起访问俄罗斯原子能部。

11 月 9—16 日，随国防科工委主任刘积斌访问俄罗斯。

2000 年

3 月，任中国工程物理研究院高级科学顾问。

4 月 24 日—5 月 24 日，以外交部专家的身份随军控司司长沙祖康赴纽约参加《不扩散核武器条约》（NPT）审议大会，会后应潘诺夫斯基邀请访问斯坦福大学，讨论美国科学院 CISAC 与中国科学家军控小组合作交流事宜。

9 月 18 日—10 月 2 日参加访俄高级代表团赴俄罗斯考察交流。

9 月，招收赵武文为粒子物理与原子核物理专业的博士研究生。

出任中国科学家军控小组的主席。

2001 年

2 月 28 日—3 月 9 日，赴美国洛杉矶参加中国科学家军控小组与美国科学院 CISAC 军控交流，同行者有钱绍钧、宋家树等。

年中，参与中国工程物理研究院"十五"规划讨论，参加九所专家组活动。

9 月，招收韦孟伏为原子核物理专业的博士研究生。

11 月 9—15 日，随驻日内瓦裁军大使胡小笛等赴纽约参加促进《全面禁止核试验条约》（CTBT）生效大会。

12 月，第一届中俄战略稳定性和军控研讨会在北京召开，担任会议主席。米哈依洛夫院士率俄罗斯原子能部代表团出席，代表团成员多为武器专家和核军控专家。商定研讨会每年一次，轮流在中、俄召开。

2002 年

4 月 11—13 日，参加在北京召开的"中国近现代科学技术回顾与展望国际学术研讨会"，与解放军总装备部科技委委员钱绍钧院士共同撰写论文《两弹突破对发展高科技研究的启示》并在会上做报告。

4 月 27 日—4 月 29 日，与伍钧一起到意大利参加第 14 届 AMALDI 会议。

6 月 15—24 日，随总装备部副部长陈达志访问俄罗斯。

9 月，任国防科工委专家咨询委员会委员。

11 月，被选为中国核学会副理事长至 2008 年。

2003 年

7 月，指导的博士生伍钧顺利通过论文答辩，获得博士学位，论文题目为《核弹头探测数值模拟研究》。伍钧在撰写论文期间，正逢非典疫情严重，为防治疫情传播，北京市海淀区的众多单位、学校乃至图书馆等公共服务机构均关门歇业，居民小区加强封闭管理，师生二人在伍钧的小轿车里进行交流和讨论。

9 月，招收龚建为原子核物理专业的博士研究生。

9 月 25—27 日，赴芬兰参加第 14 届 AMALDI 国际安全问题会议。

9 月，中国工程物理研究院战略研究中心成立，任中心主任。

10 月，军控核查技术某项研究工作获军队科技进步奖一等奖。

2004 年

5 月，任中国工程物理研究院高级科学顾问。

7 月，指导的博士研究生韦孟伏顺利通过答辩，获得理学博士学位，论文题目为《钚过滤器滞留量测量技术研究》。

8月23—27日，出访俄罗斯莫斯科，参加第四届中俄战略稳定性和军控研讨会。

8月27日—9月1日，参加在北京军事博物馆举办的中国核事业50年成就展，为胡锦涛、江泽民、温家宝等做讲解。

9月，担任中国人民解放军总装备部科学技术委员会兼职副主任。

10月16日，出席在人民大会堂举办的纪念我国第一颗原子弹爆炸成功40周年座谈会。

2005 年

5月1—30日，随外交部张炎司长、张小茜等参加联合国第七届《不扩散核武器条约》（NPT）审议大会。

11月，指导七所韦孟伏研究员等人发表《钚部件生产线过滤器滞留量测量技术》获军队科技进步二等奖。

2006 年

1月13—14日，参加第二届 PSNSS 专题研讨会。

3月31日 4月7日，到加拿大温哥华参加 CSGAC–CISAC 中美科学家军控交流会。恰逢70岁生日，起飞前和降落后，三度享用中方和美方特意准备的生日蛋糕。

7月，指导的博士研究生龚建顺利通过论文答辩，获得理学博士学位，论文题目为《复杂工程环境中气溶胶样品的获取和裂变产物测试技术研究》。

8月15—22日，赴俄罗斯莫斯科参加第六届中俄战略稳定性和军控研讨会，同行者有何颖波等。

9月，担任第十届北京国际军控研讨会大会主席。

9月，招收原子核物理专业的博士研究生郝樊华，研究领域与放化分析有关。

9月，《核弹头（部件）属性探测理论研究》获军队科技进步二等奖。

2007 年

1 月 10—22 日，到意大利特伦托参加 ISODARCO 会议，同行者有伍钧、康春梅等。

6 月 6 日，接待美国忧思科学家联盟（UCS）中国问题专家顾克冈来访。

7 月，任国防领域重大专项论证评估委员会委员。

7 月，指导的博士生赵武文通过论文答辩，获得理学博士学位，论文题目是《基于匹配距离的模板测量技术研究》。

8 月 11 日，接待美国军控专家西格弗里德·赫克和约翰·刘易斯等顺访。

9 月 7 日，被聘任为第二届国防科技工业军用核设施核安全专家委员会委员。

9 月，被聘为复旦大学"双聘院士"、教授，聘期三年。

9 月，《周边国家与地区核能力评估》获军队科技进步二等奖。

2008 年

6 月 9—11 日，在京参加中美核战略关系与互信研讨会。

6 月 20 日，获得"科学中国人（2008）年度人物"荣誉称号。

10 月 21—22 日，在京参加中美核裁军与核不扩散会议。

10 月 23—24 日，参加 CSGAC–CISAC 小型会议。

10 月 28 日，参加中国工程物理研究院成立 50 周年纪念活动。

11 月 1 日，在京参加北京应用物理与计算数学研究所成立 50 周年纪念活动。与周光召、于敏、朱建士、孟昭利等合影。

2009 年

3 月 7—13 日，应斯坦福大学的 CISAC 邀请，与中国军控协会的学者赴美访问，就美国前政要基辛格、舒尔茨、佩里、诺恩提出的"无核世界"倡议进行学术交流。在会上发言，表示中国支持此倡议，指出中国支持"无核世界"的主张，是基于对核武器所具有的大规模杀伤效应的深刻认识，为世界免受毁灭性灾难而制定的基本国策，而不是一种宣传策略。指出"无核世界"主张中未提"不首先使用核武器"是个不足。美方参会的有舒尔茨、佩里、西德尼·德雷尔、雷蒙得·让洛兹、西格弗里德·赫克、约翰·刘易斯等，中方学者有李根信，滕建群、徐玮地、樊吉社、欧阳立平、孙向丽。

5 月 21—23 日，在京参加国际核不扩散和裁军委员会组织的东北亚地区会议。

6 月 9 日，在京参加军控协会年会。

10 月 13—19 日，到俄罗斯莫斯科参加第八届中俄全球战略稳定性和军控研讨会。同行者有龙新平、伍钧、赵武文等。

11 月 2—3 日，在京参加第四次中美战略核关系与战略互信会议。

11 月 20—21 日，在京参加第四届 PSNSS 专题研讨会。

2010 年

5 月 22 日—31 日，随外交部成竞业司长参加联合国第八届《不扩散核武器条约》（NPT）审议大会，同行者有田景梅、吴刚、李岵等。

6 月 11 日，被聘为国家安全重大基础研究"核武器高效能科学计算中关键基础问题研究"项目专家组专家。

6 月 18 日，在京参加中国军控与裁军协会 2010 年会员大会。

7 月，指导的博士研究生郝樊华顺利通过论文答辩，获得博士学位。

7 月 29 日，在上海参加复旦大学与美国降低核威胁倡议组织联合组织的"中国核安全问题合作国际会议"，会见美国卡耐基国际和平基金会军控专家。

10 月 11 日，在京会见美国卡耐基国际和平基金会军控专家来访。

10 月 13 日，在京参加中美核取证技术研讨会。

11 月 26 日，在京参加第二届核不扩散及核取证军控研讨会。

11 月 12—17 日，与伍钧同赴意大利罗马参加 AMALDI 会议。

12 月 29 日，参加核取证技术能力建设研讨会。

2011 年

1 月 25 日，在京会见美国务院助理国务卿罗斯·高特莫勒。

8月1—5日，在京参加核透明问题研讨会。

9月，到俄罗斯莫斯科参加战略稳定性和军控研讨会，同行者有孙向丽、邱勇、田景梅等。

2012 年

5月2—4日，在京参加核裁军形势与反导问题会议。

9月12—14日，在京参加 CSGAC-CISAC 双边军控会议。

10月10—11日，在京参加第十一届中俄全球战略稳定性与军控科技研讨会。

10月20日，参加宁波效实中学百年校庆，出席蔡曾祜老师、童第周院士的铜像揭幕仪式，应邀为师生做"两弹一星"精神的报告。

11月1—3日，参加第十三届 PIIC 北京军控研讨会。

12月23—24日，参加北京应用物理与计算数学研究所国家重点实验室2012年度总结与学术委员会会议，作为学术委员会主席主持开幕式并致辞。

2013 年

1月27—28日，在京参加第七次中美战略核关系与战略互信研讨会。

1月31日，在家中接待前来慰问的总装备部科技委陶平副秘书长。

2月6日，在北京应物会议中心参加新春团拜会。

3月2日，与夫人刘玉清庆祝结婚50周年，合作《庆金婚》诗一首。

4月11日，在美国华盛顿参加中美 CSGAC-CISAC 双边核军控会议，在庆祝 CSGAC-CISAC 交流25周年宴会上致辞。

4月15日，应邀对斯坦福大学的 CISAC 进行顺访，同行者有田东风、赵武文、孙向丽、诸旭辉、欧阳立平。交流会前，专程拜访老朋友佩里、德雷尔等，与佩里讨论朝核问题。

4月28日，到301医院看望陈能宽院士并祝贺其九十华诞，同行者有赵宪庚、胡仁宇、李幼平、朱祖良、刘仓理等。

5月29日，在四川绵阳中国工程物理研究院科技会议中心参加发展基金立项及国家自然科学基金指南建议评审会，担任评委。

6 月 8 日，在京参加中国核学会第八届全国代表大会，被聘任为高级顾问。在随后召开的第一次会议上，被授予荣誉理事长称号。

6 月 27—28 日，参加清华大学举办的第二届世界和平论坛。

8 月 8—9 日，在京参加军备控制与战略稳定国际研讨会。

8 月 12 日—10 月 18 日，在中国工程物理研究院战略研究中心做"核武器基本知识"系列讲座。

9 月 23 日，参加党支部活动，与年轻党员一起开展"群众路线"教育。

10 月 26 日，在北京应物会议中心参加中国工程物理研究院建院 55 周年座谈会。

11 月 21 日，在京参加中国军控与裁军协会 2013 年度会员大会。

11 月 23 日，参加中国工程物理研究院战略研究中心成立十周年座谈会。

12 月 23—24 日，在北京应用物理与计算数学研究所国家重点实验室参加 2013 年总结与学术委员会会议，作为学术委员会主席主持开幕式。

12 月 27 日，参加四川省委省政府决策咨询委员会在京召开的院士座谈会。

2014 年

4 月，为北京应用物理与计算数学研究所原子弹首爆成功 50 周年纪念丛书撰写序。

4 月 3 日，为国家行政学院第二十期厅局级公务员进修班做"核态势"报告。

4 月 29 日，在北京西山应物会议中心为青年科技人员做专题报告"为实现中国梦的核科学家"。

5 月 15—16 日，在北京应用物理与计算数学研究所参加第 179 场中国工程科技论坛。

5 月 27 日，在邓稼先 90 周年诞辰之际，在京参加纪念座谈会，回忆和讲述与邓稼先共同工作的往事。

6月17—18日，参加中国国际问题研究院组织的中美减少核恐怖风险技术合作研讨会。

8月11日，在京接待何梁何利基金评选委员会的考察访问。

9月18日，在北京远望楼宾馆参加第二届"两弹一星"高层论坛暨纪念我国第一颗原子弹爆炸成功50周年座谈会，做大会特邀报告，并接受媒体采访。

9月25日，接受央视国庆65周年系列报道《铭记》栏目的采访。

10月9—10日，在京参加2014年CSGAC-CISAC中美军控科学家交流会议，会议主题是"核材料监测与核查"。

10月16日，在北京应用物理与计算数学研究所参加纪念第一颗原子弹爆炸成功50周年活动。

10月20—22日，在杭州参加第十四届PIIC国际会议，会议主题是"战略稳定与合作"。

11月13日，在北京西山应物会议中心参加洛克希德·马丁公司紧凑型聚变反应堆调研研讨会。

12月18日，在北京西山应物会议中心参加2014年度国家最高科学技术奖媒体见面会，向媒体记者介绍于敏院士并回答记者提问。

12月下旬，接受央视十套《大家》栏目《于敏》专题片采访，讲述在于敏院士指导下学习、工作的经历。

2015 年

1月5日，在中国工程物理研究院战略研究中心与日内瓦裁军谈判会议代表座谈。

1月9日，参加2014年度国家科学技术奖励大会。

2月1日，在北京参加外交部召开的"中美战略安全与多边军控磋商"会议。会见美副国务卿罗斯·高特莫勒，就军控形势等问题进行交流。参加会晤的还有伍钧、孙向丽等。

2月9—10日，参加中国国际战略研究基金会组织的中美核关系与战略互信研讨会。

3 月 17—19 日，在北京辽宁大厦参加 CISAC–CSGAC 会议。

5 月 15 日，在北京应用物理与计算数学研究所为中共中央联络考察小组做"核武器的作用、地位与未来"的报告。

8 月 27 日，在北京应物会议中心参加战研中心承担国防部外办课题结题验收，担任专家组组长。

9 月，招收粒子物理与原子核物理专业的博士研究生苏佳杭，从事军控核查技术、核取证（与防止核扩散有关）等方面的研究。

11 月 3 日，参加中国现代关系研究院组织的"中美核安保合作"情景研讨会。

11 月 9 日—12 月 9 日，在北京阜外医院做心脏搭桥手术。美国科学院 CISAC 的朋友集体签名致信，信中写道："CISAC 全代表团向您表示我们的尊敬和佩服。您对中美军控事业的贡献极为重要。我们诚意地希望您能够很快地、很顺利地恢复健康。"

2016 年

3 月 31 日，在北京西山应物会议中心出席以核军控为主题的学术研讨会，纪念八十华诞，创作四言诗《八十感怀》答谢亲朋好友。会议由中国工程物理研究院党委书记杭义洪主持，刘仓埋、王建国、李德元、杜祥琬、张信威、彭先觉、赵宪庚、姜悦楷、竺家亨、王德礼等到会祝寿，田东风、龚建、魏发远、伍钧、孙向丽、胡鸣怡、王瑞利分别做学术报告。

6 月 19 日，在京参加中国国际战略研究基金会组织的第十次中俄战略核关系与战略互信研讨会。

11 月 1—5 日，在苏州参加第十五届 PIIC 北京军控研讨会。

11 月 7—9 日，参加中美 CISAC–CSGAC 双边会议。

12 月 7—9 日，参加中国国际问题研究院组织的第七届中美民间和平论坛。

2017 年

3 月 23—26 日，陪同杨振宁一行访问四川省绵阳市，到梓潼县邓稼先曾经的居所、北川遗址等地拜谒。

5月11—12日，接受央视中文频道和核学会记者采访，讲述"两弹突破"的往事。

6月16日，在纪念第一颗氢弹爆炸成功五十周年暨第三届"两弹一星"高层学术论坛上做"毛泽东哲学思想指导我们快速突破氢弹"的报告，该报告被《军工文化》杂志（2018年第6期）刊登。

6月下旬，到宁波效实中学访问，与高三毕业班同学座谈。

9月中旬，在上海复旦大学参加"核你跨界"大型科普活动，接受专访，谈"两弹一星"精神。

11月2日，不再担任中国工程物理研究院战略研究中心主任职务。

11月29日—12月1日，在上海参加中美CSGAC–CISAC军控科学家交流会。

2018 年

4月28日，在北京西山应物会议中心参加杜祥琬院士学术研究座谈会。

5月2日，胡思得院士学术成长采集工程立项，捐献一批照片和手稿资料。

6月14日，出席《世纪伟人腾飞梦——周恩来与两弹一星》大型展览在宁波的巡展。向宁波各界代表2000余人做关于"两弹一星"精神的报告。

7—8月，接受采集小组的七次采访。

10月16日，在绵阳出席中国工程物理研究院建院60周年纪念大会。

11月8日，出席北京应用物理与计算数学研究所成立60周年纪念活动，在发展论坛上发言。

11月，《为国家安全而奋斗：胡思得院士文集》由中国原子能出版社正式出版。

2019 年

1月21日，接受中央电视台新闻频道采访，讲述和于敏院士共同工作的经历。

1 月 22 日，到北京八宝山革命公墓出席于敏院士告别仪式。

4 月 12 日，赴上海松江参加 "2019 两院院士走进长三角 G60 科创走廊系列活动"，为松江区委做 "两弹一星" 报告。

4 月 20 日，在浙江湖州师范学院 "胡瑗大讲堂" 做 "两弹一星" 精神的报告。

4 月 23 日，接受央视新闻频道 "壮丽 70 年，奋斗新时代" 主题采访。

10 月 15 日，赴深圳参加 PIIC 北京军控研讨会。

12 月 2 日，赴宁波参加 "中国核产业创新发展高峰论坛" 高端论坛。

2020 年

1 月，接受央视《面对面》节目访谈，介绍 "两弹" 突破的历程。

5 月 26 日，参加李德元追思会，在会上发言。

12 月，与电视剧《功勋》剧组座谈，介绍于敏院士。

2021 年

3 月，作为审委会组长，完成军委科技委和军事科学院牵头的国家出版基金项目 "国外核力量" 丛书一套四本：《美国核力量》《俄罗斯核力量》《英法核力量》和《周边国家核能力》，中国原子能出版社出版。

3 月 25 日，获 2021 年度四川省科学技术杰出贡献奖。

7 月，完成与夫人刘玉清共同撰写的回忆录初稿，定书名为《风雨同舟》。

9 月 3 日，接到何梁何利基金评选委员会通知，获得 2021 年度何梁何利科学与技术成就奖。

附录二 胡思得主要论著目录

一、论文

[1] 经福谦，胡思得. 核武器研制中的若干物理问题［J］. 物理，1991（08）：482–488.

[2] 杜祥琬，胡思得. 核军备控制与物理学［J］. 物理，1995（11）：654–658.

[3] 胡思得. 核武器研究的未来［J］. 核科学与工程，2000（03）：241–243＋254.

[4] 胡思得，钱绍钧. 两弹突破对发展高科技研究的启示［J］. 自然辩证法研究，2002（11）：1–4.

[5] 阎学通，胡思得，赵少奎，等. 新形势下的核态势［J］. 世界知识，2002（16）：37–41.

[6] 伍钧，刘成安，胡思得，等. 以中子作外源的假想核弹头主动探测［J］. 计算物理，2003（01）：71–75.

[7] 胡思得. 核能的军事应用［J］. 自然杂志，2006（01）：42–46.

[8] 田景梅，胡思得.《不扩散核武器条约》：分歧与弥合［J］. 现代国际关系，2006（10）：1–5.

［9］胡思得. "两弹" 突破的历史性贡献 ［J］. 中国核工业，2014（09）：
　　　64-66.

二、著作

［1］胡思得. 风雨同舟：胡思得回忆录 ［M］. 北京：中国原子能出版社，
　　　2023 年.

［2］胡思得，刘成安. 核技术的军事应用：核武器 ［M］. 上海：上海交通
　　　大学出版社，2016.

［3］胡思得. 为国家安全而奋斗：胡思得院士文集 ［M］. 北京：中国原子
　　　能出版社，2018.

［4］胡思得. 原子弹 ［M］. 北京：中国大百科全书出版社，1989.

参考文献

［1］胡思得. 为国家安全而奋斗：胡思得院士文集［M］. 北京：中国原子能出版社，2018.

［2］胡思得. 风雨同舟：胡思得回忆录［M］. 北京：中国原子能出版社，2023.

［3］钱绍钧. 军用核技术中国军事百科全书：军用核技术（学科分册）［M］. 北京：中国大百科全书出版社，2005.

［4］田东风，王德礼. 核科学家谈核军备控制［R］. 北京：科学与国家安全研究项目，2004.

［5］钱伟长，杜祥琬. 二十世纪中国知名科学家成就概览·能源与矿业工程卷［M］. 北京：科学出版社，2013.

［6］吴明静. 君子九思 故成其大：贺胡思得先生八十华诞［J］. 物理，2016（9）：596-599.

［7］春雷. 核武器概论［M］. 北京：中国原子能出版社，2000.

［8］李觉，雷荣天，李毅，等. 当代中国核工业［M］. 北京：中国社会科学出版社，1987.

后 记
那些值得书写的过往

2020 年因为新冠疫情而延长的春节假期，有一张照片触发了我们的感慨，那张著名的在转运途中观赏夕阳的照片：躺在病床上的老者，身着防护服陪同在侧的医生——有多少人能第一时间想到，这个动人的意境中其实有三个人，还有一位参与转运病人的医务工作者，她（他）悄然退后一步，拍下了这张照片。

参与者三人，热搜中只有两人。你眼中的真实事件也免不了有心或无心丢失的细节。

细节丢失了，找是找得回来的，但什么时候能找回来？找回来后还有多少热度？总归是意难平。意难平，这也是我们胡思得采集小组工作中常有的感慨。

在采集过程中，胡思得院士更愿意讲述前辈科学家的故事。

他多次给我们详细讲解 1986 年邓（稼先）于（敏）建议书起草的始末。这封建议书的战略意义重大，为国家核军控研究之发轫，特别是随后十年的形势变化，完全证实了建议书的高瞻远瞩和远见卓识。国之栋梁铸就大国利器，奠定了今天的安全基石，如果没有建议书，就没有后十年的加快进程，也就不会有今天的大国地位，甚至不会有今天的社会繁荣。

胡思得讲述在生命末期的邓稼先，是不顾病痛折磨，拿出最后冲刺的拼劲儿，和于敏共同完成这封对国家安全和高科技发展极为重要的建议书的。但他只是在我们的追问下才提及，建议书最初是他从邓稼先处领命搞调研，起草阶段也是他在邓稼先和于敏之间奔走协助，他实则是另一名重要的参与者。他却把自己放在了摄影者的位置。如果不是邓稼先留下一封给"老胡（胡思得）"的手书，他几乎隐身。

胡思得院士，其实是采集小组诸位同事很早就熟识的长者。这么多年来，他身边的人来来往往，年轻的渐渐老了，年老的渐渐离开了，一波又一波的后浪，他一直都这么和蔼可亲，谁有什么问题都可以直接去求助。他也不认什么前浪后浪，说大家都是一朵朵小浪花，融入海里可以乘风破浪，玩特立独行"浪"到沙滩上就会干涸，所以最好还是在大海里合作愉快。他的风趣是这么朴实散淡，所以大家总亲切地叫他"胡老师"。

可能是这样的心态，使得他能从容于历史的风云涌动，从他朴素平常的外表，看不出在半个多世纪的科研生涯中，他曾参与和决策过事关国家战略安全的一系列重大事件。

而这些具有里程碑意义的事件里，夹杂着许多只能含糊其辞的细节：不能宣之于口的故事，不能形之于书的经历，不能自由发布的观感，不能公开交流的文档，不能随意展示的资料……不能熨帖的好多意难平……

意虽难平，但行必有方，这也是胡思得采集小组的"得"与"义"。尽力去采集，尽力去分析，尽力去把握。实在难以熨帖而不得不留出的空白，也要为明天的解读书写下今天的题注。一路坎坷走来的核武器研制史有太多值得回忆和书写的过往，也有那么多的意难平，且待来日逐渐解密。

两年研究，四年打磨，方成此稿。种种感动与意难平，都在其中。感慨之余，回首这繁忙又丰收的四年，由衷感谢采集小组全体同仁：应阳君、吴明静、沈晏平、王燕、李合香、郑悦萍、余新川、单剑辉、徐敏、彭献生、袁恩轮。感谢课题组的技术顾问田东风、伍钧、赵武文、刘建军。感谢为本书写序的胡仁宇院士。感谢张树道研究员审稿并多次悉心指导。感谢依托单位北京应用物理与计算数学研究所。感谢中国工程物理研究院战略研究中心、院科协、院新闻中心、档案馆。感谢热情帮助和支持过我们的所有院内院外领导专家。

特别感谢胡思得院士和夫人刘玉清。感谢你们的信任与关爱，多次聆听你们平静自谦的自述，我们得以获取你们珍藏的记忆，更领悟到该如何度过真实而有价值的一生。

　　静水流深，星月常辉。

　　中国的脊梁在此。

　　我们在此。

初稿于 2020 年 12 月

再定稿于 2022 年 3 月 17 日